世界城市研究精品译丛

主　编　张鸿雁　顾华明
副主编　王爱松

政治地理学核心概念

Key Concepts in Political Geography

[美] 卡洛琳·加拉尔　卡尔·T.达尔曼
艾莉森·芒茨 [爱] 玛丽·吉尔马丁
[英] 彼得·舍洛 著

王爱松 译

江苏教育出版社
JIANGSU EDUCATION PUBLISHING HOUSE
SAGE

图书在版编目(CIP)数据

政治地理学核心概念 / 张鸿雁、顾华明主编. 一南京:江苏教育出版社,2013.11

(世界城市研究精品译丛)

ISBN 978-7-5499-3636-6

Ⅰ. ①政… Ⅱ. ①张… Ⅲ. ①政治地理学一研究 Ⅳ. ①K901.4

中国版本图书馆 CIP 数据核字(2013)第 272511 号

书　　名	**政治地理学核心概念**
著　　者	[美]卡洛琳·加拉尔 [美]卡尔·T. 达尔曼 [美]艾莉森·芒茨 [爱]玛丽·吉尔马丁 [英]彼得·舍洛
译　　者	王爱松
责任编辑	张惠玲　任　晖
出版发行	凤凰出版传媒股份有限公司 江苏教育出版社(南京市湖南路 1 号 A 楼　邮编 210009)
苏教网址	http://www.1088.com.cn
照　　排	南京紫藤制版印务中心
印　　刷	江苏凤凰新华印务有限公司
厂　　址	江苏省南京市新港经济技术开发区尧新大道 399 号
开　　本	890 毫米×1240 毫米　1/32
印　　张	11
字　　数	260 000
版　　次	2013 年 12 月第 1 版　2013 年 12 月第 1 次印刷
书　　号	ISBN 978-7-5499-3636-6
定　　价	38.00 元
网店地址	http://jsfhjy.taobao.com
新浪微博	http://e.weibo.com/jsfhjy
邮购电话	025-85406265,84500774　短信 02585420909
盗版举报	025-83658579

序

张鸿雁

“他山之石，可以攻玉。”人类城市化的发展既有共同规律，也有不同国家各自发展的特殊道路和独有特点。西格蒙德·弗洛伊德说：“当一个人已在一种独特的文明里生活了很长时间，并经常试图找到这种文明的源头及其所由发展的道路的时候，他有时也禁不住朝另一个方向侧瞥上一眼，询问一下该文明未来的命运以及它注定要经历什么样的变迁。”① 经典作家认为城市是社会发展的中心和动力，全球现代化发展的经验和历程证明，凡是实现现代化的国家和地区也基本是完成城市化的国家和地区，几乎没有例外。② 同样，中国以往的城市化历史经验也证明，要想使作为国家战略的中国新型城镇化能够健康发展并达到预期目标，就必须总结发达国家城市化发展的经验和教训，

---

① 西格蒙德·弗洛伊德，《论文明》，徐洋、何桂全等译。北京：国际文化出版社公司，2001.1。

② 张鸿雁、谢静，《城市进化论—中国城市化进程中的社会问题与治理创新》。南京：东南大学出版社，2011。

特别要择优汲取西方城市化的先进理论和经验以避免走弯路。① 我研究城市化和城市社会问题已经有近四十年的历史，借此机会把我以往积累的一些研究成果、观点和认识重新提出来供读者参考。

一、对西方城市化理论的反思与优化选择

2013年中国城市化水平超过52%，正在接近世界平均城市化水平，中国成为世界上城市人口最多的国家。关键是，在未来的二十多年里，中国将仍然处于继续城市化和城市现代化的过程之中，而且仍然处于典型的传统社会向现代社会的过渡转型的社会变迁期。这一典型的社会变迁——中国新型城镇化关乎中国现代化的发展方式和质量以及社会的公平问题。

西方城市化的理论与实践成果有很多值得中国学习和借鉴的方面，如城市空间正义理论、适度紧缩的城市发展理论、有机秩序理论、生态城市理论、拼贴城市理论、全球城市价值链理论、花园城市理论、智慧城市理论、城市群理论以及相关城市规划理论等，这些成就对人类城市化的理论有着巨大的贡献，在推进人类城市化的进化方面起到了直接的作用。中国城市化需要在对西方城市化理论充分研究的基础上，对西方城市化理论进行扬弃性的运用，从而最终能够建构中国本土化的城市化理论体系与范式。

我们看到在现代社会发展中，面对越来越多的社会问题，我们解决的手段却越来越少，甚至面对有些问题我们束手无策、无能为力。为什么会这样？即使在已经基本完成城市化的西方国家，在当代仍然存在着普遍的和多样化的社会问题②，而且在发达国家这些问题也都

---

① 张鸿雁，“中国新型城镇化理论与实践创新”，《社会学研究》，2013.3。

② 参见张鸿雁，《循环型城市社会发展模式——城市可持续创新战略》。南京：东南大学出版社，2007。

集中在城市，形成典型的“城市社会问题”。如城市贫困、城市就业、城市住房、城市老人社会、城市社会犯罪、富人社区与穷人社区的隔离、城市住区与就业空间的分离、城市中心区衰落以及城市蔓延化等问题，甚至有些在西方城市化进程中已经解决的社会问题，仍然在中国的城市化进程和城市社会中不断发生。这些现象的发生，与我们缺乏对西方城市化理论与模式的全面理解与择优运用有关。

在建构中国本土化城市理论的过程中，对外来城市化理论进行有比较地、批判性地筛选，这不失为一种谨慎的方式。西方城市化发展过程所表现的“集中与分散”的规律，在很大程度上是通过市场机制的创新形成的，可以描述为高度集中与高度分散的“双重地域结构效应”。① 美国纽约、芝加哥等城市的高度集中，与美国近 80%左右的人居住在中小城镇里的高度分散，就是这种“双重地域结构效应”的反映。西方城市化理论是以多元化和多流派的方式构成并存在的，既有强调城市化“集中性”价值的一派，亦有强调城市化“分散化”价值的一派，还有强调集中与分散结构的流派。回顾以往，在某种情况下，中国的城市化则把西方城市人口集中的流派作为主要的理论核心模式，如果 21 世纪初的城市化仍然把城市高度人口集中作为主导，这不仅是对西方城市化理论的误读，更是对中国城市化发展道路的严重误导。而事实上，中国通过“制度型城市化”的创造，以西方城市化理论中的集中派理论模式为“模本”，形成了高速与高度集聚的畸形城市化——中国式“拉美经济陷阱”②。过度集中和过度集权的城市化成为导

---

① 张鸿雁，《城市化理论重构与城市发展战略研究》。北京：经济科学出版社，2013。

② “拉美陷阱”主要是指南美洲巴西等国家，人均 GDP 超过 3 000 美元，城市化率达到 82%，但贫困人口却占国家人口总数的 34%。一方面是经济较快增长，另一方面是社会发展趋缓；一方面是社会有所富裕，另一方面却是贫困人口增加……在其总人口中有相当规模的人口享受不到现代化的成果。参见：王建平，“避免‘拉美陷阱’”，《资料通讯》，2004(4).46。

致“都市病”深化发展的主要原因之一。如从基本国情的角度讲，仅适于美国等人少地多国家的“城市过度造美运动”以及大尺度、大规模占用土地资源的城市化，推行到土地资源十分紧缺的中国是基本不可行的，从长远利益角度来认识、分析这种现象，这是一种破坏性建设。

在西方的城市化理论中，还有些成果要么是戏剧化的，要么是过于理想化的——从乌托邦的视角提出城市化的理论，被喻为“要构建一个虚拟的理想世界”①，在学理性和科学性方面缺乏社会实践基础，在创造理想模式方面的价值大于实际应用价值。当然，霍华德的“田园城市”理论本身的价值就在于创造“理想类型”，给后人留下更多的空间来加以探讨和完善。西方城市化理论与世界任何理论一样，有其合理内核，亦有典型的历史与现实局限，必须认真选择，优化运用。

二、中西城市化发展的差异认知

与西方城市化“动力因”相似的是，中国城市化的外在形式也是以人口集聚为主要特征。但是，除此而外，中国城市化在发展“动力因”的构成与序列上，非但不同于西方，而且还有着强烈的本土化“制度型动力体系”构成特点，在改革开放的三十多年里，通过“政府制度型安排”形成高速的城市化。所谓“制度型城市化”主要表现为：一是城市化与城市战略的规划是政府管控的；二是城市化与城市建设的投资是以政府为主体的；三是城市化的人口发展模式是政府规划的；四是城市的土地是由政府掌握的，等等。这一动力模式具有强大的权力力量的优势，同时也具有典型的行政命令的弱点。中国城市化以三十多年的时间跃然走过了西方两百年的城市化路程，成就令世界瞩目，

① 尼格尔·泰勒，《1945年后西方城市规划理论的流变》，李白玉等译。北京：中国建筑工业出版社，2006.24～25。

但城市社会问题也越来越深化——这种现象充分说明了中国城市化原动力不足、动力结构不合理的事实，其主要症结在于中国没有本土化的科学的城市理论来引导。

东西方社会发展水平的差异，不仅表现在制度体系结构与个体价值观、人口总量与结构、教育水平与宗教文化传统等方面，表现在生产力发展的阶段性和发展水平方面，同时还表现在文化的总体价值取向方面。西方的资本主义承袭了古典时代思想，并且是从中世纪的土壤中“自然长入”资本主义社会的。“自然长入”的方式显现了西方社会的发展规律和历史逻辑，在这种“历史与逻辑的统一”机制内，使得在城市化中出现的社会结构转型、产业结构转型和文化结构转型，能够基本处于同步进化的结构变迁之中，没有出现典型的“社会堕距”与“文化堕距”。这些证明了西方城市化发展的市场规律运性表现。基于这一认识，我们可以看到，中世纪以来，中西方城市化走了两条不同的道路，两种城市化形态的社会前提、进程、节点和社会结构都是不同的。

西方城市化早期的历史是“双核动力发展模式”，即“城市经济”与“庄园经济”构成“双重动力”，城市工商业和庄园手工业并行发展，中世纪从庄园里逃亡出来的手工业者，较快地转入了工业化的大工业生产。西方城市化与工业化发展的动力来源也可以完整解释为“双核地域空间模式”。而中国是典型的集权的传统农业社会，可以解释为“单核地域空间模式”，城市在汪洋大海般的农业社会中生存，没有资产阶级法权意义上的土地关系和契约关系，由此产生的城市化“与传统农村有千丝万缕联系”，及至当代仍然是尚未与传统乡村“剪断脐带”的城市化。这一轮的新型城镇化必须在土地制度上有所突破，进行中国式的“第三次土地革命”①，只有这样才能融入世界城市化和全球一体化浪潮之中。

---

① 张鸿雁，“中国式城市文艺复兴与第六次城市革命”，《城市问题》，2008.1。

三、新型城镇化面临的问题与挑战

中国社会近代以来经历了多种形式的城市社会结构变迁过程①，这种变迁在总体上是一种社会进步型的发展。中国新型城镇化过程是这一变迁的继续，我们不难看到，在城市化的进化型变迁中，在解决传统社会矛盾和问题的同时，也在制造新的社会矛盾和问题，这是符合社会发展普遍规律的，没有不存在问题的社会，亦如发展本身就是问题，现代社会就是风险社会的命题一样，社会存在本身就是问题。因当代中国的城镇化具有历史的空前绝后性，其存在的问题也十分繁杂：有些是传统社会问题，即没有城镇化也存在；有些是城镇化引发和激化了的问题，要梳理出关键点加以解决。

“当我们渐近20世纪的尾声之时，世界上没有一个这样的地区：那里的国家对公共官僚和文官制度表示满意。”② 这是美国学者帕特里夏·英格拉姆在研究公共管理体制改革模式时的一段论述。正因为如此，从20世纪60年代以来，全世界几乎所有的国家都在进行制度改革，只是改革的方式和声势不同，特别是一些发达国家把改革与创新作为同一层次的认知方式，而不是把改革作为一种运动的方式。亨廷顿曾有针对性地对发展中国的现代化提出这样的分析：“现代化之中的国家”，面临着“政党与城乡差别”的社会现实，事实上中国的改革面临的社会现实正是“城乡差异”二元结构深刻的特殊社会历史时期，当代的许多社会问题的发生都与“城乡二元经济社会结构”有关。他认为：“农村人口占大多数和城市人口增长这两个条件结合在一起，就

① 张鸿雁等，《1949中国城市：五千年的历史切面》。南京：东南大学出版社，2009。

② 《西方国家行政改革述评》，国家行政学院国际合作交流部编译。北京：国家行政学院出版社，1998.39。

给处于现代化之中的国家造成了一种特殊的政治格局。”中国城乡差别的现实充分证明了这一点，新型城镇化战略就是为了消灭城乡差别，建构一个相对公平合理的城市市民社会。

著名的历史学家斯宾格勒说：“一切伟大的文化都是市镇文化，这是一件结论性事实。”①人类伟大的文化总是属于城市的，这是城市区别于乡村的真正价值所在，也是人们对城市向往的原因所在。对于城市的“伟大”认知不止于斯宾格勒，早在中世纪，意大利著名的政治哲学家乔万尼·波特若在1588年出版的《论城市伟大至尊之因由》一书就提出了“城市伟大文化”的建构与认知。他对城市的评价是这样的：“何谓城市，及城市的伟大被认为是什么？城市被认为是人民的集合，他们团结起来在丰裕和繁荣中悠闲地共度更好的生活。城市的伟大则被认为并非其处所或围墙的宽广，而是民众和居民数量及其权力的伟大。人们现在出于各种因由和时机移向那里并聚集起来：其源，有的是权威，有的是强力，有的是快乐，有的是复兴。”② 我惊叹于四百多年前的学者能够对城市有如此独到而精辟的论述，虽然这种论述包含着对王权价值的认同，但论者能够从独立的视野中发现城市的价值实是难能可贵。而且，四百多年来人类社会的工业化、现代化和城市化过程也充分证实了这种美誉式的判断。同样，也是在四百多年前，乔万尼·波特若还提出了创造城市伟大文化的方式与入径：“要把一城市推向伟大，单靠自身土地的丰饶是不够的。”③ 城市的发展、建设和再创造，要靠城市公平、开放和创造自由。

《世界城市研究精品译丛》的出版目的十分明确：我国的城市理论研究起步较晚，西方著名学者的研究成果，或是可以善加利用的工具，

---

① 奥斯瓦尔德·斯宾格勒，《西方的没落》，齐世荣等译。北京：商务印书馆，2001.199。

② 乔万尼·波特若，《论城市伟大至尊之因由》，刘晨光译。上海：华东师范大学出版社，2006.3。

③ 同上。

有助于形成并完善我们自己城市理论的系统建构。在科学理论的指导下，在新型的城镇化过程中，避免西方城市化进程中曾出现的失误。新型城镇化是在建立一种新城市文明生活方式，是改变传统农民生活的一种历史性的改变。“新的城镇，也会体现出同社会组织中的现代观念有关的原则，如合理性、秩序和效率等。在某种意义上，这个城镇本身就是现代性的一个学校。”①

该丛书引进西方城市理论研究的经典之作，大致涵盖了相关领域的重要主题，它以新角度和新方法所开启的新视野，所探讨的新问题，具有前沿性、实证性和并置性等特点，带给我们很多有意义的思考与启发。

学习发达国家的城市化理论模式和研究范式，借鉴发达国家成功的城市化实践经验，研究发达国家新的城市化管理体系，是这套丛书的主要功能。但是，由于能力有限，丛书一定会有很多问题，也借此请教大方之家。读者如果能够从中获取一二，也就达到我们的目的了。

张鸿雁：南京大学城市科学研究院　院长
中国城市社会学专业委员会　会长
（2013年11月于慎独斋）

---

① 阿列克斯．英克尔斯、戴维·H．史密斯，《从传统人到现代人——六个发展中国家中的个人变化》，顾昕译。北京：中国人民大学出版社，1992.319。

目录

导言

政治界吊人胃口。对即将到来的选举的预期，政变之后的密谋，战区的混乱不堪，都是吸引知识分子、学生、门外汉的美味大餐。研究诸如此类政治事件的地理学家共同关注的，是内在于这类事件中的空间组织和支撑它们的权力关系。地理学家考察政治是如何影响空间秩序的，而空间秩序又是如何给政治以启示的。

传统上，政治地理学将国家当作一个首要的分析单元。政治地理学家研究国家是如何在内部进行组织的，又是如何与地区内的和作为一个整体的国际体系内的其他国家相互作用的。近年来，政治地理学给自己的常规内容增加了其他分析单元。其中不仅包括更小的分析层次，例如“本土的”的分析层次，也包括更大的分析层次，例如超国家的分析层次。这些分析单元的运用，也重新唤起了人们对政治行动跨级别上演的不同方式的兴趣。

在许多方面，这种关注焦点上的变化，折射出了我们周围世界的变化。当 20 世纪 90 年代冷战结束时，不仅前共产主义国家将发生什么难以确定，而且国家之间的力量平衡将发生什么也同样难以确定。全球化的兴起也将新的政治行为体带上了前台，其中包括政治组织、社会运动、非政府组织、军阀，等等。老的和新的行为体的融合、相互间的日益变化的力量关系是如何展开的还有待未来才能看到，但政治地理学将在此进行记录、分析，并最终对它们进行理论化。

时间进程中的政治地理学

现代政治地理学的发展与殖民规划密不可分（Peet，1985）。这些联系在子学科的两个最有影响的思想流派——环境决定论和地缘政治学之上表现得最为明显。虽然这些方法最初使地理学在学院内外名闻遐迩，它们最终却遭受批驳，只留下政治地理学苦苦求生。我们这里一一做出简介。在“批判地缘政治学”标签之下见证了兴趣的复活的地缘政治学，也将在第七章加以讨论。

环境决定论

环境决定论是在19世纪有目的地为解释欧洲殖民者与其殖民对象之间生活标准的不一致而发展起来的。环境决定论受到社会达尔文主义的影响，尽管大部分喜欢利用拉马克版本的进化论而不是达尔文版本的进化论（Livingstone，1992）。[1] 这一理论的支持者，包括弗里德里希·拉策尔（Friedrich Ratzel）、埃伦·丘吉尔·森普尔（Ellen Churchill Semple）和埃尔斯沃思·亨廷顿（Ellsworth Huntington），提出气候和地貌决定一个社会的相对发展及其未来发展的前景。温带气候被视为是使人精力充沛的，而热带和寒带气候则被认为阻碍人的发展。地理学家也提出，河谷创造充满生气的社会，而山地环境则阻碍社会的发展。

20世纪早期很多时候，特别是在美国，环境决定论统治着整个学

---

① 达尔文发展了自然选择的观点，以描述一般的特性在一种物种中是如何随时间变为主导特性的。允许一种物种的成员活得更长并因此繁衍出更多后代的特性，往往随着时间的流逝会比“较弱的”特性变得更为常见。相比之下，拉马克提出，物种的变化是“意志”、环境和习惯的产物；实质的变化可以保持一代，不像达尔文所预见的更循序渐进的变化。拉马克的观点对地理学家有吸引力，因为它们能使他们将人类的分化描述为人类能动性的结果。

科。甚至当这种理解变成这一领域的一种元叙述时，其他学科的学者还在使它屈从于渐成昨日黄花的批评。人类学家弗朗兹·博厄斯（Franz Boas）给这一理论贴上了极简主义和化约论的标签，因为它没能解释极为不同的文化如何能出现在相同的环境之中（Livingstone，1992）。最终，地理学家也会抛弃这一理论。卡尔·索尔（Carl Sauer）是首先这么做的人之一，他将文化而不是环境（单独地）当作人类在跨空间中的分化的一个核心解释性变量（Livingstone，1992）。半个世纪以后，地理学家会将这一学科对地理决定论的固守当作一种资本主义的冲动（Peet，1985；Smith，1987）。

地缘政治学

社会达尔文主义也影响到政治地理学家的国家观。弗里德里希·拉策尔是这方面最著名的人，他的《人类地理学》一书构成了环境决定论的基础。拉策尔提出理论，认为国家极像有机体；无论生命的周期还是国家，当它们年轻时，都需要生存空间（*lebensraum*）或生活空间以成长壮大。在德国当时的环境中，拉策尔的生存空间理论由卡尔·豪舍费（Karl Haushofer）和理查德·亨尼希（Richard Hennig）进一步发展，在英国则由哈尔福德·麦金德（Halford Mackinder）往前推进了一步（Livingstone，1992）。在 20 世纪 30 年代，纳粹意识形态将国家生命周期的地缘政治观及支撑它的领土扩张任务同优生学结合到了一起（Livingstone，1992）。在二战末期纳粹的暴行被昭之天下以后，地缘政治学看似像它之前的环境决定论一样站不住脚。正如学科史家戴维·利文斯顿（1992：253）明确发现的，这些思想学派没能将“地理科学从实践性的政治”中分离出来。

理论影响

在许多方面，政治地理学是一门由经验驱动的子学科（Mamadouh，

2003）。政治地理学家往往运用中级概念而不是元理论去分析政治的空间组织。历史地看，像区域、领土和规模一类的概念赋予了该子学科以连贯性，并伴随着围绕这些概念将如何定义和使用而出现的种种争论。冷战期间，对区域研究的关注支持了英国地理学界中的这一趋势：其时，政治地理学家致力于建构汗牛充栋的、被政府和/或军事机构认为有政治意义的有关地方的深层知识。当政治地理学家使用元层次（meta-level）理论时，他们往往从两个一般的理论框架——政治经济学和后结构主义——中做出选择。

政治经济学

尽管该学科的一些关键思想家可以合理地被贴上马克思主义地理学家的标签，但大多数政治地理学家是借鉴马克思主义而不是整个地在马克思主义中行事。这些方法一般被称作政治经济学，以表明在对政治领域的分析中经济结构受到了重视。几个思想学派可以宽泛地放在政治经济学的框架之下。下面将对它们展开讨论，尽管读者应当参考关于政治经济学的第十章对这一术语的起源及其在政治地理学中运用的更详细说明。

世界体系理论

世界体系理论（WST）提出，宏观层次的模式支配社会和经济的变化。虽然在地理学中相当流行，世界体系理论却是由一位政治科学家伊曼纽尔·沃勒斯坦（Immanual Wallerstein，1974）发展起来的。沃勒斯坦试图挑战历史和社会科学中经济发展的常规观念。通过引用法国历史学家费尔兰·布罗代尔（Fernand Braudel，1993），沃勒斯坦提出，历史不是关于单一事件的——一场战争的开端或一份外交协定的签订——而是有关生活的物质结构化方式的（Wieviorka，2005）。了解历史要求了解社会的物质基础，而不只是社会精英的行为。沃勒斯坦的著作也受到安德烈·冈德·弗兰克（Andre Gunder Frank，

1969）著作的启发，他批评当代对发展中的世界现代化的理解，或当代对发展中的世界现代化的缺乏理解（Wallerstein，2006）。弗兰克提出，众多国家没有发展（或发展失败）只是因为它们采取了（或没有采取）必要的步骤；它们的发展（或没有发展）是由于它们在殖民秩序中的地位。沃勒斯坦提出，当代世界体系出现于殖民时期，作为一种世界体系（而不是地区体系）到 20 世纪第一个十年初得以巩固。这一进程创造了一种空间结构，在这种结构中，所谓核心国家通过抽取边缘国家的剩余，能够在经济和政治上获得发展。

采用世界体系理论的地理学家，往往用两种方式中的一种使用这一方法。第一种方式，是使用实际上大体如此的模式（或小有变化）去框范他们对特定国家或地区的政治和经济变化的分析。例如，吉姆·布劳特（Jim Blaut，2000）已经利用这一理论批评历史学家，这些历史学家认为工业革命发生在欧洲而不是非洲、拉丁美洲或亚洲，是因为欧洲拥有其他地区所没有的独特特征。准确地说，抽取边缘国家的剩余允许核心国家以他们抽取剩余的地方为代价得到发展。在其他情况下，地理学家则将模式细化，考察世界体系理论如何可以在不同的规模上加以使用。他们注意到，最好不将核心和边缘的范畴视为地球上的静态的地方而是呈梯级的进程（Dyke，1988；Straussfogel，1997）。这样来设想，模式中明显的悖论（例如类似边缘的地方出现于核心之中，比如美国的阿巴拉契亚）就可以得到解释。也就是说，核心/边缘关系不仅在全球层次上起作用，而且在全国层次、甚至当地层次上也起作用。

调节理论

调节学派是由米歇尔·阿列塔（Michel Aglietta，1979）和阿兰·利皮耶茨（Alain Lipietz，1992）在 20 世纪 70 年代末、80 年代初法国发展起来的。调节理论本质上不是马克思主义的，但它的拥护者接受资本主义体系趋向于危机的马克思主义观念（Purcell and Nevins，

2005）。特别是，他们认为，资本主义屈从于积累的危机，而这将最终导致整个资本主义体系的崩溃。当然，资本主义证明是具有相当持续能力的，而调节学派进而解释了什么使资本主义的崩溃陷入了困境。

调节理论是在20世纪70年代末的危机时期发展起来的。石油输出国组织（OPEC）1973年的石油禁运用石油美元（通过减少供应、提高价格获取利润）淹没了世界金融系统。许多这类金钱在西方银行被发明出来，当做贷款被重新分配给国内外的借款者。在美国，这种额外现金有助于滞胀，导致那时联邦储备委员会主席保罗·沃尔克从1979年开始大幅提高利率。在美国及其贸易伙伴国内，信贷途径枯竭，失业增加。与此同时，在发展中国家，许多用石油美元进行交易、接受贷款的国家，眼睁睁看着自己的债务在高利率之下水涨船高。到1982年，这一世界的几个国家已经濒临违约的边缘。调节理论家力图弄清20世纪70年代末的危机，采取的方式是研究国家在以前的时期做了些什么才培育出了系统的相对稳定；利皮耶茨（1992）称之为国家、资本和劳动之间的“伟大妥协”。

各种子学科中的地理学家已经运用调节理论（Smith and Pickles，1998）。对他们来说，政治地理学家往往用调节理论去考察国家如何应付自己的经济以避免积累的危机（Jessop，1995；Jones，2001；Purcell and Nevins，2005）。调节理论对处理相互竞争的阶级利益的重视，也导致了这一类的研究——考察国家如何制造其民众对也许不受欢迎的变化（例如提高利率或增加税收）的共识（Jessop，1997；Purcell and Nevins，2005）。政治地理学家也考察劳动力如何在一种对他们比福特主义更不友好的生产模式中赢得让步（Herod，2000）。

政治生态学

政治生态学允许地理学家考察自然环境和影响环境的进程（例如森林砍伐或气候变化）是如何与一般的人类活动和更特殊的社会生产模式联系在一起的（Blaikie and Brookfield，1987；Peluso and Watts，

2001；Robbins，2004)。政治生态学的核心前提是所有的生态学都不是“反政治的”，尽管我们通常认为是反政治的。例如，驱车通过黄石国家公园时，政治地理学家保罗·罗宾斯（Paul Robbins，2004：xv）发现，千百年来，公园里被认为是荒僻的区域也都屈从于人类的需要。正如他所解释的，土著美国人的狩猎模式“可能有助于麋鹿、羚羊和其他动物的集中，这些动物使这块地方对后来占据这一土地的英美人是如此具有吸引力”。同样，往西的开发区狼的几近灭绝促成了这一地区麋鹿数量的激增。公园管理者通过剔除兽群加以应对，这激起了一些人的抗议，这些人认为天生的食肉动物可以取而代之来完成这一任务，最终导致将狼重新引入公园。简言之，黄石公园的“野生”风景是所有人类决定的产物，而这些决定本身又是政治制度的产物。

政治生态学致力于四个领域的议题：土地退化，环境冲突，保护努力，以及更近的环境社会运动（Robbins，2004）。在所有这些领域中，政治生态学家往往格格不入。例如，当主流的对土地退化的分析归咎于农民所使用的贫乏的土地管理技术之时，政治生态学则针对国家政策，这些政策常常迫使农民更过度地使用土地以满足其基本生存需要。

后结构主义

后结构主义是一种强调语言和在社会关系分析中意义的生产的理论视角。社会科学中后结构主义的兴起通常被称为“语言学转向”，并与20世纪60年代已经成年的法国学者联系在一起，其中包括（但不仅限于）雅克·德里达、米歇尔·福柯、吉尔·德勒兹、菲利克斯·加塔利、尚塔尔·墨菲（Howarth，2000）。

用前缀“后”描绘这些学者所发展出的理论框架有那么一点点误导。后结构主义者没有像他们改变结构的观念那样抛弃结构。后结构主义者经常自觉地与马克思主义传统做斗争（Bondi，1993）。他们提出经济结构不足以捕获人类的经验。尽管一个人的阶级定位可以解释剥削的某些层面，但它不能说明社会性别、种族、性别特征和民族根源基础之上所实施的欺辱。就此而论，后结构主义者考察了社会对主流群体和弱势群体的分类是如何通过语言常规化和合法化的。这一焦点通常被称为身份政治，因为对支配地位和“他者性”的研究通常会归结到人们在社会中是如何受到界定的，他们又是如何维护、抵制、颠覆或细分这些身份的。

在一定程度上，后结构主义也代表了对更广泛的社会科学认识论的批评。也就是说，虽然传统的社会科学学科坚持知识的生产是中立的和客观的，后结构主义者却相信知识的生产是政治性的，因此所有号称是真理的东西，都是它们是其中一部分的政治秩序的构成成分。例如，当领导人声称必需有一种特殊联盟或一场战争不可避免时，后结构主义者则解构这些主张而不是按其表面价值接受它们。解构是后结构分析中的一种共同方法；它试图考察号称真理的主张是如何创造出来的、又是如何被自然化的。在地理学中，后结构主义以两种宽泛的方式中的一种——以女权主义的方法和批判地缘政治学——表现出来。

女权主义

在广义的地理学、更具体的政治地理学之内，最早突入后结构主义的某些尝试来自于女权主义（Bondi，1990，1993；Sharp，1996）。女权主义在政治学中的崛起，既是一种政治的冒险，也是一种分析的冒险。政治上，早期的女权主义者反对将妇女排除出地理学的研究话题。例如，在《职业地理学家》中现已具有重要影响的作品中，贾尼斯·蒙克和苏珊·汉森（Janice Monk and Susan Hanson，1982）发现，尽管地理学支持描绘和分析人类的空间模式，但实际操作时却只为人口的男性半边天这么做。随着时间的流逝，女性主义者也转向诸多分析议题。特别是，她们提出社会关系是性别化的。从北美到撒哈拉沙漠以南非洲的各社会，为女人和男人构想了一般的角色，这些被广泛接受的设想，塑造了人们在生活中做什么、如何被留意，尤其是当他们越出了所期望的（和被认可的）社会性别准则之时，更是如此。

在政治地理学内部，女权主义聚焦于一系列主题。许多女权主义政治地理学家已经致力于后殖民研究，一个处理后殖民社会问题、极端借重后结构差异的跨学科话题（Pratt，2000）。与之相关的是，政治地理学中的女权主义者研究了“他者性”——标准的身份认同建构之外的社会范畴——是如何被空间化的。例如，吉尔·瓦伦丁论女性同性恋地理学的著作（Gil Valentine，1994）注意到，女性同性恋者在城市中创造同性恋空间方面比同性恋男人更为困难，所以她们往往集中于创造更流动、更非正规的聚集地：俱乐部中的活动、朋友的房间，等等。女权主义者也致力于将政治地理学中的经典概念“性别化”（Sharp，1996）。最近的干预包括海因德曼提倡一种女权主义地缘政治学（Hyndman，2001，2004a）。

批判地缘政治学

批判地缘政治学是受到后结构主义影响的政治地理学内部另一条探索之路（Ó Tuathail and Dalby，1998）。批判地理学是一种将地理学“激进化”的尝试。它拒绝传统的将地缘政治学理解为“一种观察全球空间的中立的和客观的实践”（Ó Tuathail and Dalby，1998：2）。取而代之的是，批判地缘政治学坚持所有号称真理的主张都是政治性的：它们都是为了既定的政治利益制造出来的，常常在追求政治经济的需要。以这种方式，批判地缘政治学表明了后结构主义的一种经典关注——突出知识生产的随机和政治本质。

尽管地缘政治学没有任何主题“中心”，在这一方法内用力的学者还是倾向集中于拆解地缘政治主张。这不可避免地引起了对话语生产的关注。在后结构理论中，话语不只是修辞。它是一种语言学的意义结构，通过它，社会、经济和政治的等级制被建立起来，并且随后被合法化了。例如，许多对殖民时期的研究注意到，地理学学科通过唤起种族差异上的新拉马克（neo-Lamarckian）话语，有助于使殖民主义合理化（Driver，1999；Goldlewska and Smith，1994；Kearns，1993）。更近的研究，考察了在西方和发展中国家强加自由市场政策的目的是如何有利于和不利于生产者的（Harvey，2000；Ould-Mey，1996）。有关批判政治学及其在后殖民和自由市场“改革”研究中运用的更多信息，可以在第七章、九章、十章（分别论述地缘政治学、殖民主义/帝国主义和政治经济学）中找到。

子学科中的断层线

大多数学科包含思想和政治的断层线（fault line）。地理学也不例外。尽管学生可以获得地理学学士、硕士或博士学位，但大部分学生在达到专业基本要求之时，要么会继续人文地理学的轨道，要么会继续自然地理学的轨道。而且，一旦学生选择某一轨道，人们通常期望他们在一个子学科中有专攻。逐渐地，一个专注于政治地理学的人文地理学的学生，可能对自然地理学乃至其他人文地理学的分支学科所知甚少。也许毫不令人吃惊的是，子学科对它们所属的更广的学科来说也如出一辙。在政治地理学中，有许多内部的断层线。这里讨论其中最分明的两条。

区域的对主题的

尽管所有的政治地理学家都想了解世界，但在如何最好地了解世界这一点上通常没有达成共识。政治地理学由来已久的争论之一，即存在于认为对地理知识的追求应当基于区域的人和认为地理知识应当从主题上加以组织的人之间。

20世纪50年代，这一争论肇始于弗雷德·谢弗（Fred Schaefer，1953）在《美国地理学家协会年鉴》上发表的一篇文章，该文批驳了该学科那时流行的区域方法。他主张地理学家应当采用该学科的一种更科学的方法；他们应当描绘与人类行为相联系的关键空间模式，揭示支撑它们的“规则”或“法则”。理查德·哈茨霍恩在谢弗文章发表之前的数十年时间里，在将区域地理学推上该学科的中心位置上做了大量工作（参见 Hartshorne，1939），此时他做出了回应，极力辩护需要一门以区域为基础的课程（1954，1955）。当然，在论争的十年之内，谢弗的方法占了优势地位。的确，20 世纪 60 年代和 70 年代社会科学中实证主义与日俱增的摇摆，有利于系统的方法而不是针对具体地方的方法（place-specific approach）。

自那些年以后，争论在继续，尽管是间歇性的。例如，区域论者的视角，在 20 世纪 80 年代初重新崛起，其时，约翰·弗雷泽·哈特为《美国地理学家协会年鉴》写了一篇文章，将区域地理学描述为“地理学家艺术的最高形式”（John Fraser Hart，1982）。像谢弗差不多 30 年前的挑战一样，哈特的文章引起了对系统方法的快速而有力的辩护（Golledge et al.，1982；Healey，1983）。当然，学科中的其他人回应说，争论是“没有新意”和特别相关的（Smith，1987）。同样，玛丽·贝思·普度普（Mary Beth Pudup，1988：385）提出，争论错过了一个更开阔的观点——区域地理学家需要一种“描写理论”以引导他们的“诠释探索”。

2001 年 9·11 袭击纽约世贸中心和华盛顿特区五角大楼之后，区域方法的支持者再次出现（Toal，2003；Wade，2006）。例如，杰拉德·托阿尔强烈主张“重申”政治地理学中的“区域方法”。他认为美国对袭击的反应代表了一种“无知的冲突”。也就是说，乔治·W. 布什和奥萨马·本·拉登都拥有对对方的原型的和以救世主自居的看法。在乔治·布什这一方，结果是一种极简主义的地缘政治学，将世界区分为“自由”世界和“邪恶”世界两端。在阿富汗和伊拉克，具体的情况则当然比这种二元论所设想的更为肮脏。支持所谓“反恐战争”这种极简主义的和救世主似的观点，是布什外交政策的阿喀留斯之踵。托阿尔认为，只有一种深厚的地区知识才有助于美国在特殊的意义上把握由基地组织所造成的威胁，在更广泛的意义上把握美国在后冷战时代日益变化的角色。

尽管地理学中区域方法和主题方法之间的争论有可能持续下去，但值得注意的是，这一学科中的许多人每日都致力于融合、调和或使用这两种方法（参见 Steinberg et al.，2002 一个绝佳述评）。

政治对政治

对大量政治地理学的历史来说，所考虑的政治是“大写”一类的政治。“大写”政治传统上处理国家及国家与其他国家或国家群体之间的事务。例如，地缘政治涉及国家操纵领土以利于国家自身的方式。20 世纪 80 年代和 90 年代，后结构分析形式的影响，尤其是女权主义，引领人们进入新的关注焦点，聚焦于所谓“小写”政治。“小写”政治包括非国家行为体的政治，这类行为体往往通过社会运动和其他集体而不是政党和其他以国家为中心的机构行事。

大写政治与小写政治的分析形式之间的区分，是以多种方式出场的。从人口统计学上来看，这种区分通常（尽管不是唯一的）是代际的。年轻的学者常常从柯林·弗林特所称的“60 年代后〔政治〕问题”中获得经验——认同政治围绕着社会性别、性别特征、种族、种族特点和环境建构起来。然而，由于构成主线的政治地理学传统上聚焦于“大写”政治的分析形式，许多从事“小写”政治研究的人不将他们自己描绘为政治地理学家。正像弗林特（Flint，2003a：618）注意到的，大多数从事“小写”政治工作的学者都“不是标准的政治地理学者”，即使他们正在做政治地理学的工作。

“小写”政治与“大写”政治研究之间的社会距离，在政治地理学传统之内施展身手的女权主义者中尤其明显。尽管女权主义政治地理学早在 20 世纪 80 年代中期就出现了，但大多数子学科都无视它降临以后那些年里的发现，或只给予吝啬的关注（Hyndman，2004a；Sharp，2007）。正像夏普观察到的，在地理学的子学科中，政治地理学“是最少受到女权主义方法影响且最少包含女性地理学家的”(2007：382)。女权主义政治地理学家以多种方式解释了这种状况。在普遍的层次上，许多人发现，子学科受到了男人的控制，因而反映了占主导地位的这些人的利益和偏见（Sharp，2000)。在认识论层次上，斯塔黑利和考夫曼（Staeheli and Kofman，2004）提出，政治地理学是“男权主义者”的。也就是说，子学科拒绝将社会性别当做政治分析的一个重要变量纳入其中，并且在这样做的过程中，错误地认为政治变化只是（男性）精英行为的结果。按相同的脉络，夏普（2000）提出，政治地理学迟迟没有超出治国术的研究导致它忽视了政治变化是如何嵌于日常、本土实践的。考察这些进程是重要的，因为这些实践通常与有关政治变化据说是如何出现的正规话语相矛盾，可以使我们对传统治国术的原因及其效果的理解趋于复杂。

正像几位学者已经注意到的，少有政治地理学家在学科内对女权主义的嘹亮呼唤做出回答（一个例外，请参见 Painter，1995)。当谈及女权主义的议题时，他们通常所采取的方式，是提出“小写”政治的议题实际上不是子课题的范围。例如，在 2003 年关于政治地理学状况的一个讨论会上，约翰·阿格纽提出：

> 许多被标为政治地理学的东西并不是真正政治性的。通常政治的东西是从经济的或文化的东西中解读的，以至于这种或那种经济利益或文化认同分别成为分析的主题，而不是追求这种或那种利益或认同的过程中政治能动性的组织过程。在经济主义类型的新马克思主义（特别是极端列宁主义阵营的新马克思主义)、种族认同政治、本质主义版本的女权主义的影响下，独特的政治(及与之相伴随的能动性）已经消失于假定能决定政治结果的超有机范畴的分析之中。(John Agnew，2003a：604)

正像这些评论和更早的评论所指出的，女权主义者和传统政治地理学家之间的鸿沟依然是实质性的。而这些分歧有可能影响即将到来的某些时候子学科的面目。

本书的组织

本书包含有关28个概念的章节。每一章覆盖政治地理学中的一个核心概念，并分为三节。在第一节，对概念进行界定。在第二节，对概念的意义衍变和/或关键论争进行评述。每一章以一个个案研究作结，以表明地理学家是如何在他们的研究中运用这一概念的。

这28章被组织到六个部分之中，每一部分包含一组相关概念。在第一部分（第一至四章），勾勒了治国术的概念。治国术是政治地理学的一个中心议题，这里所讨论的概念覆盖子学科的许多构成概念，其中包括统治、民族国家、民主和主权。第二部分（第五至八章）讨论了和政治地理学家如何理解权力联系在一起的概念。其中包括霸权、地缘政治学、领土和超级大国的几章。第三部分（第九至十五章）覆盖现代时期的数个构成概念。因为这些概念是以时间为基础的——例如，大多数覆盖现代时期内的一个特殊时期——它们被依序排列以反映这一特点。这一部分以论殖民主义/帝国主义、政治经济学、意识形态和社会主义的各章开始，以讨论新自由主义、全球化和移民的各章作结。第四部分（第十六至十八章）聚焦于政治空间的相互作用。对政治单元之间的联系和断裂给予了特殊关注。这一部分包含有关边界、规模、地方主义的三章。第五部分（第十九至二十二章）考量了和暴力在空间的呈现相关的诸概念。其中包括冲突、后冲突、恐怖主义、反国家主义几个概念构成的各章。最后一部分（第二十三至二十八章）包含了在认同标题之下宽泛地联系在一起的各章。这些概念许多与学术界的后结构主义转向联系在一起。它们包括民族主义、社会性别、公民权、后殖民主义、他者和表征。值得注意的是，在这一部分纳入表征，是要表明后结构主义在政治地理学中的影响。在传统政治地理学中，代表权被界定为一种机制，空间借这一机制被划分为用于选举代表权的政治单元。当然，在过去的20年中，代表权已经包含一系列更广泛的议题，与各认同群体在社会中被国家（以及其他政治掮客）代表的方式和这些群体如何反击这类代表权联系在一起。做出以这种方式纳入代表权的概念的决定，我们如履薄冰，因为代表权的更传统的定义依然是政治地理学中的一个重要议题。当然，因为传统对代表权的理解已经纳入第一部分中，有关表征的这一章还是为这一概念新起的定义保留着。

这既是一本参考书，也是深入了解这些概念的一种原始资料。例如，将各章组织为三个具体部分，可以让学生对各概念加以比较和比对，同时直截了当地选择一个概念的相关信息。当然，每一章实际上也足以为感兴趣的学生在自己的研究中学习和使用一个特定的概念提供一个基础。本书作者希望，学生们能带着对政治地理学的深度、复杂性与关联度的理解和欣赏离开。

第一部分　治国术

导　言

卡洛琳·加拉尔

《政治地理学核心概念》所思考的第一组概念涉及治国术。国家是政治地理学的关键分析单元之一。政治地理学家提出并回答了有关国家的许多问题。一些地理学家聚焦于国家是如何形成和统治的。另一些人则分析国家力量是如何在世界体系中建立起来、被合法化和受到抵制的。还有一些人则考察国家组织的特殊形式。

在本书的这一部分，考虑和治国术相关的四个概念。第一个概念民族国家，是地理研究的一个中心主题。例如，地理学家长期以来已经注意到，国家——连同被宽泛地定义为一个群体，将自身视为通过历史、语言和/或文化联系起来的民族——不总是与现代国家的管理边界相匹配。民族国家既是一种理想的类型，在大多数地方也是已化为现实的实体。地理学家处于考察民族和国家边界不一致的地方所出现的紧张状态的前沿。

这里讨论的第二个概念是主权。地理学家对主权感兴趣是因为这一概念涵盖了一个国家是如何获得并拥有生活在其边界之内的人及他们所参与的活动的管辖权的。国家主权之后的观念——国家是世界舞台上唯一的合法行为体——支撑了世界体系及旨在管控它的国际法。然而，正像地理学家家也注意到的，全球化已经削弱了这种观点的持久性，有些人甚至提出国家主权可能已经终结。

在这里的最后两章，我们在更小的范围内考察了治国术。论“统治”的第三章考察了一个政府积累资本和调控社会政策的机制。尽管国家想代表其公民的利益，但有时公民会反抗统治他们的机制。照此来说，地理学家不仅研究统治结构是如何组织的，而且研究它们是如何跨越社会和地理的分水岭而变化的。在第四章，考虑了一种特殊类型的统治结构——民主。尽管民主通常被认为是统治的一种理想形式，尤其是西方的超级大国更是这样认为，但地理学家注意到不存在任何普适的民主定义。政府可以并且的确使用多种机制确保政府中某些形式的民众代表权。而且，每种形式都有自己的利弊。

为了感受这些概念，提供了来自跨全球的个案研究，其中包括南非、墨西哥和美国的个案。

第一章　民族国家

玛丽·吉尔马丁

定义：一个概念的两个部分

“民族国家”一词是两个相互联系但不同的概念——民族和国家——的一个混合体。民族通常被描述为相信自己以某种方式，基于一种共同的历史、语言、宗教、其他的文化实践或与一个特殊地方的关联连结到一起的人群。国家通常被界定为法律和政治的实体，拥有对生活在其边界之内的人们的权力。以这种方式，国家与领土主权联系在一起。民族国家的概念将民族—共同体和国家—领土融合在一起。在这么做的过程中，它给我们提供了当代世界中一个关键的社会—空间组织单元。在界定民族国家的过程中，考虑其两个独立的成分以及民族与国家之间的关系是至关重要的。一个民族，按照安东尼·史密斯（Anthony Smith）的说法，是一群已命名的人，“其所有成员共有一种历史领土，共同的神话和历史记忆，一种大众的、公共的文化，一种共同的经济和共同的法定权力与义务”（载于 Johns et al.，2004b：83）。史密斯的定义指向一系列共性，围绕领土、文化、历史和记忆，这可能暗示了存在着一种基本的民族特性。对民族的一种本质主义的理解（有时称为原生主义）表明它总是存在着，并且它总是有一个不变的核心。

本质主义的民族观总是受到将民族视为社会建构出来的人的强烈辩驳。例如，本尼迪克·安德森极好地提出，民族是想象的共同体，因为“即使最小民族的成员从来不知道他们的同胞，遇见他们或乃至听说过他们，然而在每个人的头脑中依然带有他们水乳交融的形象”（Anderson，1983：15～16）。按这种思维方式，民族的诞生是服务于特殊目的的，通常是经济目的或政治目的（Storey，2001：55）。这种对民族形成的理解可能要么是永恒主义者的，要么是现代主义者的（现代时期通常被界定为始于工业革命）。一种永恒主义的民族形成理论，主张民族根植于前现代的种族共同体。相比之下，现代主义的民族形成理论，则主张与现代主义时期联系在一起的进程——例如国家的发展、大众识字和教育的来临，或资本主义的扩展——导致了民族的创造。

民族国家概念的第二种成分是国家。约翰·伦尼·肖特观察到，20 世纪最重要的发展之一是“国家的成长”（Short，1993：71）。肖特既评论了国家数量的增长，从 1930 年的大约 70 个增长到 2007 年的 190 多个，也评论了国家力量的增长。这一时期国家数量的增长与去殖民化紧密相联。当帝国解体时，特别是第二次世界大战之后，帝国的空间组织（在此，领土是由帝国的中心，例如伦敦来统治的）在很大程度上被以国家为基础的空间组织系统所取代。这些新国家许多是以欧洲模式为基础的，十分重视领土和对民众与资源的管理。当代国家对国内和国际关系都拥有权力和影响。在国内，国家致力于收集税收、维护法律和秩序、支持国家的意识形态。在国外，国家致力于保卫其边界和领土，维护有利的政治与经济关系（Johns et al.，2004；Short，1993：71）（见图 1.1）。

民族国家是一种理想的类型：它设想民族的边界与国家的边界一致，而国家的每一成员都属于同一民族。实践上，要达到这一点是不可能的。结果是民族和国家的各种各样的结合。一种结合是包含许多民族的国家，例如西班牙，拥有例如巴斯克人和加泰罗尼亚人等少数民族（见图 1.2）。另一种结合是民族跨越一个以上的国家，例如爱尔兰共和国和北爱尔兰（英国之一部分）的爱尔兰人。第三种结合是没

图 1.1　墨西哥与美国之间的一部分防御边界

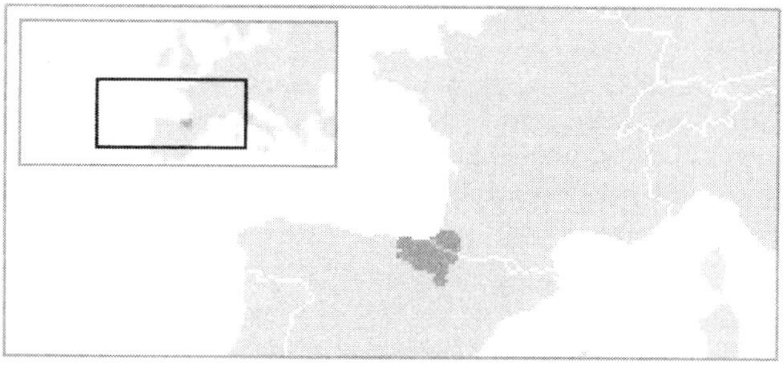

图 1.2　西班牙和法国的巴斯克族地区地图

有国家的民族：巴斯克族也许就可以用这种方式来定义，正如生活在土尔其、叙利亚、伊拉克、伊朗的库尔德族一样。

在民族国家是如何形成的问题上，存在着明显分歧。当然，这些分歧并没有扩展到这一概念的影响及它激励人们投入行动的能力。这是通过民族主义来实现的，民族主义被安东尼·史密斯描绘为“一种代表被其成员认为构成一个实际的或潜在的民族的一批人的利益，去争取和维护自主、团结与认同的意识形态运动”（见于 Storey，2001：

66；更详细的论述，见第二十三章）。史密斯认为，种族民族主义和公民民族主义之间存在一种差异，种族民族主义聚焦于共同的民族认同和共性，而公民民族主义聚焦于共同的制度。史密斯所提出的种族民族主义和公民民族主义之间的差异创造了民族主义的一种分层，这有如何理解民族和国家的言外之意，并同时创造了当代世界中的“失败”（和与之相关的成功）国家的范畴。

尽管它们具有明显的差异，民族、国家和民族国家这几个术语通常可互换使用。重要的是要知道其意义的滑动。例如，政治地理学的许多著作都突出国家，但都基于一个潜在的假设，国家也是一个民族——换言之，其民众共有一种特殊的民族认同。就这点而论，“国家”一词隐含着民族的凝聚力，但通常也用于遮蔽次于国家层次的冲突：种族或人种群体之间的冲突，地区之间的冲突，或围绕权力或意识形态问题的冲突。以相同的脉络，使用国家一词也隐含着一种形式的公民民族主义，它又一次服务于强化全球的分层，即使领土可能正好处于种族的国家建设进程之中。命名的政治是引人注目的。支撑民族、国家和民族国家的分类的设想也应经常受到质询。

演变与争论：民族国家还是恰当的吗？

民族国家是政治地理学的构件之一。早期的政治地理学家，像弗里德里希·拉策尔、哈尔福德·麦肯德（Halford Mackinder），特别关注民族国家。拉策尔将国家定义为一个为了生存必需成长的有机体；麦肯德则将国家阐释为一个可以追求社会和政治目标的地方（Agnew，2002：63～70）。国家依然处于政治地理学的中心，甚至彼得·泰勒也提出，聚焦于作为一个截然不同于社会冲突的空间实体的国家，导致了学科中一种天生的保守主义（Peter Taylor，2003：47）。换言之，政治地理学家如此专注于将国家作为一个实体，以致他们没有充分研究国家即一个争议的场所，例如，生活在国家中不同种族群体之间的一个争议场所。

缺乏对民族国家内部的争议的关注在近年已被谈论到，尤其是通过对认同问题的更大关注。在一个层次上，谈及这一点是通过聚焦于建国进程，尤其特别关注纪念碑、纪念物和其他象征性景观（见Johnston，1995 and Whelan，2003 对爱尔兰这一进程的讨论）。在近年，政治地理学家也更注意社会性别、种族、种族特点、阶级和性别特征，突出民族国家定义之上的持续论争，以及以民族认同为基础的排除过程所面临的挑战。举例来说，女权主义政治地理学家突出了民族国家和民族认同的性别特质，并且主张以种种方式更深地干预——女性化的和明显私密的空间（例如家庭），对如何想象民族国家和民族国家如何运作相当重要（见 Staeheli et al.，2004）。同样，政治地理学中最近有关性别的著作突出了民族国家常常是异质标准的（heteronormative），随之民族认同也是围绕一种假设的异性恋建构起来的。对认同的关注最近在与公民权的联系中得到了阐释（例如，参见 Political Geography，25：8 对性别公民权的讨论，这一讨论力图使公民权的概念超出政治领域，并且提出性别是公民权的一部分）。公民权的概念，特别是在与个人化的权力和责任联系在一起时，是政治地理学内有关国家的最近研究的焦点（参见第二十四章更详细的讨论）。地理学家用后殖民理论质疑殖民主义之后民族国家的排斥实践。除了突出有关民族国家边界之内包容与排斥的过程及其导致的冲突的争论之外，政治地理学家已经更广泛地介入民族国家内部的统治问题。这包括关注地方层次，例如在一个全球化和新自由主义的世界里各地区国家不断变化的形式和功能（参见 Jones et al.，2004b，第四章的一个述评）。这也包括关注抗议和抵抗运动，以及国家对这类运动的回应（参见 Herbert，2007）。

当然，更基本的是，民族国家的性质和存在本身也受到了细察。在这些评论家看来，民族国家是落伍之物，已被联合国和欧盟等超国家组织以及诸如全球化的进程所取代。约翰·阿格纽提出，“现代领土国家现在成了问题，即使在20年之前，这也是不可想象的”（2002：112）。阿格纽集中用全球化、全球移民、苏联“强国”的瓦解、超地区和全球形式的管治的增长、国家内部种族和地区冲突的增加来支持自己的看法。民族国家和全球化之间的关系受到了特别关注。大前研一（Kenichi Ohmae）的评论概述了一个学派的思想：“传统的民族国家成为不自然的了，甚至不可能是全球经济中的一个营业单元”（载于Johns et al.，2004b：51）。与之相反，另一些人则提出尽管出现了全球化，但民族国家依然至关重要（参见Yeung，1998）。同样的矛盾观点在有关全球移民的讨论中也显而易见，一些人提出所谓“移民时代”导致了跨国移民人数居高不下，这些移民维持着与其故国和居住地的有力网络和联系。据称，他们的出现及其活动，对国家和民族的边界与意识形态发起了挑战（参见Nagel，2001的综述）。当然，另一些评论家则提出，全球移民的规模导致了国家移民政策的紧缩及边界控制与监视的加剧。这种矛盾观点也出现在有关全球恐怖主义和全球社会运动的讨论中，有关国家在多大程度上能够或不能（依具体情况而定）包含和控制其边界之内的恐怖主义和抗议运动的争论中。这已经表明，失败国家的概念，被一些评论家描述为在其边界之内不能确立自己的管辖权的国家；但在另一些评论家看来，则是一个主要用于前殖民地的新殖民概念。简言之，当代世界的民族国家尽管是普遍存在的，但却是一个有争议的概念，政治地理学家对有关民族国家的有争议的意义的论争至关重要。

个案研究：种族隔离制度之后的南非

南非为民族国家的研究提供了一个有趣的地点。在南非的种族隔离时代，全国的人口按种族和人种界限划分为相互隔离的势力范围。南非明显不是一个民族国家，而是由一国之内的许多民族——按种族和人种界定的——所组成。这些民族是社会地建构起来的。克兰普顿阐述了比勒陀利亚先民纪念馆在表明20世纪40年代民族主义的阿非利卡人身份的重要意义（Crampton，2001）。先民纪念馆旨在纪念19世纪40年代进入南非腹地的阿非利卡人的伟大集体迁徙，克兰普顿认为1949年该馆的落成是更广泛的阿非利卡人民族主义工程的一部分（参见图1.3）。在结束种族隔离之后，许多团体提出南非需要通过建国的进程建构一种新的国家认同。例如，纳尔逊·曼德拉总统呼唤一个“彩虹国家”，并这样描述他的新南非的愿景：

> 在反抗种族统治的数百年里，所有肤色和背景的南非人礼赞自由和正义，正如礼赞他们不可抵制的呼唤。他们发誓忠诚于一个属于所有生活于此的人的国家……从这样一种经验中，产生出了一个自由南非的愿景，一个多元团结、共同协作以创建所有人的更好生活的国家的愿景（Ramutsindela，2001：74，着重号为原有）

当然，种族隔离之后南非的经济现实阻碍了这种愿景的实现。特别是，黑人社群中的高度贫困、失业与低水平的教育，意味着有效地为所有人创建更好的生活就是要为南非黑人改善条件。其结果，南非的政治家如总统撒博·米贝奇更关心黑人或非洲民族，而不是彩虹国家（Ramutsindela，2001）。许多南非白人相信，这种行为对南非白人构成了歧视，其结果是质疑在新的南非，是否有他们的一席之地。白人南非人——尤其是阿非利卡人——已经以各种方式做出了反应。有些人与政

图1.3　南非比勒陀利亚先民纪念馆

府政策采取合作的态度，例如参与国家的土地改革规划。另一些人则抵制政府政策，并且再一次开始勾画阿非利卡人的民族认同，将其与土地、历史和共同的斗争联系在一起（Fraser，2008）。通过使南非隔离之后的民族国家依附于自由市场原则和新自由主义，这些不同的建国工程已达成妥协（Peet，2002）。以这些方式，种族隔离之后的南非突出了民族国家概念的复杂性及其有争议的本质。

关键点

• 民族国家是当代世界中社会空间组织的关键单元。这一术语将民族——一个具有假定联系的人的群体——与国家——一个法定的政治和领土实体联结到了一起。

• 在政治地理学之内，民族国家是一个受关注的关键领域。当然，政治地理学家在历史上更关心国家，而较少关心国家内部的冲突。

• 近年，政治地理学之内对民族国家的研究已经扩展到谈论认同、公民权、统治问题，以及民族国家在全球化世界中的地位。

第二章　主权

卡尔·T. 达尔曼

定义：一个多面相的概念

一个政体之内最终的统治管辖权众所周知是主权。历史上，一个政体之内的最终管辖权落在主权人身上，一个其统治由天授权力或当地习惯以及经常由多种力量所赋予的君主身上。在封建时代的欧洲，君主的统治不被认为是领土性的，除非他个人拥有领土。准确地说，他的管辖权由那些忠于他的人的忠诚扩展而来，而反过来，这些人也拥有土地；当忠诚发生变化时，君权统治之下的地域同样也发生变化（图2.1）。[①]

图 2.1　尽管君主政体到维多利亚女王即位时受到了长期的限制，她依然是欧洲个人主权的残余系统的一个强有力的例子。她统治了英帝国的主要地区，并且名正言顺地既是英国的女皇，也是印度的皇后（取自 1897 年的版画，承蒙国家档案管理局慨允使用）

现代的领土国家体系开始形

① 这里的性别化的语言反映了广泛流传的在头衔和土地继承上的男性嫡长子继承制，尽管在中世纪不是每个地方都禁止女性继承。

成于卡佩王朝（第10～14世纪）统治之下，主要到1648年的威斯特伐利亚和约时期才得以稳固。这一系统将主权定义于在两种管辖权基础上对一定领土内的国家进行统治的权力（Sassen，2006）。第一种管辖权涉及内部或国内的主权，在确定了领土边界的国家内的统治权，它要求君主的臣民认可其统治权（Wendt，1999：206～211）。与内部主权互补，第二种外部的或国际的法定主权是不受外来干预统治其领土的主权管理权。这取决于其他主权实体对主权的认可，自1945年以来，这在准许加入联合国上已经极其常规化。

当代的主权标准依然限于这两种形式的得到认可的管辖权，政体被认为绝对地拥有主权或不是拥有全部主权（William，1996：112）。事实上，主权包含现代国家的法人资格，一个集统治、领土和人民于一体的混合体，它因此拥有权力、力量和管辖权等等。按这种底色来说，主权也许可以被侵犯或减损，但它不是可分的或可附加的——一个国家不能以他国的主权为代价获得某些主权，因为在领土方面这是有可能的（Brownlie，1998：105～106）。剥夺仅有的、法定的主权被认为应当与权力、控制和管辖权问题区分开来，这也是当大多数人想起这一术语时所暗含的。这在分析上是有益的，因为在整个历史过程中，从被包围的首脑到专制主义的暴君，主权实际上在其政体中拥有不同的能力。主权在实际中所包含的意义的经验上的可变性提醒我们，它是一种理想的或法律的抽象，而不是现实中的存在，大多数作者在提出这一术语时，因此隐含着极为广泛的含义。

斯蒂芬·克拉斯纳充分地辨别了主权的四种含义，它们通过不同的管辖和控制度区分开来，而且突出了国际国家体系的潜在地理建构（Krasner，1999）。国内的主权包括管辖和控制但只限于一国之内。尽管国内的政治管辖权（统治权）也许是以各种方式构成的，但它有别于一个主权实体是否在整个国家领土之内实施有效的控制。第二，国际法的主权谈论的是国家的管辖权问题，也就是它在主权国家相互作用的国际领域内的管理问题。这种管辖权最终会以别的主权国家认可这一国家主权为基础，这一法人资格可以艰难地度过领土和国内的变化。第三，威斯特伐利亚主权隐含着国家的领土组织是一个不可侵犯的领域，不受其他国家的干涉。不干涉原则通常是“侵犯主权”所隐含的意义的中心，尽管国家也许会通过邀请违反它们自己的威斯特伐利亚主权（要求另一国家来到它们的防区），但这不会取消它们的国际法主权。第四，独立的主权完全与国家对其领土的控制和它向外部影响的敞开联系在一起。尽管克拉斯纳聚焦于资本、劳动力、商品的商业跨界流动，但这也可能扩展到其他跨国运动，例如意识形态和文化的传播。值得注意的是，这类不同形式的主权也许对另一方具有变革的效果，但它们相互之间的变化却无需有直接联系。

演变与论争：给主权定位

正像以上的讨论所暗含的一样，主权既是一个野心勃勃的术语，也是一个模糊不清的词。一方面，人们认为它为现代国际政治的政治和地理组织提供了基本框架，同时其意义既是高度语境化的，也是经常未被完全言明的，这就给这一概念涂上的分析上的可靠色彩远少于我们的期望。[①] 这一概念也给进行详细考察的作者制造了无数难题。例如，如果内部主权基于统治者的不受限制的权力，那么当国家被当做代议制民主制来管理时，会发生什么呢？处于与人民主权相关的民主标准顶端的现代政府机器内部主权的四分五裂，意味着一种霍布斯式的对主权的理解（主权是由具有特殊权力的人所拥有的，与政体的其他部分是分离的），不仅仅对理解今日的政治界没有用处。相反，现代民主政府表明，主权是可以细分为不同能力的东西，甚至在一个国家的不同机构之内共享例如人民、地方政治单位或联邦结构。此外，

① 单在美国的学术语境中如何以极为不同的方式使用这一术语的一个例子，参见辛克莱和拜尔斯（Sinclair and Byers，2007）发人深省的文章。

假如不干涉的权力意味着主权国家的内部事务不受侵犯，那么我们如何与保护人权的国际准则保持一致（因为保护人权的准则可能要求介入〔侵入〕以保护受害者和/或逮捕侵犯人权者）？在国家所实施的主权控制的实际领域小于其法定领土的地方，情况又如何，而且在其空白地带的避难所形成了对主权国家或其邻国的威胁时，又怎么办？

撇开常规的考虑不谈，研究实际存在的政治的学者必须处理这一事实：力量、领土、权力越来越被重组到国家之外的空间中，对基于主权领土行为体之上的我们对世界的理解发起了挑战（Luke，1996：494）。为此，思考一系列基本重塑了我们理解主权的方式的地理学论争是有用的。首先，对主权的习惯理解往往将领土看成只是主权力量的舞台、容器或资源，而不是其运作的基本部分。有必要把握领土权的地理学概念，将其当做一种对主权如何通过社会实践组织起来的历史性解释（这种社会实践将有界限的空间当做一种力量和认同的媒介来使用）。当国家试图回应国内和国际经济、社会和政治生活中的变化和挑战时，主权因此是一种不断演化的空间实践。

第二，透过领土权的棱镜来看，确认法律或公认的主权与实际的主权之间更进一步的区分变得更为容易。差异是显著的，因为主权的确认与有效地控制该地区不是一回事。流亡政府是这一问题为什么重要的一个关键例证。同样，国际上认为合法的主权可能与国内主权的相应确认也许并不匹配，20 世纪许多脱离了殖民地的国家的情况就是如此（Murphy，1996）。

第三，约翰·阿格纽将这一区分往前推了一步，提出“实际的主权全在这儿”，根据国家管辖权的力度和其领土范围确认了四种理想型的政体。有界限的国家领土之内的强国家管辖权代表了“古典”型的主权，而依附于外部力量并受到分离主义势力挑战的弱中央管辖权，则代表了相反的“帝国主义”类型。阿格纽认为欧盟是“综合”主权的一个例证，在这种主权中，由于将一般的能力授予了地区机构，国家的管辖权是微弱的。第四种类型，“全球主义”的主权，美国堪称例证，它保持了强有力的中心管辖权，而同时通过让其他国家在美国充当霸主的经济和政治议程上画押，将其影响扩大到了其边界之外（Agnew，2005）。

阿格纽意识到的第四点，其他人也曾表达过：国家从来不会像主权理想所暗含的那样形成对自己的事务和领土的那么多控制（Krasner，1999；Williams，1996）。但是尽管阿格纽对有效主权的详述集中到了国家之上，在世界政治中却仍然有各种其他力量，它们不是主权的行为体，却仍然对国家主权发出了挑战。最通常的，这些力量是全球化的证明，在此，多边协定组织、国际贸易、劳工移民和跨国文化传播对国家主权的基础发起了挑战。例如，新自由主义经济政策被一些人认为是提供了一个国家管辖权由内向外的转折点，因为一度具有主权的超级大国服从于诸如世界贸易组织一类的团体，或服从于多国公司的需要。保护人权的国际行动也许表明了一种更基本的主权转型，因为它不仅违反了不干预原则，而且力图改革被当做国内主权的合法实践的东西。

这引向了最后一点——许多领土没有被国家有效地统治，而是被其他非国家实体所支配，诸如游击队/准军事团体、犯罪团伙、非法贸易网络。在大多数情况下，非国家行为体只是限制了一个国家对其部分领土的实际主权。也就是说，他们限制了一个国家对其全部领土的有效控制，即使未受控领土通常依然既在国内、也在国际上被认定为这一国家的一部分。当然，在一些情况下，非国家行为体不仅获得了对领土的有效控制，而且获得了有效的统治权，当地人也许将其视为一种实际的国内主权。这种区域化的非国家行为体所引入的对国家主权的挑战，也许同样可以适用于占领势力和暂时建立起来统治一个失败国家的国际管理机构，例如在科索沃或伊拉克。但是，一旦国内政府恢复起来，这就提出了对国内主权的合法性的怀疑。例如，在伊拉克，美国依然是一股占领势力，尽管形式上的主权已经移交给一个公认的伊拉克政府，却同时提出了如果伊拉克政府提出要求，美国是否真的愿意撤出的问题。像全球化一样，这些力量对主权发起了挑战，并且引领我们在思考国家时重新审视我们的意思是什么。与此同时，主权被证明是一个具有历史转型能力的重要常规概念，它也许还会与国家共存，尽管会对一个国家内的最终管辖权实际上会带来什么的日益变化的期望做出回应。

个案研究：轰炸塞尔维亚以拯救科索沃

人道主义的干预，也就是未得到该国政府的允许、武装干预以保护另一国家人民的人权，引起了对主权问题的热议。尽管这类行动表面上看也许和征服战相似，但它们的基础是一种阻止持续地侵犯人权的道德责任感，而不是从目标国获得领土。无论怎样真实和迫切，侵犯另一国主权的道德和伦理理由，在国际法中仍未建立起来，所以这些干预一般出现于法律的灰色区域。事实上，承担人道主义干预的国家在其合法性上常谨小慎微，以回避对惯有权利的诉求，转而引证对国家安全利益的更狭义的口头解释（Holzgrefe，2003：47～49）。左翼批评家对人道主义干预的批评，通常是指控西方势力、尤其是美国利用这些机会以追求帝国、霸权、制度的改变，或者仅仅只是耀武扬威。有趣的是，他们所拥有的观点与人权记录极其糟糕的国家（如塞尔维亚）通常所发出的声音如出一辙。这些批评在任何情况下都相当典型地忽视了人权问题的实际，并且在这里没有得到讨论。

1998～1999年的科索沃危机，为考察影响国家主权的现行问题提供了一个绝佳个案（图2.2）。科索沃的个案处在一个更大的语境中，即前南斯拉夫崩溃，当南斯拉夫解体时，这一国家的领导人煽动起了广泛的侵犯人权。尽管南斯拉夫的更大解体提供了国家主权和领土权的有趣问题，但这里的考察焦点却在科索沃，它是塞尔维亚共和国内的一个特区，是更大的南斯拉夫的一部分。特别是，它提出了和塞尔维亚拥有对科索沃的主权相关的三个问题。第一个问题关系到这种主张的基础及随之而来的导致危机的独立运动。第二个问题关系到人道主义干预对主权提出的挑战，也就是北约针对米洛舍维奇的南斯拉夫（斯洛文尼亚、克罗地亚、波斯尼亚、波黑、马其顿独立以后留下来的国家）的轰炸战役的后果。第三个问题涉及国际社会对科索沃作为一个独立国家是否认可。

图 2.2　南斯拉夫社会主义联邦共和国地图（基于联合国 3689 号地图，2007 年 6 月）

塞尔维亚在科索沃的主权反复受到挑战，事实上，这种挑战始于威斯特伐利亚和约之前对这一地区的主张。在 14 世纪奥斯曼征服之前，科索沃曾是早期塞尔维亚帝国的一部分，之后慢慢地，种族意义上的阿尔巴尼亚族穆斯林多了起来。现代的塞尔维亚王国通过《伦敦条约》（1913）获得了该省，并且在第一次世界大战中，正式附属于战败的奥斯曼同盟。在第二次世界大战期间，法西斯意大利将其附属于阿尔巴尼亚，后又归还给战后的南斯拉夫。南斯拉夫联邦社会主义政府在帮助该省上少有作为。要求阿尔巴尼亚人民族权力的骚动终于在1974年的南斯拉夫新宪法中得到处理，该宪法赋予了科索沃以自治省的地位。但科索沃的阿尔巴尼亚人在南斯拉夫各加盟共和国内并没有（例如，像塞族人那样）获得承认，因为阿尔巴尼亚人被认为在南斯拉夫之外拥有独立的国家领地。相反，他们被认为是南斯拉夫的少数族，拥有比加盟民族更少的权力。当然，作为一个自治省，科索沃拥有地方政府、司法权、警察和学校系统，以及规模可观的塞族少数民族（1971年占18.3%，20世纪90年代降到10%以下）。（Statistical Office of Kosovo，2008：7）

在得势掌权期间，南斯拉夫总统斯洛博丹·米洛舍维奇试图利用科索沃民族之间的紧张，这助长了塞族人对有助于他掌权的反动的塞族民族主义的支持。在夸大塞族在穆斯林统治下受害处境的政治话语的同时，米洛舍维奇象征性地利用了科索沃的历史背景——早期塞族帝国与奥斯曼土尔其之间的一场重要战争的交战场所，1989年是这场交战的600周年纪念日。在1989年的过程中，米洛舍维奇控制了当地的科索沃政府，取消了其自主地位，并且在该省开始了歧视性的塞尔维亚化进程（Independent International Commission on Kosovo，2000：33～42）。当米洛舍维奇获得不受监督的权力之时，斯洛文尼亚、克罗地亚、波斯尼亚、波黑力图从南斯拉夫独立，从而导致了从1991～1995年的一系列战争。同时，科索沃仍然处在米洛舍维奇的统治之下。在20世纪90年代，当地科索沃阿尔巴尼亚族人组织了一个类似的政府，后发展为一个分离主义的运动，这加剧了该省与日俱增的不安。尽管国际使节注意致力于中止其他共和国的战争，20世纪90年代的和约却没有处理科索沃问题。这一时期出现了一个游击队组织——科索沃解放军（KLA），1996年，该组织开始攻击，它希望引起国际社会的关注并最终导致科索沃的独立，这直接挑战了塞尔维亚对该省的主权要求（Judah，2008：77～80）。

从1997年底至1998年10月，科索沃解放军进行了挑衅性的武力炫耀，同时宣称它占据了“获得解放的”科索沃省的要塞。南斯拉夫警察、塞尔维亚特警、塞族准军事行动小组——等同于在克罗地亚、波斯尼亚展开战斗的塞族编队——开始了对科索沃解放军据点的一系列进攻。塞尔维亚军队也开始攻击阿尔巴尼亚族平民，并启动了其控制之下的减人区（depopulating areas）。作为回应，科索沃解放军在一些地方对塞族村庄发起攻击。暴力导致许多人逃离，到1998年年底，超过25万人（大多数是阿尔巴尼亚族人，但也包括塞族人）离开了自己的家园。冲突的第一阶段所造成的大规模背井离乡在10月之后显得相形见绌，那时塞族部队在米洛舍维奇的指示下对科索沃的阿尔巴尼亚族采取了直接的种族清洗措施（NRC，2004）。与日俱增的危机，特别是紧随波斯尼亚战争中的种族清洗和种族屠杀的范围被揭露出来以后，引起了国际社会对科索沃平民人权的强烈监督和关注。

对科索沃危机的国际反应引出了第二个问题：人道主义干预与南斯拉夫和后来的塞尔维亚主权相抵触。联合国安理会1998年3月批准了《1160号决议》，号召各方寻求政治解决，以结束暴力，并在南斯拉夫国内赋予该省“提高的地位”，包括自主权和有意义的自我管理。尽管《1160号决议》承认南斯拉夫“主权和领土的完整”，但它也要求南斯拉夫撤出它的某些部队，并接受一个欧洲安全与合作组织（OSCE）的观察特派团，同时将国家置于武器禁运之下。这明显是将科索沃事件置于前南斯拉夫国际刑事特别法庭（ICTY）的管辖之下，该法庭正在调查克罗地亚和波斯尼亚的战争罪行。在接下来的数月，冲突加剧，对平民的攻击增加。9月，安理会通过了《1199号决议》，该决议号召停火，继续谈判，开启外交途径，并且授权国际代理机构，撤出用于镇压平民的南斯拉夫军队。10月，北约理事会授权使用武力打击南斯拉夫——如果它不能遵守《1199号决议》，这带来了米洛舍维奇接受安理会的条款。南斯拉夫同意结束科索沃的冲突在联合国安理会的《1203号决议》中受到肯定，而《1207号决议》要求南斯拉夫配合前南斯拉夫国际刑事特别法庭，该法庭准备继续进行战争罪的调查，对科索沃事件提起控诉。

尽管政府和科索沃解放军首先似乎都尊重停火协议，但重建后的科索沃解放军的攻击导致南斯拉夫军队在10月协议不久后采取了军事行动。从1998年10月到1999年6月，米洛舍维奇指挥下的政府武装了当地塞族民兵，对阿尔巴尼亚族村庄进行种族清洗，在这一过程中草率地处决平民。不像波斯尼亚，那里首先要证实广泛的侵犯人权相当困难，而美国和欧洲的外交人员以及欧洲安全与合作组织的监视员就在科索沃，他们会及时报告塞尔维亚过度使用武力、并且侵犯科索沃平民的人权。对雷卡克村平民的攻击立即得到欧洲安全与合作组织观察特派团的证实和谴责，这有助于加快国际社会的反应。当然，当欧洲安全与合作组织的首席检察官试图进入科索沃时，塞尔维亚政府却避免她这么做；欧洲安全与合作组织特派团的团长随后被宣布为不受欢迎的人（persona non grata）——一种不会冒犯任何人的主权声明（Independent International Commission on Kosovo，2000：75～83）。

2月在法国朗布依埃（Rambouillet）的谈判没有达成米洛舍维奇政权和科索沃解放军之间的任何协定。欧洲安全与合作组织在3月撤出了其特派团，此后冲突益发糟糕，随之北约空袭科索沃的军事目标及南斯拉夫其他地方的战略要地。突袭从3月24日持续到6月10日，给南斯拉夫军事要地和民用基础设施带来了巨大破坏，此外还夺去了数百平民的生命。北约所采取的行动没有联合国安理会的明显授权；该同盟转而征引根据安理会决议使用武力的潜在权力——安理会决议是在联合国宪章第七章之下获得批准的。政府对阿尔巴尼亚族人处心积虑的清洗在空袭期间仍在继续，从科索沃背井离乡出走的人为全球电视观众清晰可见。到6月，政府战役已经使145万人迁移，约占所有科索沃阿尔巴尼亚族人的90%（NRC，2004）。通过强迫迁移其“非主权”的占人口大多数的阿尔巴尼亚族人，米洛舍维奇试图维护他的国家对科索沃的主权。

继阻止北约打击的谈判之后，南斯拉夫和自2003以来塞尔维亚对科索沃主权的第三个问题立即被提了出来。[1] 安理会批准了《1244 号决议》，该决议在科索沃确立了事实上的受保护地，有效地将其与塞尔维亚其他地方区分开来（图 2.3）。科索沃的国际管理结构有两种平

图 2.3 联合国科索沃特派团（UNMIK）地图，关键地点。注意省界、国界和联合国科索沃特派团行动边界（基于联合国地图 4133 号，2007 年 6 月）

---

① 2003 年，南斯拉夫联邦共和国变成了塞尔维亚和黑山国家联盟，2006 年联盟随之解体，留下塞尔维亚和黑山都作为独立的主权国家。

行元素：军事维和行动（科索沃维和部队或科索沃部队）；在联合国赞助下的包括欧洲安全与合作组织及欧盟介入的平民行动。《1244 号决议》也提出了期望——国际谈判将解决科索沃的最终地位。这些谈判直到 2006 年才认真启动，此后，联合国特使提出了含蓄的科索沃独立的提议。塞尔维亚依然坚定不移地反对这种结果，取而代之提出一种“比自治多但比独立少”的最终地位。塞尔维亚在这一问题上得到俄罗斯的支持，这阻碍了任何更进一步的取代 1244 号的安理会决议。

接近 2007 年底，很明显谈判者不会在科索沃最终地位上达成一种既接受塞尔维亚政府、又接受科索沃政府的共识。谈判的内容依然是联合国特使马蒂·阿蒂沙里所草拟的、在联合国安理会遭到俄罗斯阻止的有关最终地位的倡议。虽然如此，这一计划仍然构成了国际社会对科索沃最终独立的期望——没有联合国安理会新的决议便开始推进。科索沃首相，一位科索沃解放军的前军事长官，表明科索沃将按照来自美国和欧盟的建议做出独立的“协调宣言”。这在 2008 年 1 月 17 日付诸实践，而美国、英国、德国和几个其他国家迅速承认了科索沃的主权独立。在这一年内，科索沃已得到 22 个欧盟成员国和大约 30 个其他国家的承认——然而仍只是联合国 192 个成员国的少数。欧盟本身没有任何正式的承认科索沃独立的渠道，但它仍通过提供相关的欧盟援助特派团以取代联合国国际管理机构来支持独立。尽管俄罗斯反对科索沃独立也许与莫斯科自身在高加索地区的利益有关，但迄今面临科索沃的最大问题是塞尔维亚对该省的持续主张。1999 年战争之后和 2004 年暴乱之中形成的塞族人飞地，现在是塞尔维亚统治科索沃领土的事实上的财富，贝尔格莱德已赞助这些飞地中当地的平行塞族管理机构，继续为其居民提供身份证、财产登记和其他基本服务。在科索沃宣布独立后不久所举行的塞尔维亚议会选举期间，这些飞地也是接待投票的地点。因此即使当科索沃取得更广泛的国际认可时，其主权依然受到联合国成员的阻挠和塞尔维亚对其一部分（如果不是全部）的持续主张的挑战。

关键点

• 主权是最终的统治管辖权。在实践中，这种管辖权在回应限制它的企图（例如民主化、经济自由主义、人道主义）中随时间而有所变化。

• 当代主权与一个国家的领土紧密地缠绕在一起。尽管在一些重要方面有差异，但国家领土是主权的基本媒介。

• 国家主权对当代政治统治意味着什么，相关阐释多有变化，尤其是涉及人权时。

第三章　统治

彼得·舍洛

定义：管理国家事务

“统治”一词是指一个政府建立一种积累和社会调控制度的机制。① 有一些充实的文献考察了统治的概念如何可以得到定义。认识统治的出发点，通常是政府的功能或发布政策、实践和受托责任方面的超国家体制。统治应当基于相互联系的关联：反思传统，支持国家和公民制度，通过民主的受托责任，决定如何由选举出的代表和法定代理机构行使权力，以对公民的权力和义务做出回应（Benett，1998）。大多数对统治的讨论，通常突出以下宽泛的定义：

- 选举、监督、调整政府的过程；
- 政府生成、确立和运用政策与法律程序的能力；
- 行政部门与立法、司法部门的相互作用体系和方法；
- 国家、经济与公民社会之间的关系，经济制度和社会管辖

① 一种积累和社会调控制度，指一个国家所支持的经济类型和调控所涉及的社会角色的机制（Lipietz，1992）。大多数西方国家拥有资本主义积累制度。附属于资本主义的两个重要社会角色——工人和所有者——受到实施它的陈规和法律条文的管控。工人和所有者接受他们的角色，是因为国家确保双方从这种安排中得到某些东西。例如，法律确保工人获得最低收入，每周工作40小时，超时得到加班工资，获得津贴。甚至于确保所有者的合理的税率，能让他们看到有利可图时创造自己的利润。

权与实践的管控；

• 法律文件和机构，通过这些渠道，公民和既得利益群体的幸福与利益可以获得权威机构的确认，反之亦然。

在更仔细思考这些广泛问题时，有两个变量尤其重要。首先，政府要求行使权力。在统治的过程中，要使用各种类型的权力，其中包括确立政治和法律的机构，创立意识形态的表达，坚持对国内市场的管控，控制各种形式的暴力。受托责任和对这类权力的抵抗也值得考虑。

所有的政府或超国家机构必须综合使用这些类型的权力加以统治（Brenner，1998）。在非代议制国家中，统治是不充分的，所代表的是“少数人”的意志，而在更民主的社会，统治力基于公共受托责任和公民的同意，其次，并且尤其是在地理学的深思熟虑中，是规模的观念和如何区分宏观和微观层面的统治问题（有关规模的更多信息，参见第 16 章）。在宏观层面，地理学家关注：

• 创立一种对不断演变的国际和全球权力结构以及不断变化的权威机构框架的性质与结构的解释；

• 思考公认的民主准则，例如受托责任、透明度、民主的表达和参与，是（或不是）如何嵌于随机的、正在变化的全球决策体制之中的；

• 勾勒从国内统治向多层次的全球统治和在国家之外的私人的、公共的、五花八门的治理安置中创造出来的框架的转变；

• 推动全球统治的公正和平等模式。

统治的微观问题包括：

• 将权力分解到各地区和其他国家以下的单位（议会、委员会）；

• 政府政策针对国家以下的领域（本地社会整合网络和实体，

政府支助的社会经济工程、非政府组织）；

• 特别调整适用于种族或边缘群体的政策；

• 非正式的统治机构（教会、团体部门）和其他非国家机构（私营公司、志愿者组织）。

统治作为一个定义性的研究术语在 20 世纪 70 年代和 80 年代的兴起，主要集中在确定种种更好的方式，以理解政府和民主受托责任的复杂性（Harding，2000）。自那以后，重点更多地落在了超越一种对统治的理解——这种理解只是包含了对政治传统和制度演变的考察。这种转变有利于更准确地认识政府、权力实施、公民卷入或从不断演变的统治模式中排除出来的过程之间的关系。统治因此越来越涉及与协商不同的、相互冲突的利益所需要的机制关联在一起的诸种问题。此外，这一术语也与认识统治的方式联系在一起——通过权力和利益机构，统治可以维护和深化赋权，确保公民承认统治的过程。显而易见，“人民”在涉及他们国家、地区、社区的事务方面参与和决策的权力，被看成是国家和更广大的社会趋向民主的关键。

与统治的新模式的成败相关的一个关键观点是，它们的特征应当描绘为（包容的）等级制而不是（支配的）等级制，这应当通过人类活动的公共领域和私人领域中形形色色的行为体创造出跨空间的横向的统治模式来达到。发展一种非严格等级制的（heterarchical）统治的关键，是涉及“相关的”利益相关者（Jessop，1990）。史密斯曼（Smismans，2006）提出，这种统治观是与一种常规的民主主张联系在一起的，这种主张赞扬“新的统治”的特殊参与特征与“老的统治”截然相反。此外，他声称，“按常规的民主条件来说，更多的横向的和非严格等级制的统治并不自动意味着更多的参与型统治”（2006：1）。

鉴于它超出了制度框架，进入到了包括诸如半官方机构、压力集团、游说团体、社会运动和非政府组织等机构和行为体的领域，统治不只是政府的行为。统治概念的最近的拓宽，反映了对国家的重新组织和一种更理性的分析：国家在再生产社会和社会准则方面不是万能的。当非国家组织（例如培训机构和当地发展机构）繁荣起来时，统治的整个结构就改变了。民主结构的这种改变被推动民主的人视为民主的本土化过程，而另一些人则将这些实体的兴起视为削弱了与国家行为相关的受托责任（Peck，2002）。因此，对统治的研究的一部分，是以这种变化的特质和“抽空国家”作为基础的。这种“抽空国家”已经产生了新的管理机构框架与新型的政治协作和网络系统。

最近与地理学家相关的统治的特征，包括：非政府行为体不断变化的角色和它们的作用与责任，经由去中心化所带来的国家的等级制边界的改变，非政府组织和团体/志愿部门在提供服务方面的相应崛起。这些变化是如何得到管控和登台亮相的，已越来越重要。地理学家也在争论新的统治模式是否导致了国家权威的衰退或重申（Shepherd，2002）。新的统治网络的性质及其可持续性也得到了研究（Bridge，2002；Yeung，2002）。有关统治的争论也从有关民族国家未来的广泛争论中发展起来，因为地理学家纷纷争论，全球化意味着国家的能力在处理一个“收缩的世界”、多国资本对世界市场的控制之上不再重要，并且国家过大，不足以在越来越被社会阶层、种族分化所分裂的社会里和日益复杂的劳动力市场提供有意义的服务。根据杰索普的说法：

> 预测包括：全新的国家的发展；民族国家力量的上升、下降或旁落的重新测定；从以国家为基础的统治到以网络为基础的统治的转移、使中心原封不动而在民族国家的次要层面增加变化。（Jessop，2004：95）

演变与论争：众说纷纭的统治

有关统治一词的使用，存在一系列问题，尤其是考虑到它可以以一种模糊的方式加以使用而仍能在不同的语境之中制造出可感知的意义时，更是如此。例如，有人经常提出，统治的目的是要通过一系列由制度引导的应急措施终结社会排斥。但是许多人被排斥的原因，正是基于全球经济网络的运作，这种网络创造了工资、工作环境上的变化，并否定加入工会的权力。贫困和社会排斥可能也与财富分配的不均衡联系在一起，但是很少有政府会采用激进的治理政策重新分配财富，或质疑资本主义的道德和操纵。在基本的意义上，统治及其适用性可以是宣传引导的，也是高度修辞性的（Swyngedouw，1997；Wood et al.，2005）。世界领导人推动这样一种观念：全球化将为欠发达国家推动更好的统治和更平等的未来。例如，当 20 世纪 90 年代初美国、加拿大和墨西哥商谈《北美自由贸易协定》时，各国政府就告诉工人和农民，他们的生活状态不会受到破坏，尽管大多数经济学家都承认墨西哥的许多农民、美国的许多工厂工人将会失去他们的工作。的确，批评家认为，全球化将为那些支配世界市场的人提供比迄今更大的控制（Quiley，1995）。

由于多国资本和它所掌握的金融能力的支配地位日益上升，获得权力的途径也是不均衡的。这种金融门路允许通过游说和政治"捐赠"操纵政治系统（Jacobs and Shapiro，2000）。选举出的代表越来越受到金融的慷慨援助的影响，这意味着大企业可以不在乎民意而直接影响政府政策（例如，核武器工业、军工业和运输业）。没有这种对权力的批判性理解，将统治描绘为仁慈的公共部门管理，或者将政府、商业界、公民社会之间的关系视为不复杂的，将是不准确的。简言之，当统治经常与"善"联系在一起时，现代社会的复杂性会使之成为一种屈尊伏就、高高在上的观点，遮蔽掉其中存在的许多斗争与冲突。

许多地理学家也关注边界和领土的意义的变化通过统治模式承担起了鼓励发展新自由主义全球化的目标（有关新自由主义的更详细信息，参见第十三章）。民族国家、地方和联邦政府、多国公司和超国家机构（例如欧盟和世界银行）之间不断变化的力量平衡，正获得修正。

这种不断变化的政治景观的一个结果，是政府与公民之间的权力与责任的重新分配。迅速全球化和更复杂的空间劳动分工正产生出种种关联，这些关联正取代现成形式的空间管理与公民权空间。为流动资本投资深深渗透的经济，丧失了对经济和社会规划的控制，因为外国直接投资的影响颠覆了民族国家的权力。这带来了挥之不去的凶兆：对国家和超国家实体减少不平等、维护社会正义、交接一个可持续的社会调控政体的能力来说，使用管理策略推进新自由主义具有深刻的言外之意。

佩克（Peck，2006）最近的著作，发展出了一种对“新城市权力”的思想工程的批判分析，突出了自20世纪70年代以来保守和自由市场思想库在市场导向的或“新自由主义的”城市政策的形成、确立和传播中的作用，如何削弱了城市管理的福利主义模式：

> 这些模式已经让道于另一种可替代的——但很难稳定的——政体，以对穷人的侵害性的道德和刑事管控为基础，同时伴随国家所支持的尝试——重申城市是为商业、中产阶级和市场的。但这种意识形态传播和转型的过程，存在着一种复杂的地理学。（2006：681）

博伊尔和罗杰森（Boyle and Rogerson，2006：226）已经表明，管理观念如何越来越依附于自我调控的、假定处于自我再生的本地社区的管理模式。正如他们所说的，当管理的观念被用于被剥夺的社群时，可以“事实上被认为是对被伤害的居民的一种半遮半掩的道德讨伐”。此外，他们认为承诺和包容的华丽言辞

> 也许最好被认为是对英国城市的城市管理的自由主义转向的一种“侧翼”支持。道德上可受赞扬的社群被界定为那些可以重新依附于“主流”并且立足于新自由主义市场经济所确立的条件

之内的人。当这些道德上充满感情的干预不能与地方联系起来时，他们就有潜在可能在有权决断社群生活形式的人身上搅起冲突。对社群之上的道德冲突的不平衡发展做出图绘和说明，因此是一个紧迫的议题。

个案研究：全球统治与贷款的条件限制

国际货币基金组织、世界贸易组织、世界银行和八国峰会等超国家实体自认为自己是“善”治和全球稳定性的推动者。更仔细的研究将考察联合国没能阻止种族屠杀，世界贸易组织无能避免对毫无防卫能力的工人的剥削，在世界银行和国际货币基金组织那里，则是无能避免日益加剧的全球金融灾难或显著地减少发展中国家的贫困。此外，可以注意的是，这些管理组织是以西方为中心的，紧密地与一个坚定不移的新自由主义平台联系在一起（Castells，2001；Chossudovsky，1997；Jones el al.，2004a；Raco and Imrie，2000）。

这些机构的权力，基于它们能够通过控制资本、给欠发达国家提供基金以影响全球的统治。尤其并且是在促进“贸易”方面，这些机构促进了一种与创造开放型经济、无界限的全球经济联系在一起的“全球化”形式。根除受管控的贸易被说成是发展一种新型的管治方式——这种方式将削弱贫困和全球经济中的空间不平等。当然，这种管治旨在通过一种地理的重新塑型达到去疆域化，所以空间不是完全按照领土性的地方加以图绘，而是被理解为与社会关系和交易的空间组织联系在一起（Giddens，1990：4），它是通过经济活动的跨地区流动和网络来实现的（Raco and Imrie，2000）。

2005年，八国峰会领导人联手世界银行和国际货币基金组织确立了自己到2015年要达到的“联合国千禧年发展目标”。其中包括要消除极贫，与HIV、AIDS和虐疾做斗争，确保每个孩子接受基本的教育等治理目标和模式。这些领导人当做“善治”来推进的某些“目标”包括：

• 到 2010 年援助翻番——世界范围内追加 500 亿美元，250 亿美元用于非洲；

• 立即勾销世界上最穷的 18 个国家的债务，其中大多数是非洲国家。这笔债务此时值 400 亿，当更多国家获得此资格时，将多达 550 亿；

• 承诺终结所有出口补贴；

• 声明发展中国家应当“决定、计划、有序地安排自己的经济政策，以符合自己的发展战略，就此它们有义务对自己的人民做出说明”；

• 为与虐疾作战，设立用于治疗和蚊帐的基金，每年拯救 60 万以上儿童的生命；

• 到 2015 年，所有儿童都有途径获得优质、免费和义务的教育与基本的卫生保健，在国家选择提供的地方免费；

当然，为了享受这种“新管治”，发展中国家必须着手处理腐败，推进私营部门的发展，消除私人投资的障碍，无论国内的还是国外的私人投资（Monbiot，2005）。有些国家也不得不将国有资产和福利事业私有化。在它们接受援助、贷款和债务减免之前，这些条件限制是政府必须遵守的政策。正像乔治·蒙比奥特所说的：

这里我们碰到了八国峰会的条件限制的真正问题。他们没有停止假装避免腐败，但腐败还是侵入了主权政府的每一个层面。当财政部长们说“善治”和“消除私人投资的障碍”时，他们的意思是商业化、私有化和贸易与资本流的自由化。而这意味着西方货币的新机会……在这种关系中有很明显的利益冲突。八国峰会政府宣称他们想帮助穷国发展和成功竞争。但是它们有强有力的商业诱因确保穷国竞争失败，我们的公司可以紧抓住它们的公共服务，并以抄底的价格获得它们的商品。我们强加给穷国的限制条件使它们牢牢地受到控制（2005：21）。

在过去的十年，发展中世界内外的抗议者已经对像世界货币基金组织加在诸多国家身上的条件限制发起了挑战（参见图 3.1 和图 3.2）

图 3.1　2005 年 4 月 16 日，在抗议世界银行和国际货币基金组织的游行中，游行者经过华盛顿特区西北 18 街与 M 街的交叉路口

图 3.2　华盛顿特区反对世界银行和国际货币基金组织的“十月暴动”游行的一部分主流游行队伍

重要的是，在考虑管治问题时，地理学家要牢记许多政府和超国家实体将政策和民主语言视为一种工具，它们可以利用它们来当做更广泛的力量平衡器，借此可以达到自己的目标——想到管治的定义，也许就可以引向“谁控制管治、为谁控制”的问题。

关键点

- 在考察权力的实施方面，统治相当重要。
- 政府和法律机构、市场的调节和力量的运用结合到一起产生了社会调控。
- 据称，善治是围绕非严格等级制（包容）而不是等级制（支配）建构起来的。

第四章　民主

玛丽·吉尔马丁

定义：比独裁更好，但并不总是激进的

对民主的定义通常从这一词的起源开始：在古希腊，它是作为民治的一种形式。在这一方面，民主是与将权力授予一个单一、世袭人物的君主政体对立的。作为一个概念，民主是激进的。它表明，人民应当直接承担管理他们自己社会的责任。当然，在实践中，民主的激进核心经常受到削弱，人们的权力常被取消。这以不同的方式发生：从创造更间接的民主形式，到将这一概念当做新型帝国主义的一种正当理由。艾里斯·马里恩·杨评论说："爱民主不容易"（Young，2000：16），但杨承认，对普通人来说，民主提供了一条限制统治者的途径，影响到政策并推进了正义（Young，2000：17）。

可以识别出许多种形式的民主。一种形式的区分是直接民主和间接民主。彼得·泰勒认为直接民主涉及民治，而间接民主出现于代表人民，通常涉及相互竞争的政党的选举（Taylor，1993：328）。其他形式的民主制包括形式民主、参与型民主、社会民主和自由民主。奥洛林提出四个关键特征来概括形式民主：自由而公正的选举，普遍的选举权，国家机器的受托责任，言论和结社的自由。当各社会领域存在高度的没有差异的民主参与时，这种民主被界定为参与型民主。自由民主包括形式民主的特征，但也涉及公民对军队的控制和保护个人与团体的自由（O'Loughlin，2004：27）。第四种区分是社会民主。泰

勒认为在社会民主制之下，国家负责其公民的福利，通过税收为他们的福利积累资金，并在重要的福利支出是必要的、合理的政治共识之内行事（Taylor，1993：249）。当然，最近的政治地理学文本，很少关注作为一个概念的社会民主而集中关注自由民主。突出跨国民主也是相当重要的——这种民主扩展到了国界之外，例如通过跨国民间社会的工作。

演变与论争：看待民主的三种方式

政治地理学家处理民主概念有许多种方式。第一种方式是将民主当做给定的，并考察民主运作的各种方式。这传统上采取了强烈关注投票和选举的方式，通常称作选举地理学。第二种方式关注作为一种过程的民主，特别关注民主的过程。这在近年积累了许多动力，尤其因为冷战的结束和苏联的解体。第三种方法通常被描述为批判的方法，集中于提供对民主的批评，尤其是将民主付诸实践之时，并且集中于提供对民主的可替代的定义和理解。

选举地理学

泰勒提出，选举地理学关注投票的地理、地理对投票的影响和代表权的地理（1993：230～240）。尝试了解投票地理的企图最初集中于空间的投票模式，同时试图解释这些模式，并且后来试图通过更广阔的解释框架来认识这些模式。研究地理对投票的影响，关注的是地方对投票行为的影响。这包括辨明“朋友和邻居”效应，它表明人们更喜欢将票投给本地候选人，还有街区效应，它试图解释为什么当事人在他们的强势地区比预期的表现要更好。在这些方面，政治地理学家已经将定量空间分析用于本地、地区和全国层次的投票研究。

除了投票模式的研究之外，政治地理学家也试图处理民主实践中更广泛的代表权和公正性问题。两种利益特区是改换选区和代表名额不公。改换选区是指划定有利于某一群体而不利于另一群体的选举边界（通常是人种和种族限定的边界）；代表名额不公是指创造一个不公平的投票人口规模的选区（参见 Johnson，2002 对英国这两种情况的讨论）。理查德·莫里尔认为，西方民主国家的代表权的品质目前已处在监督之下（Morrill，2004）。在与美国联系起来时，他辨识出了许多问题，其中包括少数族裔的代表权问题、剥夺选举权问题、将权力移交给更遥远的当局的问题、腐败问题（Morrill，2004：84～89）。他的观察具有更广泛的关联度，同样适用于像德国、法国、英国这一类的西欧许多国家。

民主化

在政治学中，民主化是次要的、更近的话题领域。在 1991 年的写作中，亨廷顿认为存在三波民主化浪潮（Huntington，1991）。第一波始于 19 世纪的美国，持续到 1922 年，涉及到议会民主扩散到欧洲、北美、澳大利亚、新西兰和部分拉丁美洲国家。第二波始于第二次世界大战之后，适用于一些后殖民国家和部分欧洲国家。第三波始于 20 世纪 70 年代初期并持续到今天，尽管它的中心点是在 90 年代中欧和东欧的民主化过程（Johns et al.，2004b：138）。这最近一波的民主化“浪潮”受到了一些政治地理学家的关注，他们考察了东欧和前苏联的民主化进程。这在下文会详细讨论。

在地理学内部，对民主化的研究也得到了扩大。特别是，民主化不只是按照形式上的投票权加以考察，而且按照公民社会的作用加以考察。这类研究通常聚焦于南半球国家，尤其是与“发展”问题联系起来了。例如，朱厄妮塔·森德伯格对危地马拉的研究，揭示了民主化进程与该国环境运动之间的关系（Sundberg，2003）。她得出结论说，新的社会运动提供了拉丁美洲民主化最有希望的标志（Sundberg，2003：737）。与之相反，克莱尔·默瑟指出，西方学术界经常设想在发展中世界强化非政府组织并因此强化公民社会将导致更大程度的民主化（Mercer，2002）。默瑟认为这种设想是大成问题的，并提出非政府组织在民主化的进程中起着比通常承认的更复杂的作用。这些理解致力于贝尔和斯塔黑利所提出的议题（Bell and Staeheli，2001）。他俩突出了运用据称是普适的标准衡量民主化的种种难题，这种衡量没有能将地方或地区的特殊性考虑在内。

批判方法

政治地理学内部对民主的第三种、最近的研究，采取了阿格纽所描述的“自觉批评视角”对民主概念的理解。巴尼特和洛在他们所编的论民主空间的读本中，对这样一种视角做了概述（Barnett and Low，2004）。他们评论说，尽管最引人注目的最近的全球趋势已经扩散了民主，但它对人文地理学的研究议程却少有影响（2004：1）。他们建议关注有关民主的著作如何忽略了对民主概念的更常规的处理。特别是，他们评论说，“作为一种被认为理所当然的善，民主的普遍化并不意味着民主的意义是已成定局的”（2004：16），并且认为他们所编的读本开辟了对民主的可替代理解的讨论和争论。埃特林格在卡特丽娜飓风之后的新奥尔良的实践中，提出了对民主的一种可替代理解。通过引用艾里斯·杨的著作，埃特林格提出，急需的是，重建的新奥尔良要嵌于“包容的、日常的民主原则之中”（Ettlinger，2007：11），将注意力放在经济融合与互动之上，放在合作之上，而不是放在对抗政治之上。

个案研究：来自于美国、东欧和墨西哥的样本

鉴于对民主问题感兴趣的地理学家聚焦于三个广泛的领域，本节提供每一领域最近工作的例证。对选举地理学家的讨论，将考察对美国 2000 年和 2004 年总统选举的分析。对民主化的讨论，将聚焦于衡量和评估民主化进程的诸种方式。最后，有关对民主的批判性理解的讨论，将集中于可替代的民主空间，超出了国家所支持的选举之中的

投票的范围。

选举地理学：2000 年和 2004 年美国选举中的非常规模式

按约翰斯等人的说法，“缺乏好的最新的有关选举地理学的文献”（2004b：156）。莫里尔、诺普和布朗（Morrill，Knopp and Brown，2007）在涉及 2000 年和 2004 年美国总统选举时重复了这一看法，他们评论说，大多数有关选举的研究都不是由地理学家所写的。在许多方面，他们的文章试图重申选举地理学的重要性，坚持地理语境对理解民主运作的方式至为关键。莫里尔等人在县的层次上对投票模式进行了详细的定量分析。他们特别关注他们所称的“反常”各县，在这些县，“本地层次的结果与对选举结果的传统观点和主因分析相矛盾”（Morrill et al.，2007：526）。他们所辨识出的反常模式，少数族裔占主导的大都市和县把票投给了共和党，而非大都市地区则投给了民主党。莫里尔等人也分析了从 2000 年到 2004 年投票模式上的变化（参见图 4.1）。他们尝试性地提出，在某些县站在民主党一边的人的减少，可能与对宗教原教旨主义的反对有关，而在有些县站在民主党一方的人的增加，可能与进步的宗教和政治传统有关（Morrill et al.，2007：548）。当然，他们也承认，他们的假设是可以质疑的，而定量分析对验证这些假设是必要的。在指明选举地理学新方向的可能性的结语中，他们声称“丰富的、综合方法的理解也许可以提供对选举模式和选举地理学的全新的、更细分的阐释”（Morrill et al.，2007：549）。

民主化：东欧的稳定

论述民主化进程的一个关键作者是约翰·奥洛林，他的综述这一主题的文章，在勾勒也许可以衡量和解释民主的全球扩张的各种方式时，以“自由之家”（the Free House）的标准当做估价的基础（O'Loughlin，2004）。“自由之家”每年都对所有国家的政治和公民权力与自由做出述评。在 2001 年的述评基础上，奥洛林提出，民主化的

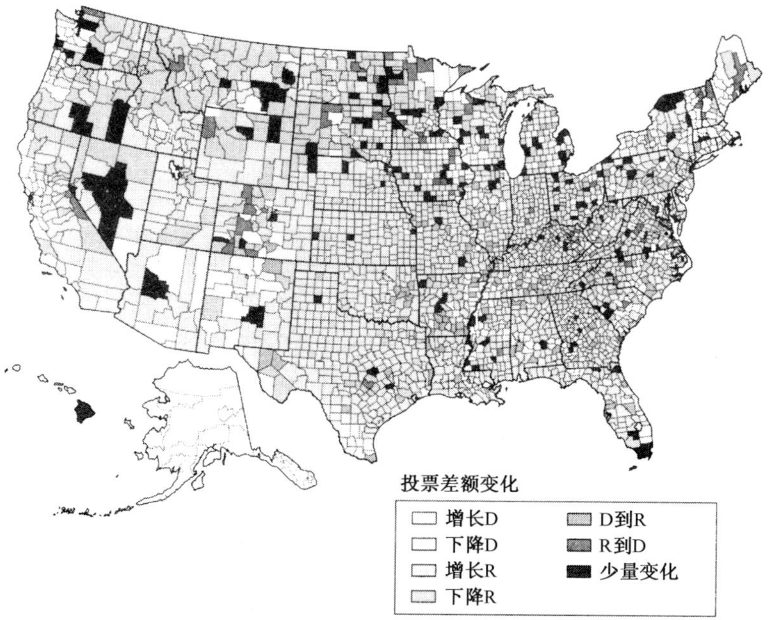

图 4.1　美国 2000 年和 2004 总统选举投票差数（voting Margin）的变化（准许复制）

最清晰证据存在于东欧某些前共产主义国家和前苏联之中。在这一方面，他提出，20 世纪 90 年代所呈现的是民主化的地区特征的证据，而不是如萨缪尔·亨廷顿一类的评论家所认为不可避免的更全球的“第三波”的民主化（O'Loughlin，2004：27）。对吉尔吉斯坦的更详细的研究（Kuchukeeva and O'Loughlin，2003）表明：民主化涉及八大关键制度性因素的稳固：结社的自由、言论的自由、投票权、充任公职的资格、争取支持/投票的权力、自由而公正的选择、可替代的信息资源、对政府投票决策的依赖（2003：557）。作者得出结论说，市民社会——在吉尔吉斯坦和其他地方——在民主化的进程中可以发挥关键的作用。更近的时间里，莱蒙对南非民主化的研究（Lemon，2007）表明，在许多国家占统治地位的政党的出现，为少数族裔带来了诸多困难，莱蒙也警告说，将民主与社会经济利益划等号将导致对民主进程的动摇幻灭。在莱蒙看来，真正的民主应当是内在生成的，而不是外在强加的，并且应当无须进一步将它们制度化便谈论社会中的分化（2007：847）。

批判方法：在墨西哥恰帕斯的边缘

社会运动、特别是跨国社会运动的问题，是对如何可以重新想象民主感兴趣的批判政治地理学家的一个关键关注点。约翰·阿格纽提出，“跨国网络提供传统的领土形式的代表权的可替代选择的能力，不只是向合理怀疑敞开的”（Agnew，2002：167）。当然，其他评论家认定跨国社会运动“赋予了业已确立的权力结构之外的人民和事业以声音”（Miller，2004：223），并且在这么做的过程中，有助于改变官方的民主制度。墨西哥恰帕斯的萨帕塔民族解放运动（EZLN）就是这样一种社会运动。萨帕塔主义者从 1994 年 1 月 1 日开始显赫一时，这一天北美自由贸易协定（NAFTA）开始生效。有 5 000 到 1.5 万名造反者（其中 1/3 是妇女），萨帕塔民族解放运动占领了恰帕斯的首府圣克里斯托瓦尔，以及该州周围的其他城镇（Froehling，1999：166）。暴动的目的是要引起人们对恰帕斯贫困和不平等的注意，但也是要将恰帕斯的进程和结果与世界其他地方的进程和结果联系起来。“‘这不是有关恰帕斯，而是有关北美自由贸易协定和〔总统卡洛斯·〕萨利纳斯的整个新自由主义工程’，在暴动的第一天，萨帕塔民族解放运动的首席发言人、副指挥官马科斯解释说”（见 Jeffries，2001：129）。换言之，萨帕塔主义者用他们的暴动向新自由主义的全球化开战。这种斗争仍在继续（参见图 4.2）。

萨帕塔主义者获得了对批判方法感兴趣的政治地理学家的广泛注意。感兴趣的领域之一，是萨帕塔主义者要求在墨西哥国家之内享有本地的自主性（Gallaher and Froehling，2002）。不是要求独立，萨帕塔主义者仍然想呆在墨西哥境内。当然，他们提出为了达到这一点，

图 4.2　萨帕塔主义小学

土著社群必须与联邦政府平起平坐。这种平等只有在土著社群获得“空间和自由去重建对土著生活必不可少的决策、管理和经济生存的集体形式”（Gallaher and Froehling，2002：93）时才有可能。感兴趣的第二个领域，是萨帕塔民族解放运动引起其他全球网络和社会运动的方式，例如“人民全球联盟”，它感兴趣的是进一步将社会运动国际化（Routledge，2003a）。劳特利奇认为这种网络为“新的世界秩序的剥削和控制”提供了可替代选择（2003a：246），因此在实践中提供了一种对民主的反霸权的、跨国界的理解。

关键点

• 在理论中，民主的概念表明人民应当直接负责管理自己的社会。在实践中，人民的权力往往通过创造间接形式的民主而被取消。

• 政治地理学家特别关注民主是如何运作的，既通过详细地研究投票和选举，在近年也通过考察民主化的过程。

• 在近年，政治地理学家也开始赞成认可可替代的民主空间，例如跨国社会运动。

第二部分　权力模式

导　言

卡洛琳·加拉尔

权力是无可逃避的。它影响到每个人，它的存在或多或少可以感觉到。当战俘受他/她的俘虏者拷打时，权力可以在身体上感觉到。战俘所感觉到的痛苦意味着掌握权力的人和没有掌握权力的人之间的明确分层。权力也可以更微妙地运作。当一个非洲避难者的孩子试图在法国找到一份工作时，她也许会发现因为歧视而困难重重。在找工作的过程中，她没有受到任何肉体上的伤害，但权力将建构起她与潜在雇主之间的关系，一如战俘与他的俘虏者之间的关系。

当政治地理学家考察权力时，他们是在细察权力的空间表现。特别是，他们会追问权力在何处集中且为什么会这样。政治地理学家往往分析权力在国家之间的分配，但他们也越来越关注权力是如何具体化到个人并由不同的群体来具体化的。

本书这一部分从**霸权**概念开始，霸权是一种不仅基于原始权力（例如垄断暴力方式）、而且基于被统治者同意的权力形式。霸权的概念有助于地理学家解释国家是如何将他们的决策（甚至是不受欢迎的决策）合理化、以至于社会会遵从已经确立的规则和准则的（甚至当这些规则或准则违背一般成员的利益时）。

这部分包含的第二个概念是领土权。地理学家用领土权的概念来描绘权力的空间基础。他们考察国家、社会运动和种族/宗教群体用领土权来奠定它们在空间中的权力。这一过程常常带来排他性的空间。对团体之内的人来说，设计这些空间是为了感到安全。对“团体之外”的人来说，会感觉到这些空间是不受欢迎、甚至是危险的。

第三个概念，地缘政治学，在许多方面，是扩大了的领域；地理学家考察涉及对战略空间（例如油田、水资源）的控制和影响的国家之间的权力平衡。正如导言注意到的，地缘政治学有其好运和厄运交错的历史，在殖民时期，经常被用来将剥削合理化。当然，今日的批判地缘政治学，考察的是权力的空间平衡，重点落在权力关系是如何在世界体系中建立不平等的。不像以往致力于外交政策的制定，从事批判地缘政治学的学者关心社会的正义、人权、经济正义和环境。

在最后一章，我们思考一种特殊类型的力量配置——超级大国。在世界体系中，超级大国可以有竞争者，正如1945年至1989年之间的美国和苏联，或者，它们可以作为唯一的主宰力量而存在，正如有些人所认为的今日美国。

为了让这些概念栩栩如生，将提供来自阿富汗、美国和伊拉克等国的个案。正如这些例子所表明的，权力的构成天生是空间性的。的确，尽管强者可以跨越广泛的领土实施它们的权力，但本土的习俗和意义系统也会形塑如何感受和体验权力的方式。

第五章　霸权

卡洛琳·加拉尔

定义：经过同意与强制

“霸权”一词是一个用于描述人民受统治或管理的过程的概念。这一名词的单数形式“hegemon”，可以指单个领导人、一个国家或一个共同协作的国家集合体。尽管霸权通常可以和权力、统治一类术语互换，其意义却更为特殊（Agnew，2003b）。霸权描述了至少部分通过同意而获得的一种权力形式。那么，对霸权的研究，往往不仅倾向于聚焦权力的强制因素，而且聚焦其自然化和合法化过程。当代对霸权的理解，来自一位意大利的马克思主义者安东尼奥·葛兰西的著作，他在20世纪30年代创造了一种理论用以解释马克思所预言的工人阶级革命为什么没有化为现实（图5.1）。尽管这一概念一般与马克思主义联系在一起，但它却越来越以一种经过改编的形式为后结构主义者所使用。地理学家以两种方式使用这一概念。

图5.1　安东尼奥·葛兰西，大约30岁，摄于1920年

葛兰西与他的《狱中笔记》

1926 年，安东尼奥·葛兰西被意大利法西斯首相贝尼托·墨索里尼投入监狱。作为意大利共产党的奠基人和墨索里尼政体的一个畅所欲言的批评家，葛兰西注定对那时崭露头角的墨索里尼政体是一个威胁（Fiori，1996）。在狱中，葛兰西得到了获得纸和笔的权利，他物尽其用，用政治沉思填满了很多笔记本。他的笔记在其去世之后以题名《狱中笔记》的小册子出版。在《狱中笔记》中，葛兰西试图琢磨出意大利的政治体制为什么比欧洲其他国家的政治体制更为独裁。他用霸权观去回答这一问题（Adamson，1980）。

葛兰西推理说，意大利的政治文化不同于大部分欧洲国家，因为意大利的资产阶级从来没有取得霸权，他将霸权界定为基于被管理者或被统治者的同意基础之上的权力状态。在其他欧洲国家，资产阶级攫取了权力，有能力将自己的阶级利益描绘成国家利益。这反过来允许资产阶级获得那些具有不同阶级利益的人的同意去施加统治。葛兰西提出，在意大利缺乏这样一种霸权政体，从而允许墨索里尼法西斯政府这样的强制政体生根发芽（Gramsci，1971）。

葛兰西也用霸权观去解释为什么工人没有在欧洲的工业中心推翻资本主义。他认为，工人阶级在能够夺取国家机器和毁灭资本主义之前，需要确立作为一种理想的社会主义的霸权。他将这一过程称作一种“立场之战”。因为工人需要既在工人阶级内部、也在工人阶级外部创造对共产主义的支持。一旦共识建立起来，工人阶级领导人将会建构起一种“运动战”，在这种运动战中，为了共产主义的国家，将推翻资本主义的国家（Gramsci，1971）。

葛兰西的霸权理论代表了那时马克思主义思考的一种重要断裂。他集中关注同意是资本主义统治的必不可少的部分，通过将注意力引向马克思没有思考过或强调过的社会中的诸种偶然性，将马克思主义推出了它越来越强调决定论的角落。

20世纪80年代中期，后结构主义者对葛兰西的霸权概念进行了改编，将其建立在葛兰西理论的建构主义的元素之上，同时拒绝其被认为是简化论的元素（Smith，1998）。恩斯特·拉克劳和尚塔尔·墨菲（Ernesto Laclau and Chantal Mouffe，1985）论霸权的著作是这一点上的一个个案。与葛兰西不同，也与其他将霸权置于资产阶级有能力将自己的利益自然化为更广泛的政体的利益来考虑的马克思主义者不同，拉克劳和墨菲提出，霸权也可以围绕不是以阶级为基础的群体（例如种族群体）的利益来创造。确实，在西方，白人的利益长期被常态化为作为一个整体的政体的利益，纵然少数族裔的利益常常与占多数的白人的利益保持一致。在拉克劳和墨菲看来，最好将霸权理解为通过语言、围绕所谓认同的节点固定意义的能力。在这种塑型中，一般的社会范畴，种族的、社会性别的、自然性别的范畴，变成了规范性的或霸权性的，而它们的他者被认为是“不同的”、“低等的”，并且具有潜在“危险的”。因此人们可以谈论白人男性的霸权。例如，在时装界，白色经常被认为是个人美的标准。有棕色或黑色皮肤的人被认为不像白人那么美丽，或甚至缺乏吸引力。同样，男性在科学上更出色的假设使妇女在科学上难以获得好的工作，甚至当她们具有优秀品质时也是如此。

拉克劳和墨菲也对马克思主义的政治工程提出了异议（葛兰西的“立场之战”和“运动”在广义上与这种政治工程相合）。特别是，他们确认了两种缺陷。第一种批评是在实际的马克思主义政体的集权主义极端中发现的。例如，苏联斯大林主义以及柬埔寨波尔布特的残酷性是无可否定的，并且完全是无法辩护的。的确，以百万计的无辜平民被这两个政体所残杀。其次，马克思主义理论无法解释所谓新社会运动的兴起，例如女权主义运动、黑人权力运动和同性恋权力运动。对阶级紧张的严格依附、将其当做社会暴动之后的驱动力，使马克思主义者猝不及防，没有准备好对20世纪60年代这些运动的兴起做出更精细的解释。许多学者也同情这些运动，并且不情愿地以马克思主义的风格，将它们当做虚假意识的牺牲品一笔勾销了。

对拉克劳和墨菲激进民主的塑型至为关键的，是这样一种观念：分化是社会生活的一个基本部分。个人总是相对他人来定义他们自己的，这在宏观层面将导致群体认同的形成。这种观点使拉克劳和墨菲既与号召消除差异（例如，祈求无肤色界限）的自由主义观点保持一致，也与将阶级政治之外的社会行动主义贴上虚假意识标签的马克思主义观点相一致。在拉克劳和墨菲看来，激进民主政治必须重新协商社会分化出现的条件。问题不是差异，而是对抗性地被强加的差异。在此，他者被视为是危险的，是值得破坏的（更多有关他者的信息，参见第 28 章）。激进民主政治必定鼓励斗争论，在这种政治中，各群体认识到自己的差异，甚至可能相互不喜欢，但与此同时拒绝将差异视为非法的（Mouffe，1995）。在与右翼霸权抗争的努力中，拉克劳与墨菲号召左翼建立以阶级为基础的政治和左翼更新的以认同为基础的运动之间的一连串等式。

演变与论争：通过不同的棱镜看霸权

政治地理学以两种方式中的一种分析霸权。传统的方法将霸权当做是与世界秩序有关的，当做其领土的证明（Agnew and Corbridge，1995）。按这种脉络从事研究的学者强调政治经济在世界秩序构成中的作用（Agnew and Corbridge，1995）。其他人则强调世界秩序的建构本质，聚焦于话语领域，在话语领域里，同盟被合法化，威胁被自然化（Flint，2001）。一些学者将两种方式结合起来。当然，在所有这些研究中，焦点是宏观层面的研究，在这里，国家或国家的集合体是主要的行为体。一种更近的方法，受到普遍的后结构主义、更特殊的女权主义的影响，在认同政治的语境中对霸权进行了考察。这种方法聚焦于种族、社会性别、自然性别的霸权范畴的建构以及由此而来的空间表现（Hyndman，2004a；Sharp，2000）。注意力也放在认同的霸权体系之内的他者的建构，以及他者所体验的社会与空间的边缘化。女权主义往往聚焦国家以下范围（地区、城市、邻里街区）之上的边缘化。当然，许多研究也考察边缘化如何跨越不同的范围而发生变化。在政治地理学内部，这些方法往往相互独立运作。当然，最近的学术研究表明，也存在重要的相互孕育的途径（Hyndman，2004a，2007；Steinberg，2003）。

传统方法

对传统的地缘政治学方法来说，《威斯特伐利亚和约》被认为是一个分水岭式的事件。1648 年在欧洲结束了“三十年战争”的这一条约，为创造现代民族国家体系开辟了道路，其方式是在历史上第一次让霸主将他们的权力与非连续的、可定义的领土单元联系了起来。逐渐控制世界体系的国家和国家同盟发展出了政治地理学家所称的全球霸权——一系列其他国家所遵从的规则，主要是通过同意。当然，阿格纽和科布瑞奇反对政治科学中常见的“大国”霸权观，政治科学常通过世界体系中占主宰地位的国家来划分各霸权时期。与之相反，阿格纽和科布瑞奇提出，全球霸权从根本上说是一种空间现象（1995：17）。它沿两种地理维度被赋予了形式：“经济积累的规模”和“政治调控的空间”（1995：17）。经济积累往往是区域性的，“围绕铁板一块的民族经济安营扎寨”，或者是相互作用的，与国家之外的外来贸易和投资相互作用。政治调控往往围绕三种类型的国家而形成：民族的、帝国的和跨国界的。民族国家将它的影响范围限制在其疆界之内。帝国力图将其控制扩展到它的边界以外的空间。跨国界的国家在其边界之外管理事务以确保其积累，但可能或不可能直接控制这些空间。

霸权的空间基础也与我们对全球霸主的兴衰沉浮的理解有关。尽管传统的解释将全球霸主的兴衰放在一个霸主面对潜在的竞争者所运用的机灵敏锐之上，地理学家却将这种兴衰看成是与有利于一种空间组织的经济与技术变化联系在一起的。

阿格纽和科布瑞奇（1995）确定了自《威斯特伐利亚和约》以来的三个全球霸权时期，第一个是“英国地缘政治秩序”，大约从1815年横跨到1875年。在这一时期，英国殖民国家是占统治地位的全球势力。其霸权基于英国对殖民地所有物的聚敛和这种聚敛的国际范围迫使它作为一个跨国界的国家运转。全球霸权的第二个时期是以美国、欧洲强国和日本之间的帝国竞争为标志。积累主要是在区域的意义上、在“本”国进行组织的，或在每个强国试图控制、排除他国的地区进行组织的。它所创造出的敌对激起了两次世界大战。最后一个时期使两个帝国——美国和苏联——相互敌对，力图在全球规模上控制积累。

政治地理学家对如何概括全球霸权的现有阶段不那么确定，尽管许多学者提出美国对这种霸权来说相当重要。在个案研究中，我将描绘有关美国霸权的争执不下的观点。

霸权与认同政治

传统的霸权概念越来越受到细察，尤其是受到女性主义地理学家的细察，她们提出传统的观点过于紧密地关注国家的角色和与其他国家的相互作用（Hyndman，2004a；Sharp，2000）。在这样做的过程中，传统观点没有考察全球霸权是如何不同地嵌入各社会范畴和空间之中的。对国家的头脑简单的关注，也会使“公共的”优先于“私人的”。正如乔安妮·夏普（Joanne Sharp，2000：30）注意到的：

> 地缘政治学因此提出了国际政治学领域从家庭生活领域和日常生活政治学中分离。通过暗示国际政治学超出了大多数人的能力，因此应当留给专家，这种区分使特权得以永世长存。

作为一剂解药，女权主义者和其他人将霸权当做一种过程进行考察，经由它，一般的认同被赋予了主导地位；通过它，它们特殊的观点和相关的议题逐渐被当做普适的。乔安妮·夏普对美国《读者文摘》

杂志上有关冷战的描绘的分析，提供了这一点上的一个个案。作为一份显而易见的雅俗共享的出版物，《读者文摘》将对失恋者的建议与美国外交政策的讨论融为一体。它的读者群，在夏普出版她的书时，大约是1 600万美国人。尽管是可敬的，该杂志却从来不应当被视为美国外交政策的明确资料。当然，夏普认为，杂志在大众文化领域中的定位，使它成为分析冷战期间美国霸权的一个富有成果的地方。正如她注意到的，“地缘政治学知识不只是从精英文本‘滴漏’到大众文本”。地缘政治学知识的生产是互文性的——一种双行道的过程——所以《读者文摘》是像总统文章一样的重要的分析之所。同样，由于《读者文摘》从来不被视为政治性的，比起更赤裸裸的政治演讲来说，大多数读者更少怀疑地接受它的分析。因此，将《读者文摘》解读为一份霸权性的文本，可以将我们的注意力重新聚集在霸权的同意维度之上——“人民为什么会接受他们被告知”的部分方程式（Joanne Sharp，2000：30）。

个案研究：美国是一个世界霸主吗？

当柏林墙在1989年倒塌时，西方许多人庆贺资本主义完胜共产主义（参见图5.2）。政治地理学家弗郎西斯·福山（Francis Fukuyama，1989）提出了著名的“历史的终结”，认为人类已经最终达到了其政治和经济组织的顶峰，和平和稳定将在全球扩散开来。当然，柏林墙倒塌后的日子证明比福山所预言的远为混乱。在非洲和欧洲出现了新的战争；来自共产主义的转变乱糟糟地展开；经济危机席卷亚洲。2001年9月11日，“基地组织”——一个跨国的恐怖团体，驾飞机闯入了世界贸易中心和五角大楼，毁坏或严重地破坏了美国军事工业合成体的象征性曲目的最重要元素。

像其他学科的同侪一样，政治地理学家已经把握到了如何确定这一新时代的关键特点。在用什么东西来界定这一时代方面，或根据什

图 5.2　柏林墙遗址。在 1989 年柏林墙倒塌之后，一些学者提出霸权是多中心的，而不是集中于一个国家

么规则来统治这一新时代方面，还没有达成共识。当然，许多学者同意，无论当代霸权采取什么形式，美国的利益是至关重要的。下面的两段简述，旨在描述不同的政治地理学家是如何论述当代的霸权和美国在其中的位置的。

没有霸主的霸权？

在写于柏林墙倒塌之后、2001 年 9・11 袭击之前的《把握空间》一书中，约翰・阿格纽和斯图亚特・科布瑞奇给当前的霸权政体贴上了跨国自由主义的标签。当代政体的经济积累是相互作用的，并依赖于跨国界的国家去调节其区域的需要。阿格纽和科布瑞奇提出，没有任何一个国家能主宰当代时期；系统是多中心的。

跨国自由主义主要是通过同意来运作的。它在美国主宰下的和平（Pax Americana）——在二战余波中获得说明的以往的霸权政体——中有其根源。美国主宰下的和平的目标是基于自由贸易创造一种世界经济体系。它背后的权威是在1944年由《布莱顿森林条约》确立的，该条约设计了一个组织机构去鼓励美国主宰下的和平目标。关税及贸易总协定（GATT）和世界贸易组织（WTO）将确立自由贸易规划以及追偿保护主义的程序，而世界银行和国际货币基金组织将确保反共产主义发展的稳定的资金流动。当然，国家对该体系是至关重要的。的确，像世界银行和国际货币基金组织这样的组织只可能与国家政府合作，而不可能与个人、家庭或国家以下的其他团体合作。

当然，随着时间的流逝，美国主宰下的和平所鼓励的积累策略弱化了相对于公司和金融资本主义权力的国家权力（Agnew and Corbridge，1995；George，1990）。特别是，20世纪80年代的债务危机加快了从美国主宰下的和平向跨国自由主义的转变。在危机过程中，拉丁美洲和亚洲的国家被迫实行所谓结构性调整项目以避免违约。这些贷款计划要求国家通过鼓励外国投资、将国有工业私有化、采取出口导向的经济等方式使他们的经济"脱民族化"（denationalize）。（Naím，2000）例如，非洲国家的官僚机构，一度雇用其1/3的劳动人口，这在20世纪90年代被系统地废除。西方国家也受到跨国自由主义的影响，尽管影响不那么剧烈。美国和西欧试图取消福利资格的尝试，也是这种逻辑的象征标志（Harvey，2000）。将产业和服务部门的工程外包给劳动力更廉价地区的驱动，也是如此。

到1989年柏林墙倒塌之时，跨国新自由主义已是蓬勃高涨。阿格纽和科布瑞奇推测，新时代将以各种趋势作为标志。缺乏像新时代资本一样的流动性的工人，将面对与日俱增的非稳定性。一些地方或地区将不能完全融入新的霸权体系，随着时间的流逝将变成无政府主义的状态。而且，由于没有任何权力中心或霸主，这些地方将受到忽视或只是勉强被纳入其中。

在紧随9·11事件的写作中，阿格纽声称，美国的军事企图可能意味着他和科布瑞奇所提出的没有霸主的霸权观。他提出，美国的进攻"可以视为一种企图：通过使用一种资源——军事力量，将美国重建为当代霸权至关重要的国家，在这种霸权中，美国依然至高无上”（Agnew，2003b：879）。

殖民的美国

研究美国在当代体系中的作用的另一位政治地理学家是德里克·格雷戈里（Derek Gregory，2004）。格雷戈里《现在的殖民》一书在许多方面不同于阿格纽和科布瑞奇。在9·11之后的写作，格雷戈里必然对美国在阿富汗和伊拉克的反应感兴趣……在格雷戈里看来，9·11以后的景象最好是描绘为殖民的。并且，不像阿格纽和科布瑞奇的多中心霸权，格雷戈里在其中心看到了一个显而易见的霸主。美国的“反恐战”是“当前的殖民得到详细说明的中心形式之一”（2004：13）。与阿格纽和科布瑞奇的方法相比，格雷戈里的方法也更多的是话语层面的。尽管格雷戈里承认政治经济对霸权的重要性，他的焦点依然停留在9·11之后美国将其行动合法化的话语领域。他认为，“反恐战”比经常和殖民冒险联系在一起的经济剥削与政治管控有过之而无不及。“反恐战”“是一种建立新的全球叙事的企图，这种全球叙事，在美国国内以一种特殊的权力和知识格局被授予了叙述的权力”（2004：16）。

美国政府处理被美国“激光制导导弹”杀死的阿富汗贫民的方式，涉及许多支持所谓“反恐战”的霸权话语。军方很少发布有关阿富汗平民伤亡的声明，尽管有许多记录和解释。而且，2001年10月，美国政府购买了在阿富汗从事卫星摄影的私人公司所制作的所有商用图像的版权。随后限制政府之外的实体获得这些图像。表面的目的是为了保护国家安全，但格雷戈里注意到，它也使得新闻记者不能去调查巨大的坟茔、基础设施破坏等的照片。

这种冷酷无情的态度没有与美国和国际社会其他战争的准则保持一致。格雷戈里认为，这一行为被“反恐战”的话语基础合法化了——他借用米歇尔·夏皮罗的话将这种话语基础贴上了“仇视的体系结构”的标签。这种体系结构建立在对抗性的二元基础之上——由美国所引领的“文明的西方”与以盲信、野蛮为标志的未分化的伊斯兰世界的对抗。这种体系结构使美国一概而论，并且忽视了塔利班、基地组织、新闻记者、难民和普通平民之间的差异。

美国对待战俘也遵循了相同的逻辑。尽管美国是《日内瓦公约》的一个签约国（公约制定了有关处理国家军队的精确准则），但当美国军队俘虏了属于阿富汗国家的塔利班战斗人员时，却将他们划定为“非法的战斗人员”。这一术语将这些武装人员置于“法律的范围之外”（Gregory，2004：65），并且允许美国在所谓“法外空间”囚禁他们——在具体的关塔那摩、更广泛的法律监狱，监禁、指控和追索权是随心所欲和变化无常的。鉴于认定、监控囚犯及与囚犯交流的常规方法从来没有建立起来，这些犯人仿佛就像不存在似的。

如何最终确定新的霸权秩序是不确定的。从地理学的视角看，确定的是从地理学视角看待霸权的动力，因为没有它，我们便不可能理解当代世界，在当代世界，空间远不是仿佛无足轻重的，而是关系重大的。

关键点

• 被描述为一种权力形式的霸权至少是部分通过同意获得的。

• 在政治地理学中，传统的理解霸权的方法是考察强国如何发展和维护对全球的统治。新方法则考察社会认同（种族、社会性别等）是如何变成主流的，而他们的特殊利益是如何得到界定并且被认为是普遍利益的。

• 一些政治地理学家相信，今日世界不存在任何全球霸主。另一些学者则相信，美国就是一个全球霸主。

第六章　领土

卡尔·T. 达尔曼

定义：国家的空间范围

领土通常被理解为一个特殊的团体或政治实体所声称的或与之相联系的地球表面的一部分。“领土”一词来自拉丁文，其原始意义指坐落在城邦周围或属于城邦的土地，即为古代世界中的城市居民提供基本资源的土地（Parker，2004）。领土对早期政治思想来说至关重要。柏拉图认为它无非是为城邦居民提供必要的物质条件，而亚里斯多德则认为它连同人口和政府，是获得安全和财富的第三元素。当然，使城邦黯然失色的希腊与罗马帝国不是基于领土是政治权力的基础的观念，后来的中世纪国家也是如此，因为统治权来自于以统治者所体现出来的至高权力（Gottmann，1973）。所有这些在16世纪头十年开始发生变化，到《威斯特伐利亚和约》（1648）的时代，领土逐渐充当了为了更大的和平从空间上限制主权、一般将国家限于它们的界线之内的方式（Agnew，2003c；Krasner，1999；Teschke，2003）。在现代史上，领土一般指国家权力以及它所提供的物质资源的空间范围。当然，这种假设的历史真实性和解释的准确性还需要更仔细的研究，因为地区和全球的事件必然挑战我们的政治观是属于分散的有界限的实体的。

尽管在其发展上有异议，当代主权国家的组织还是以国际法中可找到的国家领土的定义为基础的。简言之，国家的领土被定义为国家所声称的并得到其他国家承认的土地，包括土地的底土、内部和相邻的水域，这些区域之上的领空和一般近海岸上的资源（Brownlie，1998：105～124）。《联合国海洋法公约》为领海提供了一个重要的定义——位于一个国家的海岸线和公海之间的海洋——尽管这一定义被领海扩展到大陆架的相矛盾的法律观念弄混淆了。与之相反，太空被广泛地认为是共同的领域——不排他的领土——虽然在一个国家的领空和太空之间存在何种界限并不清楚。尽管领土的这些定义嵌于主权的法律概念之中，将作为地域的领土概念与作为现代管辖权制度的主权概念区分开来，还是相当重要的（有关主权的更多信息，参见第二章）。

像它想加以描绘的国家体系一样，领土国家的概念发展缓慢，而且大部分是欧洲建国和帝国经验的结果。这种历史的遗产表明了和主权国家之外的领土相关的两个重要法律概念：无主物和公有物。前者指无人认领的领土，至少是不被任何被认为具有主权地位的实体所认领的领土。不幸的是，对被殖民的人民来说，这意味着欧洲强国创造出了一种无视土著土地使用方式和夺取领土的方式（Manzo，1996）。后者指诸如公海和太空等领域，属于国家共同体或其他共同的人类共同体。由于世界地图的其余部分已经“填满了”相互排斥的国家主张，领土变成了一种零和博弈。[①] 国家可能增加领土的最戏剧化的方式是通过征服，正如美国想从阿塞拜疆夺取纳戈尔诺—卡拉巴赫地区一样（de Waal，2003）。国际法仍然提供了许多种可以互换领土或不经冲突增加领土的方式。更经常但意义不那么重大的，是自然的堆积和腐蚀的过程，这种过程改变了海岸线并影响到近海的领土划界。同样地，土地的突然崩离——水道的变化——也可以在边界由河流来划定的地方增加或减少领土，从而潜在地导致国家领土划界的争端。

国家之间的领土转让方式，必须与解殖民化期间的问题所导致的领土争端分开来考虑（比如在克什米尔，巴勒斯坦、印度和中国划线

① 剩余的例外是南极，它只是部分地被认领，而且这些主张也被条约所悬置了。

的未确定性导致了过去60年的冲突）。此外，20世纪已经见证了前殖民、托管、委托和非自治地区的名单一直在减少，这些地区的地位通过解殖民化经由现存国家等等的稳固获得了解决。联合国试图在相互冲突的国家主张、土著权力运动和频繁的暴力之间调节和解决这些领土的地位问题。土著权力运动和频繁的暴力都延缓了这一进程，比如在西撒哈拉，摩洛哥试图搁置对独立的全民公决。联合国在其他争议中的角色也导致了创造出一个新国家，例如东蒂汶。许多现有的领土问题与分解国家的尝试联系在一起。分割为将领土分解为两个或更多的独立单元提供了最清晰的（如果也是充满矛盾的）一幕。分割一般会导致形成至少一个新的独立国家，尽管具有民族统一主义诉求的各方随后可能力图将分裂的领土附属于一个现存的国家。帝国，尤其是那些已经从殖民地内部政治论争中撤出的帝国，最经常地会运用这些手段而不是对世界地图进行戏剧性的重组。当撤出印度次大陆时，英国便运用了所谓“划分与退出”政策，创造了两个独立的国家：印度主要是一个印度教的国家，巴勒斯坦主要是一个穆斯林的国家。暂时的分割也会产生复杂而有趣的领土组织模式。例如，类比1954年日内瓦公约第十七条创造出南越和北越，意味着直至新选举能产生出一个统一的政府，这只是暂时的。但恰恰相反，划分衍变成了导致更进一步战争的独立的政治发展的基础。

演变与论争：将领土复杂化

地理学家将一系列问题与我们理解领土及其在政治生活中的作用的方式等同起来，而不提它对社会和经济关系的重要性。其中的三大问题刺激了重新定义领土的诸种有用方式：其一，领土过于经常地被理解为一个静态的对象，一种人类事件的背景；其二，领土被错当成了有关政治组织的常规争论；其三，领土国家作为地缘政治的行为体其意义正在衰退。

与领土研究相关的第一个问题，是他们倾向于将地区当做人类行动的对象而不是人类关系的重要元素。的确，领土不只是为人类的行为提供了物质或空间的环境，而且提供了真正嵌入式的社会关系。这种观念被罗伯特·萨克称为人类的领土权，萨克描绘了“通过限制和主张对一块地理区域的控制，一个个人或群体试图感动、影响或控制人民、现象与关系的尝试”（Sack，1986：19）。因此，领土是我们在一块地方之内界定人与人之间的关系、人与物之间的关系的一种方式，通过标出界线、将它们置于一个执行政体之下趋向稳定，从而将这些关系联系起来。萨克的著作做了两件重要的事情：其一是认识到以这种方式理解的领土，是将人类与绝大多数和领土权相关的动物行为区分开来的重要特征，因为人类的领土权是一种认知功能，动物的领土权是本能性的。这有助于将侵略与和平的研究重新定向于诸种认知结构。其次，萨克为跨越不同的历史、文化和分等级的条件研究领土权提供了有用理论。

与对领土的当代理解相关的第二大问题，是他们的世界是由离散的国家构成的常规假设限制了我们解释世界政治的混乱状态的能力。不是像这样来看待世界——许多藐视国家边界的多梯级的相互重叠、相互交叉的权力循环——我们的理想（国家边界作为一种容器）将我们的中心注意力限制在一系列整齐的受到限制的主权实体，这每一实体都具有自己的互不搭界的内与外（Walker，1993）。正如约翰·阿格纽所称的，这一“领土陷阱”引向了一种国家中心的（state-centric）政治观，这种政治观具有三个跨国界国家体系的假定特征。第一个特征是我们将国家内部的权力理解为仅仅是强迫性的；迫使它的臣民去顺从主权权力（Agnew，2003c：55～57）。第二个特征是从第一个特征延伸而来的，我们设想国与国的关系也是以强制的力量为基础的，尽管外交关系被认为是不同于国内关系的。第三个特征是倾向于否定国家制度在国界之内和国界之外创造和扩展资本主义关系中的作用。与之相反，阿格纽提醒我们注意一个更大政治事件的框架，在这种框架中，力量也就是政体之内和政体之间的市民与国家制度之间的抵抗与赞同的具有变革力量的循环，而且资本的积累与物质的流动极富变化地依然依赖于藐视有界限的主权。

从以国家为中心的对领土的理解引出的第三大问题是，我们忽略了非国家政治议程所创造的其他领土形态。有些作者试图为这些非国家的领土政治提供更广泛的视野和新的词汇。其说明大多数始于这样一种假设：领土国家作为最重要的地缘政治行为体处于衰落之中，或至少非国家领土权和非国家行为体的重要性日益增加。对一位作者所称的保护民族国家“硬壳”的东西的死亡的焦虑，不是什么新鲜事，而且这种焦虑部分来自于认识到经济关系、意识形态运动、核战争——更不用提环境灾难——很少关注国家领土和边界（Herz，1957）。蒂莫西·卢克同样描绘了当代非国家力量（从游击队和劳工移民到非法贸易和跨国公司）的去疆域化的影响（Luke，1996）。缺乏国家地位的政治自主的地带、跨边界的非国家运动网络，提出了有关这种思维的价值问题——认为领土是受限的和唯一的权力场而不是政治行动的多元的、重叠的、动态的场所。这些政治单元因此不仅是非国家和准国家实体的再疆域化，而且同样是我们的国家观的再疆域化。

个案研究：波黑的种族清洗

波斯尼亚和黑塞哥维那（以后简称波黑）为理解当代冲突的重要区域提供了无数例证。[①] 尽管波黑战争大多被轻巧地理解为暴力民族主义，但这种描绘往往遮蔽了民族主义希望取得的领土愿景。斯洛文尼亚、克罗地亚和塞尔维亚的民族主义者力图摆脱南斯拉夫社会主义联邦共和国，建立自己的共和国（它们和波黑都曾是南斯拉夫的加盟共和国）。进而，塞尔维亚和克罗地亚民族主义者都想瓜分波黑的领土

① 这一节脱胎于本人的研究。参见，例如 Dahlman and ó Tuathail，2005.

(图 6.1)。当然，波黑的克罗地亚人、塞族人和穆斯林人生活在一起已长达数百年。波黑战争以种族清洗著称的针对平民的标志性暴力，是由民兵组织按照民族主义的行动纲领实施的——在领土上分割波黑，首先是强迫分离其多种族的人口。

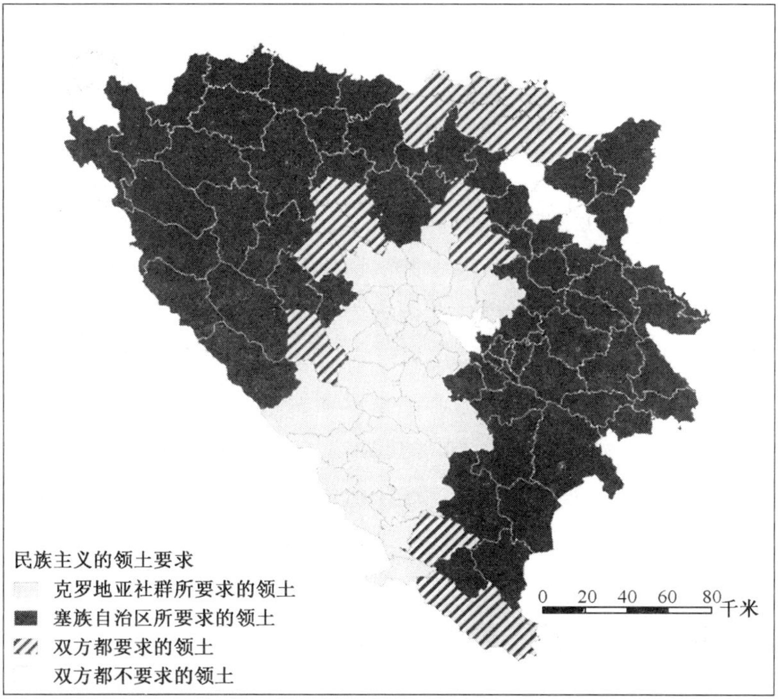

图 6.1　波黑克罗地亚人和波黑塞族人民族主义各方提出的领土要求与战争前夕波黑的领土范围近似
(Mahmutcehajic，2000：132，由 卡尔 · T. 达尔曼绘制)

因此，克罗地亚、波黑、塞尔维亚的塞族民族主义者有创建一个更大的塞族人的祖国的目标，它基本上要求对南斯拉夫的政治空间进行重组。这开始于塞族政客将本地管理区域组织为脱离区、同时声称他们不愿意再做即将独立的克罗地亚和波黑的少数族裔之时。这些区域单位被挑选出来，是因为他们创造出了看似合法的当地多数人的自决的主张；以另一种方式解读，这充当了民族主义者对塞族人土地的主张的政治幌子，未考虑生活在这里的为数众多的穆斯林、克罗地亚人及少数族裔。一旦战争爆发，首先在 1991 年的克罗地亚、随后在 1992 年的波黑，这些脱离区域就变成了两国之内想独立的塞族共和国的基础。这些分离主义的共和国不仅包括大量非塞族人，也包括塞族人不占多数的地区：在这两种情况下，选择出的政治解决方案都是要通过种族清洗改变领土的种族构成。波黑的克罗地亚社群如出一辙，主张在波黑建立一个克罗地亚人的共和国，目的是独立。

波黑的塞族和波黑的克罗地亚民族主义者，将他们脱离波黑的独立视为最终将他们各自的领土依附于塞尔维亚和克罗地亚两端的第一步。至于波黑穆斯林领导人（这通常被忽略了），则力图维护波黑的领土完整，反对冲突的其他各方所追求的分离主义策略。此外，波黑的穆斯林缺乏一种民族主义的传统，在波黑战争中只接受一种独特的排斥少数民族的民族认同，即以 1992 年波斯尼亚共和国的边界为基础的所谓“波斯尼亚克”（Bosniak）。这种相互冲突的分离主义者与主张消除种族隔离的人对波黑领土的理解，通过对冲突的外交阐释结合到了一起。然而，从外部提出的各种和平倡议大都接受了通过种族区域划分战后波黑的民族主义观点。这些倡议中的领土分配接受了民族主义者对独立的种族国家区域的要求的前提，主要是以军队所控制的地区来裁定的。

其中一种倡议，《代顿和平协定》成为了结束波黑战争、触发大批国际性的建国规划的基础——这些规划都建立在对领土、人口和政治权力排斥少数民族的民族主义划分之上（图 6.2）。该协议准许了实际上将波黑划分为两个接近主权的实体：波黑塞族共和国、波斯尼亚和黑塞哥维那联邦。后者是波黑克罗地亚人与穆斯林各方之间的一种脆弱联系，内部以种族特点隔离开来。各实体是通过北约巡逻的“隔离区”分开来的，这种“隔离区”是一种非军事区，有效地充当了强

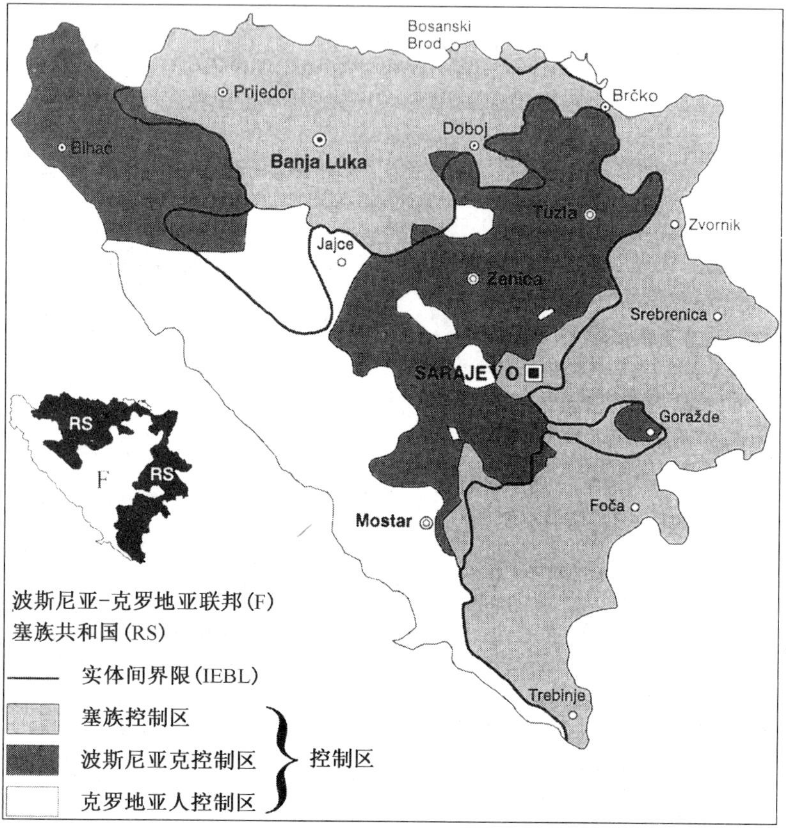

图 6.2　在波黑战争期间，种族清洗强行将波黑的多种族人口分离开来。《代顿和平协定》产生了两个领土实体，其中之一是塞族人所控制的波黑塞族共和国（Republike Srpska）。另一个实体是波黑联邦，内部又分为克罗地亚人和波斯尼亚克人所控制的地区（承蒙高级代表处准予使用）

制边界（hard border），割裂了波黑的有效联系（图 6.3）。代顿谈判中一个极有争议的领土问题被搁置，直到一个战后仲裁委员会能够确定如何处置布尔奇科——将波黑塞族共和国两大块连接起来的狭窄的长条形土地，它是通过对当地战前占大多数的穆斯林和克罗地亚人的残

图 6.3 代顿协议也建立了北约所保护的各实体之间的“实体间边界”，塞族共和国想将其确认为一条国界。这一“欢迎”指示牌在国际团体要求将其拆除后很长时间，都原封不动地呆在原来的地方（卡尔·T. 达尔曼摄，并慨允使用）

酷种族清洗攻克的。解决方案又一次是领土性的，但这一次采用了共管（在同一领土上共享主权）的概念将不同实体联系在了一起。尽管从一开始就有瑕疵，并持续地受到了民族主义者的挑战，但代顿的国际维和及建国条款还是保护了一个领土上完整无缺的国家。当然，成功推进那些因种族清洗而被迫背井离乡的人回归，是一个更为缓慢的进程；它花了近十年的时间仅取得部分成功。然而，回归有助于缓和（尽管不是击败）好斗分子排斥其他种族的领土权（图 6.4）。

关键点

• 领土是一个国家或其他政治行为体所声称或控制的地区。这种声称有异议的基础很大程度上构成了冲突的政治。

• 当代国际法为国家领土提供了基本参数，也为例如公海或太空

图 6.4　矗立在波黑和塞尔维亚边界的兹沃尔尼克镇附近的这块告示牌，鼓励居民打热线电话找出被指控的战犯（卡尔・T. 达尔曼摄，并慨允使用）

等公共领土提供了基本参数。

• 政治地理学家也研究领土权，将其当做政治行为体将它们对领土的控制转译为对人、资源和关系的控制的途径。

第七章　地缘政治学

卡尔·T. 达尔曼

定义：给空间以力量

在目前的《牛津英语词典》（2007）中找到的对地缘政治学的两个简明定义，告诉我们许多有关这一词的思想史。一方面，它是“地理学对国家政治属性的影响”；另一方面，它是“在国家社会主义〔纳粹〕德国中发展起来的一种伪科学”。两个定义都有其令人伤脑筋的意涵——前者由于其决定论的地理观，后者由于其与法西斯主义的联系。

地缘政治学原本是一个瑞典词，由政治科学家鲁道夫·谢伦于1899年杜撰出来的，他力图阐明弗里德里希·拉策尔的国家是一个有机体的观点。[①] 地缘政治因此被认为是自然地理因素对作为一种生命的国家的影响。这种观点证明对一战和二战期间德国上将卡尔·豪斯霍夫的思想具有影响。豪斯霍夫和其他人寻求对德国如何可以扭转在第一次世界大战中的失败做出“科学”论证。将国家看成是一个需要扩大其生存的有机体的观点，与纳粹的领土扩张计划不谋而合，尽管这些观念是否直接影响到希特勒是有争议的（Bassin，1987；Tunander，2001）。其结果，地缘政治学一词紧密地与纳粹联系到了一起，在说英语的学者中不流行用这一术语。

然而，将这一词与第二次世界大战的极端倾向联系起来是一种过

① 拉策尔（1844～1904）是一个有影响的德国地理学家。

于狭隘的解释，因为英国和美国的作者在上世纪之交也在论述地理对国家的影响。两个例子足以表明，地缘政治学，无论怎样命名，在纳粹之前很久就是一个持续不衰的论题。在 19 世纪 90 年代的写作中，美国海军将领阿尔弗雷德·T. 马汉发表过一项有影响的研究成果，在其中，他提出一个国家的地理位置、规模和人口影响到它是否能成为一个主要的海上强国（Mahan，1890）。同样，1904 年，一位英国学者哈尔福德·麦金德力图解释为什么俄国的腹地使它成为了可与海上强国英国相抗衡的陆上强国（Mackinder，1904）。麦金德认为，当广袤的欧亚内陆横贯了铁路时，俄国将有可能将它的影响推进到其他地区——从黑海到日本（图 7.1）。假如德国与俄国结成同盟，麦金德担心，它们可能会获得无与伦比的影响，损害到英国的利益。

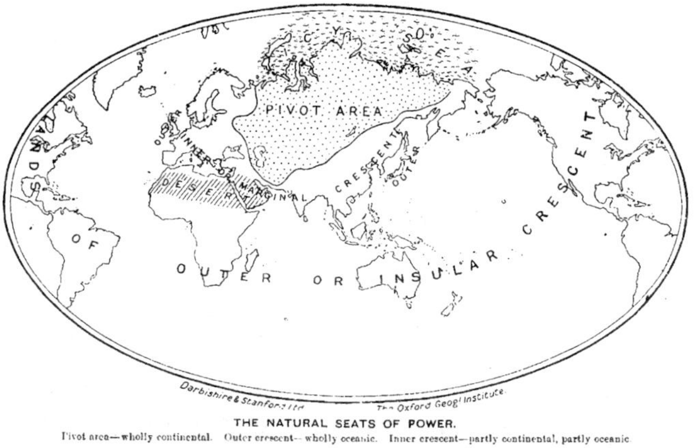

图 7.1　麦金德是如何将广袤的欧亚内陆描绘为“历史的轴心”的（复制获得准许，Mackinder, H. [1904] The geographical pivot of history, The Geographical Journal, 23 [4], 435）

对第二次世界大战之后的政治地理学家而言，他们主要关心的是《牛津英语词典》对地缘政治学的第一种定义（地理对政治的影响）而故意回避本质上的“地缘政治学”一词（Hartshorne，1950）。在他们看来，隐含在地缘政治学定义中的因果关系依赖于这样的观点：地理只是世界的自然条件，它塑造或决定人类的行为。的确，地缘政治学作者通常错误地将自然铸造成为人类事务中的一种活跃力量，同时过分地征引环境决定论的逻辑——环境决定论假设文化、政治或种族“行为”是自然原因（例如环境或地形）的结果。简言之，地理被用做一种卓越的解释变量，通过假设位置、疆界、获取海洋或自然资源的途径是达到特定政治结果的确定原因，允许学者和决策人在形形色色的论争中将有待解释的地方紧密联系起来。这种粗略的公式阻碍了、并且继续在阻碍着对地理因素实际上在政治议程和决策中发挥作用的更详细的理解。

更加麻烦的是，地缘政治学最问题重重的层面，是对这么多观众最有吸引力的东西：一种明显的主流世界政治观是以大概“不讲情面”的地理事实为基础的。作为一种主导性的话语，地缘政治学一般被视为崇高的话语领域，主要来自亨利·基辛格对这一名词的重新普及（ó Tuathail et al.，2006）。他的写作是典型的国际关系的现实主义流派的，描绘了一幅在无政府主义体系中追求自身利益的国家组成的世界图画。国家按照现实主义，通过使用力量——也就是通过强制或容纳其他国家而达成自己的目标。从国际政治的现实主义底色中产生的世界政治地图，既是特殊的，也是过分简单化的。之所以特殊，是因为它呈现了小部分国家的观点，通常只是一个国家的观点，忽视了制度的和非国家的行为体，然而却声称是对现实的一种客观的鸟瞰。之所以是过分简单化的，是因为它将国际政治的复杂性缩减成了空间的巨大障碍，而同时将自身表现为世界的一幅完整透视图。这给地缘政治作家一种明显的用于指导国际间国家政策的“预言观”（ó Tuathail et al.，2006）。

当然，话语和再现的问题，对地理学是如何在地缘政治学思考中“浓缩的”是次要的问题。而且这引领我们走向了地缘政治学中的基本问题：事实上，地理学是如何影响政治的？像马汉和麦金德这样的以往作家是从帝国主义的视角来看世界的，按照这种视角，自然的优势产生了国家的优势（有关帝国主义的更多信息，参见第九章）。一个国家的相对位置、入海的通道、气候和地形是其地缘政治潜力的指示器、应对恐怖与机会的途径。尽管在上世纪早期公开把环境决定论当做分析的基础司空见惯，地缘政治学作者却依然继续让争论基于“自然事实”以理解冷战（Kennan，1947）。例如，共产主义意识形态，就被认为是在不长庄稼的地方寻找肥沃的土地。当代地缘政治观仍然基于明显的地理原因，正如杰弗里·萨克斯通俗地将全球贫困呈现为源自地理位置欠佳而不是来自帝国主义的遗产一样（Sache，2005）。石油储备的不平等分布通常被兜售为最近冲突的主要（如果不是唯一）原因。以相同的风格，种族特征变成了解释社会冲突的新的包罗万象的容器，其基础是这样一种假设：文化差异无论多么微不足道，在同一空间中不能共存（Huntington，1996）。这种可怕的谬误——一个种族群体的所有成员都受到仇恨的刺激——只有在无视共存的经验现实时才是可能的（Gagnon，2006）。

可以肯定，国际政治不是在一个无特征、无摩擦的表面上演的。一个国家的位置、资源、人口和边界的确重要，但是它们如何重要，更多的是政治阐释和意愿的一种应变量，而不是任何决定性的自然事实的应变量。完全按照国家中心的条件来描绘国际政治也同样如此，没有能够认识到地方主义运动、跨国市民社会和经济全球化的变革效果（Agnew，2003c：51～66；更多有关全球化的信息，参见第十四章）。我们技术发达和相互关联的世界也意味着，油、水和食物都是跨越边界的全球化产品。尽管自然的地理事实在这些资源的不平等分布上起着重要的作用，它们的不平衡生产和分配却也是人类所制造的世界的一个应变量。例如，新殖民贸易实践意味着，比起发展世界中被抽取资源的社群来说，天赋的自然资源为西欧国家提供了更大的功效（Slater，2004）。这样的事实提醒我们，尽管对自然界的利用是人类的发明，它却仍然是地理的。的确，权力和优势的地理结构是“事实”

和政治的复杂关系的结果。此外，这些关系主要是通过我们对世界的简化的认知透视图才为我们所知的，同时使我们的注意力重返作为一种话语实践的地缘政治的重要意义，这种实践本身也是一种地理学阐释的政治（图 7.2）。

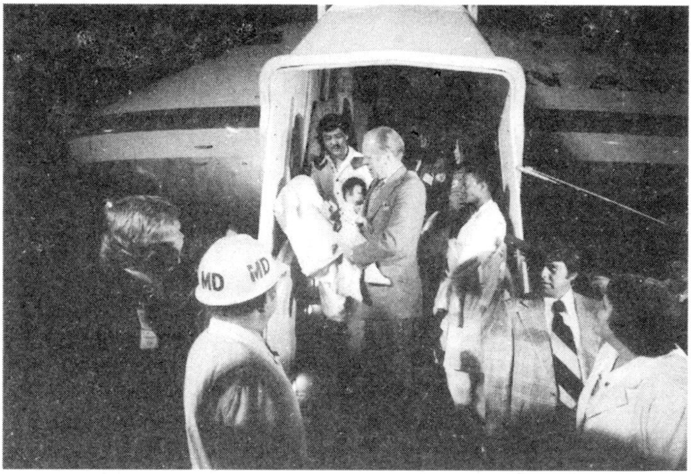

图 7.2　地缘政治学阐释的重要意义在“婴儿空运行动”的这一摄影时刻变得一清二楚，在这张照片中，福特总统正抱着数百越南孤儿中的一位，这些孤儿在 1975 年美国从西贡撤离时，被美国疏散开来（照片承蒙杰拉德・R. 福特图书馆慨允使用）

演变与论争：地缘政治学是（将会）如何运用的？

地缘政治学的两种重要趋势，直接与地理学如何对世界事务产生重大影响有关。第一种趋势是，在地理的明显的就事论事的态度是如何用于建构诸如民族主义、安全、战争、全球化和国际政治的其他层面上，出现了批判视角。这种研究路线是由吉洛德・沃・图阿黑尔 1996 年的著作《批判地缘政治学》所推进的，该书为这一子学科增添了批判地缘政治学的名称（ó Tuathail，1996a）。按他的方法，地缘政治学不是对世界的一种描写，因为它只是世界的一种脚本，正如政治家想看到的那样。因此，地缘政治学的写作，是对地缘政治学家情境化的视角、偏见和焦虑的文本性的图绘。采用对后结构分析来说司空见惯的解构主义方法，沃·图阿黑尔力图突出这些文本是如何通过对混乱现实的简化透视来建构世界的，这允许政治家粉墨登场，仿佛这些简化就是现实。

批判地理学不久便包罗了从批判视角进行写作的许多作者，尽管他们没有共同的方法论或主题兴趣（例如 Dalby，2002；Dodds，2000；Sharp，2000）。当然，批判地缘政治学脉络中学者的写作，的确倾向于共有学术研究的感觉，仿佛自身是一种文本的介入，能够瓦解对国家权力的轻而易举的叙述。相反，他们聚焦于地缘政治的统制对那些忍受着它所带来的乱糟糟的现实的人的生活的影响。

地缘政治学的第二大趋势是追问什么是用途、地缘政治学的用途是什么。这一问题触发了四位政治地理学家一组文章的写作，这四位作者是马克·巴锡、戴维·纽曼、保罗·鲁本、约翰·阿格纽（Murphy et al.，2004）。这一问题是一个重要的问题，思考的是地缘政治学思想史，横跨它的帝国主义根源、其纳粹意涵以及它作为一个被左翼学术界和例如亨利·基辛格、兹比格涅夫·布热津斯基这样的现实主义者所使用的术语的复兴。在他给这一论坛的投稿中，马克·巴锡注意到，尽管批判地缘政治学已经包含了对话语形成的研究，现实主义者还是拾起了“新古典地缘政治学”，这又一次将建立在以下“假设”基础上的一种“地理决定论逻辑”浪漫化了：“地理空间和自然地理世界代表了致力于约束和决定政治事件流的客观现象”（Murphy et al.，2004：626）。戴维·纽曼沿另一维度提出，花费时间细究地缘政治学假设和决定如何区别于现实的地缘政治学学者，已经在教育相当孤陋寡闻的决策者群体上发挥了重要作用，这些决策者依赖于简化的而且通常不精确的地缘政治建构。换言之，学者不得不制造出一个更好的“真实世界”的地缘政治学，因为地缘政治的实践者也可以轻而易举地使世界更坏（Murphy et al.，2004）。然而，保罗·鲁本提出了引人入胜的观点——维护明确的地缘政治学以对抗这样一种事实：“政治骨子里总是地缘政治，因为它是有关‘我们’和‘他们’的空间分化的一种话语。”（Murphy et al.，2004：634）最后，约翰·阿格纽力图使地缘政治学一词摆脱与地理学的致力于有益统制的麻烦重重的学科史的紧密联系，并保持地缘政治学更广泛的思想用途：

> 想征用地缘政治学一词的主要原因，是要揭示这一词所传达的世界政治对地理学假设和取向的依赖，是如何处于世界政治（尤其在大国政治方面）的现代实践的核心的。这丝毫不意味着我要将这样一个有感召力的词限制在20世纪初期地理学中的相对微小和没有影响的学科运动（地缘政治学运动）之内。（Murphy et al.，2004：637）

个案研究：伊拉克的地缘政治观

尽管地理学也许呈现出了一定程度的先验的真实性，例如，这是一条河，那是一个人口密集的地方，但地缘政治学是根据独特和情境化的利益阐释这些和那些“事实”的行为。我们可以将20世纪和21世纪初所产生的有关伊拉克的林林总总、通常相互冲突的地缘政治观作为例证——尤其是英美外交政策机构、包括地理学家创造出的地缘政治观作为例证（图7.3）。这些观点也许可以细分为三组对伊拉克国家的阐释。第一，对伊拉克作为一个国家的起源的相互冲突的阐释，一位地理学家称之为“人为性”的论争（Stansfield，2007：26～30）。论争一方的观点是，伊拉克是继20世纪20年代的托管之后英国的创造物，英国随后安置了哈希姆王朝，并将国家推向了独立（Dodge，2003）。论争的另一方则认为托管不是在一幅空白的地图上绘图，而是得利用现存的领土单元，这些领土单元在数世纪的奥斯曼统治之下已

图 7.3　当代伊拉克地图。以 2004 年 1 月联合国地图 3835 号为基础

经有点儿相互融合在一起。此外，库尔德和阿拉伯社会拥有广泛的贸易网络和仍然存在的社会秩序，这赋予它像世界上许多“自然形成”的国家在它们形成时期那样多的内部凝聚力（Haj，1997）。尽管如此，一个世纪以来自高自大的英国历史编纂学和英美地缘政治学喜欢将伊拉克当做一个人为国家的诠释。这种认为是人工产物的观点因种族冲突不可避免的假设而雪上加霜，特别是萨达姆·侯赛因复兴党的创立，泄露了更复杂的种族间和教义间关系的更漫长历史（Baram，1997；

Zubaida，2002）。当然，这种区分已溢出了地缘政治学话语，正如美国入侵前一年前国务卿玛德莱娜·奥尔布莱特所说的：

> 但是我们一开始并没有表明对伊拉克为什么缀合在一起的足够理解。我的意思是，的确存在着人为……它是一个不得不缀合在一起的人为国家，但库尔德人、什叶派和逊尼派之间的差异是巨大的。①

英国和美国对伊拉克的外交政策组成了第二组地缘政治观，这次在本质上主要是现实主义的，整个20世纪一以贯之。例如，我们可以在美国地理学家对伊拉克的描绘中看到，当走向这种阐释时，地缘政治事实是多么狭隘和肤浅。艾赛亚·鲍曼是美国最早和较有影响力的政治地理学家之一，他曾在凡尔赛做过威尔逊的顾问，后来又为罗斯福服务过（Smith，2003）。《新世界：政治地理学诸问题》是他的通俗作品之一，在其中，他提出了第一次世界大战之后出现的“问题地区”的地理学（Bowman，1921）。鲍曼将美索不达米亚（例如埃及）看作是英帝国的关键问题领域，英帝国需要陆地和海洋联系去维持其在印度和中国的利益。英国在波斯湾顶端的新兴的石油业务也受到了关注（Bowman，1921：55，72）。在鲍曼看来，伊拉克只是当它影响英国在其他地方的意义时才是重要的：“美索不达米亚，由于它处于西方工业国家和东方欠发达人口之间的位置，成为了一个关键地区，一个真正的问题地区。”（Bowman，1921：74）鲍曼掩饰了伊拉克的社会与政治，他得出结论说，伊拉克的阿拉伯人将会组织起来，或者境外势力将会取得优势，这会侵害到英国、法国或波斯人的利益，因此“世界和平要求占据这一地区，如果不由英国占据，至少要由其他强国占据”（Bowman，1921：74）。

---

① 玛德莱娜·奥尔布莱特2004年4月4日在美国广播公司《本周》与乔治·斯蒂法诺波拉斯的谈话。

尽管他们厌恶地缘政治学一词，像理查德·哈茨霍恩等世纪中期的美国地理学家仍然插手解释地理对政治的影响（ó Tuathail，1996a：158～160）。取代有机体的隐喻，哈茨霍恩引用了物理学中诸如向心力与离心力的概念去描绘将国家结合在一起或分离开来的力量。主要的向心力是国家观，一个使国家的存在合法化而且对哈茨霍恩必不可少的概念，因为“国家为了生存，必须能够仰仗其所有地区人民的忠诚乃至死亡”（Hartshorne，1950：111）。无望地迷失在他的科学的类比中，哈茨霍恩承认了实际上所找到的国家“遗传”根源的问题，但他一点也不羞于这样来解释伊拉克问题：

> （1）大国认识到美索不达米亚地区的特殊战略和经济意义；（2）需要为从叙利亚驱逐出来的阿拉伯民族主义找到一个落脚之处（Hartshorne，1950：112）。

因为伊拉克的观念是“外来的”，是由“外交和泊来的民族主义之火所创造的”，他提供了一个谨慎的建议：“人们需要决定伊拉克人〔Iraqi，原文如此〕是否从此发展出一个真正的土生土长的概念”（Hartshorne，1950：112）。尽管哈茨霍恩力图使政治地理学更少政治、更多客观，他依然分享了现实主义者的假设——伊拉克既是人为的，又缺乏国内民众足够的认同。他方法论上的退出政治，导致他无视伊拉克活跃的政治景观，这也将轻视英国在该国的诡计（ó Tuathail，1996a：158～159）。

第三组地缘政治学观是承受着美国自1991年海湾战争和2003年伊拉克战争的军事介入而出现的。一种观点是，构成了所谓新保守主义议程的一部分，将伊拉克视为只是更大的中东的一个问题。按这一观点，这整个地区被视为一种人为创造物，它可以在美国的指导下恰当地重新安置，以保证结盟和商业利益的安全，其途径是减少来自伊拉克、伊朗、巴勒斯坦地区、叙利亚和部分来自沙特的威胁（Frum and Perle，2004）。首先，它将伊拉克境内武器项目可能（但实际上没有）进行转化成了美国国家安全问题，并且充当了布什先发制人战争的合法理由。其次，这一议程之后是这样一种观念：伊拉克一个地区的变化，将为民主的爆发、自由贸易、该地区的稳定提供一个“临界点”。这一政策，假如它曾经是如此清晰地被设想出来的话，后来是可悲地失败了。更引人注目的是，这种新保守主义的“理想主义”的失败，给持续不衰的“现实主义”的伊拉克观重新注入了活力，这再一次否定了经验现实，将伊拉克简化成为一个种族分化的、失败的国家，对“世界和平”过于重要以至于不能没有一个强国留下任其不管。

一种形成明显对比的伊拉克观，尽管内部多有变化，来自于对美国领头的战争的学术性的批判视角，将其视为一种帝国的实践（Hardt and Negri，2004；Harvey，2005）。这一观点将我们带到了深远的地缘政治权力问题，也就是美国以及它有能力按它的嗜好安排世界（图7.4）。批判地缘政治学最接近这一立场不只是一般地反对战争，而是回到了商业、石油和国家建设的帝国主题。今日重要的差异是英美地理学家大部分远离了他们外交政策机构的机器。相反，他们坚持对人权、经济正义和环境高于一切的关注，这种关注不是他们前辈的以国家为中心的地缘政治学的焦点。德里克·格雷戈里在《现在的殖民》中，对又一次使伊拉克失败的灾难性的英美政策进行了爬梳。在这么做的过程中，他指向了现实主义地缘学的中心问题，一种我们对他们的二元论，这种二元论常常找到一个，甚至是一个不是威胁的敌人（Derek Gregory，2004：262）。除了政府—军事—资本的地缘政治机器似乎不能也不愿改变自己看待世界的方式之外，实际上我们如何避免这种暴力的螺旋式上升并不清楚。

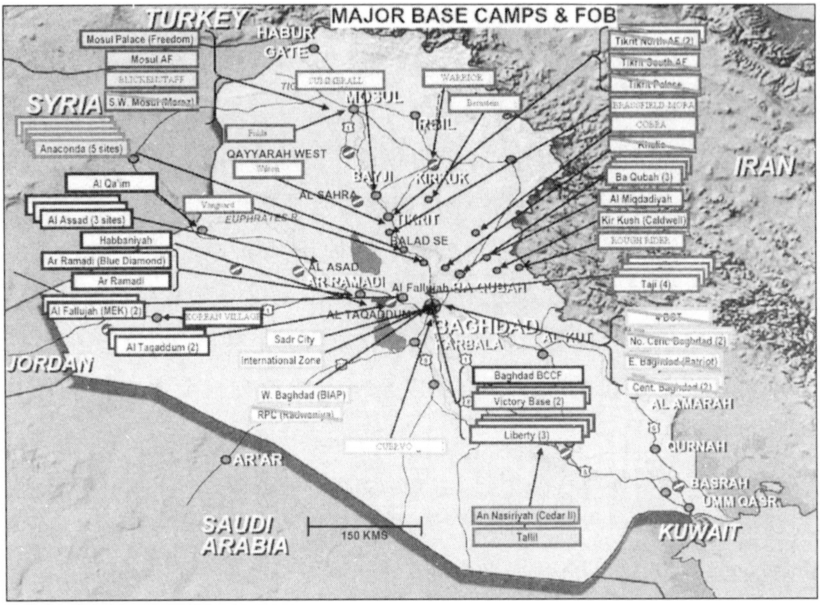

图 7.4　美国基地兵营和前沿作战基地，伊拉克，2006 年 3 月（承蒙美国国防部慨允使用）

关键点

•地缘政治学是对地理特征和国际政治的关系的研究。这些特征是自然的还是建构起来的、国际政治意味着什么、是前者影响后者还是后者影响前者，都是争论的问题。

•自 19 世纪末以来，地缘政治学构成了几种传统或思想学派，其中有一种与纳粹紧密联系在一起。这提醒我们，地缘政治学也是一个在服务于国家权力中发展起来的知识领域。

•最近的学术采用了地缘政治学的批判方法，力图揭示政治家在话语上建构地缘政治空间、经常通过操纵“地理事实”为策略目的服务的方法。

第八章　超级大国

卡尔·T. 达尔曼

定义：动武不动脑?

超级大国是一个具有在世界范围内成功地追求其利益的特殊能力的国家。在地缘政治学意义上最早使用这一词传达的是将一个超级大国与其他国家区分开来的军事上的优越性。也就是说，一个超级大国是这样一个国家，它可以将其军事力量及进一步的外交利益展现到一个以上的冲突场所，使其成为一种世界权力而不是一种地区权力(Fox，1944)。这一名词来到我们跟前更多的是对第二次世界大战结束时同盟国的便利缩写，而不是一个有意义的分析术语。的确，直到 20 世纪 60 年代，superpower 一词还更经常地用来描绘横跨广阔空间的高电压电力网络。地缘政治学上的这种类比运用表明，成为一个地缘政治上的超级大国是一种技术现象。在这种意义上，这一术语有一种就事论事的特质，在意识形态上稍微有点迟钝，认为是一个国家在位置和资源上“命好”的结果。事实是，20 世纪第一批所谓超级大国——英国、美国和苏联——之所以取得它们的位置，不只是因为它们的地缘政治学野心，而且是通过在他们自称的国家利益中强行运用了武力(图 8.1)。

在思考可以将其权力展现到多元场所的国家的更狭窄定义之时，思考 20 世纪的超级大国与其历史前辈——帝国之间的类似是有用的。地缘政治学的帝国时代是这样一个时代，欧洲大国在全球为了殖民地和市场之上的经济和地位优势相互竞争。在这一意义上，帝国是能够

图 8.1　美国的超级大国地位与其原子弹和后来的核武器紧密联系在一起。这里是第二次用在日本长崎市(承蒙美国档案管理局慨允使用)

在多元场所追求自己利益的国家，尽管它们不可能承受一个帝国对手的过长时间的严重挑战。这里的例外是处于其巅峰时期的英帝国，它通过运用出众的海军技术和经济影响保持了对其他帝国的优势。帝国时期的英国霸权因此承载了引人注目的与超级大国观念的相似之处，这些术语今天依然纠缠在一起。（有关霸权概念的更多信息，参见第五章。）事实上，在第二次世界大战结束时，威廉·福克斯就带着较大的机动性把超级大国一词当做一个地缘政治学术语去描绘大国，其中包括英国、美国和苏联。

在第二次世界大战的丧钟鸣响之后，英国退出了世界舞台，留下美国和苏联在将以冷战著称的时代充当超级大国。这种新的两极世界秩序基于两个超级大国以三种方式追求自己的利益。第一，超级大国将世界分为两个排他的影响圈，每一阵营都避免另一方以己方为代价加强其范围。这在雅尔塔会议上表现得最为明显，会上，丘吉尔和斯大林将欧洲分为东和西，前者受苏联控制（图 8.2）。当然，世界其他地方与两个超级大国的结盟不像这么清楚。战后的解殖民化进程，为苏联和美国通过给新国家提供军事、经济和意识形态的援助以扩大自己的影响范围提供了机会。

第二，超级大国之间的竞争扩展到了公共生活的所有领域，并深深渗入到了市民社会和私人领域。这些效果是世界范围的，但在每个影响圈的主要国家中最为严重。这主要是由于通常肤浅的意识形态立场被编码到了公共生活之中：美国及其同盟中的民主或资本主义的自

图 8.2 “三巨头”，英国首相温斯顿·丘吉尔、美国总统弗兰克林·罗斯福、苏联领导人约瑟夫·斯大林在雅尔塔会议上，1945 年 1 月（承蒙美国档案管理局慨允使用）

由；苏联阵营中的社会主义或共产主义的解放。尽管超级大国经常在意识形态的基础上声称它们政策的道德正确性，但这种差异不仅仅是意识形态的。在东西方竞争中起决定作用的是这样一种观念：各体系在它们对物质和社会发展的理解上不同。简言之，它是一种如何取得更好世界的斗争，尽管这种理想的视野迷失在肮脏的争取军事霸权的战斗中。它也是一种国家竞争的扩充形式，在这种竞争中，美国和苏联都力图回答其他国家应当如何发展的问题，其途径是迫使它们同意一般的基本政治和经济猜想。在这一方面，社会经济和政治的发展被从属于地缘政治的竞争。

第三，超级大国在军事能力和地位的层次上有差异，但在发展大量核武器上却持平。过了某个点，军备竞赛导致军事潜力的有效平衡，同时产生一种情境：无论美国还是苏联使用核武器，双方都注定遭受破坏。担心传统的战争逐步升级为整体的灭绝，意味着两个超级大国及它们公然的影响圈经验了一种战争的冷却，在其中，双方不发一枪或立即结盟。这不能避免欧洲的传统军备竞赛或军事建设，而双方国家都通过海军和空军技术的极大投资，扩大自己的全球影响范围。当然，最重要的是，超级大国通过军事结盟扩大它们的优势，这种结盟充当了牵制的基本方法，目的是避免其他超级大国影响范围的扩大（Gaddis，2005：20～27）。当然，冷战在第三世界甚至更为热火朝天，在第三世界，两个超级大国力图通过政治资助、经济合作、秘密干预和战争等方式扩大自己的影响范围。①

此外，有必要区分霸权和超级大国的特点。霸权是无需求助于武力的领导力，超级大国拥有不实施领导力使用武力的潜能。在实践中，超级大国结盟或不结盟地使用武力谋取利益的能力，赋予它们一种实际上的领导角色，虽然国家在可能时也许偏爱使用“软权力”和结盟，因为单边行动的代价可能是相当高的。一定程度上，地缘政治学关注这些关系，而国际关系学科花费大量时间力图对世界上的权力运作进行定量和理论化。除了试图给世界政治建模方面极为麻烦的定义和运作问题之外，这些实践往往致力于一种不成问题的将国家理想化，将其当做一个无政府世界体系中唯一相关的行为体。研究超级大国的地缘政治话语以及因回应一个具有超级大国的世界而兴起的特殊地理学，在思想上可能是更有益的。

演变与论争：从地缘政治学事实到地缘政治学建构

尽管超级大国是一种适用于少数国家的最高级描绘，它依然是描绘地缘政治“顶端生活”的一个参照点。它在流行的、实践的、正式的地缘政治话语中的广泛运用，事实上突出了它在广泛共享的对说明

① 非结盟运动的兴起对认识这一时期相当关键：参见 Dadds，2000：57～60。

当代世界中“权力”的东西想象中的象征价值。换言之，超级大国一词告诉我们有关世界政治运作的东西，不像揭示有关政治界是如何运转的设想那么多。为了通过这一词解开我们的潜在期望，引证约翰·阿格纽的著作将是有用的，他的著作对现代地缘政治学想象进行了破译（Agnew，2003c）。第一，“超级大国”暗含一种全球范围，或至少在全世界的多个点施加影响的能力。一个超级大国因此标志着地球的封闭空间——自欧洲的发现之旅和早期现代制图学将世界表现为一组有限的空间以来常见的视角框架中政治权力的顶点。世界地图的这种可视化也拥有对地方的一种政治分层——通过文明的、国家的和技术的比较来决定——当它追求自身利益时，超级大国可以穿过这些地方。这也有助于将“次要的”地方附着于地区、国家或本地的影响区域，以适应它们权力的某些标准。

第二，在地缘政治学话语中，超级大国被定义为“现代”的最高点。它们不只是在武器系统上，而且在所有科学、医学和技术领域技术先进。超级大国现代性的设想，意味着“落后”或欠发达的地方可以被置于地缘政治空间的全球分层之中。在阿格纽看来，这一描绘错误地将不同的空间转化成了不同的时间：落后的地方陷入了大国和超级大国很久以前从中崛起的更早的发展阶段。因此，在冷战的意识形态方案中，第三世界的貌似缺乏文明只是肯定了超级大国的优越性（Agnew，2003c：46～47）。简言之，第三世界的发展也是一种地缘政治学建构——超级大国相互剑拔弩张地宣称“落后”国家要么通过资本主义政治经济、要么通过社会主义政治经济可以获得最好的发展。当然，现实是，超级大国的现代性在从根本上改善当事国的生活方面，实际上是相当有限的和很少可移植的。

第三，超级大国不同于古典的民族国家观，主权在其边界之内却在一个无政府的国际场域起作用。在阿格纽看来，国家领土权的传统模式问题重重，就在于国家实际上是被跨国的经济、文化，甚至政治力量高度渗透的。超级大国事实上是一股这样的力量，通过军事高压、政治干预、经济掠夺或文化输出中的任何一种方式，渗透到其他国家据称是不可侵犯的事务的。在这里，又一次，除了在大众的想象中，超级大国被定义为强制性的，而霸权隐含着在与其他国家建立制度和规则方面更广泛、更微妙的作用之外，超级大国和霸权之间的差异被模糊了。

第四，阿格纽所描绘的"追求独大"适用于超级大国之间对各自影响范围之内主导权的竞争。虽然国家和传统的大国也被认为是在一个无政府的空间中争夺权力与影响，但超级大国取得了首要地位，至少是这种首要地位指日可待。在这样的过程中，它们随后似乎通过组织集体的安全任务和经济关系，减少了它们影响范围之内国家的无政府特征。

尽管它们具有表面上出类拔萃的能力，但超级大国并没有像有人可能从这一标签中所推测的那样具有无限的强制的能力。例如，苏联的解体比任何人所预期的都要突然、迅速，留给它的是一流的核力量与一个三流的国家；美国已经证明，尽管其军事和通信技术具有全球影响，但它实际的掌控依然相当有限，正像在朝鲜、越南、伊拉克已经证明的那样。除了一场"自以为了不起的战争"或重新恢复征兵以外，很少有证据表明美国能够在一个主战场之外取胜，它是自肯尼迪以来美国当局的政策。① 这是因为美国强调技术的现代化和较低的军队水平，这使它更有能力打击传统的敌军而不是打击暴动（图 8.3）。超级大国必须按照独大的逻辑继续现代化，以保持对竞争者的优势，但是现代性正好是可以转而用来对付美国的，正如 9·11 所见证的那样。对超级大国同样麻烦的是，现代技术和信息流的全球影响，意味着它们是被自己多样的领土之外的利益高度渗透的。

---

① 比内迪杰克和库格勒（Binnendijk and Kugler，2001）提出了美国有能力展开多个战场战争的更乐观的观点。

图 8.3 新的美国制空权为“远程控制”战提供了全球可达的范围。耗资 20 亿的 B－2 隐身轰炸机可以在空中补油，以投掷大负荷的传统武器和核武器，打击受防御体系保护的目标（承蒙美国空军慨允使用）

个案研究：美国是超级大国、超级强国抑或是正在衰落的强国？

衡量“超级大国”在后冷战背景中的相关性和意义的一种有用方式，是考察表达有关谁是超级大国、谁不是超级大国的表达焦虑。尽管普遍存在的观点是，美国是唯一现存的超级大国，但重要的是要注意到，有关这种角色的意义存在着相当大争议。有一种感觉，超级大国一词不再能捕获美国力量的巨大级数。在 20 世纪 90 年代末，法国外交部长于贝尔·韦德里纳称美国是一个超级强国，这一术语抓住了一个事实：美国的防御支出接近世界军事支出的一半。但韦德里纳也指这样一个国家——“在所有领域占统治地位或主导地位”，特别是在经济上，由此来说，所谓超级大国仅仅是不可抗衡的军事强国（IHT，1999）。蔡美儿自那以后也提出，历史上的超级强国——否则叫帝国——之所以成长起来，是因为它们对不同的文化持开放态度，但当它们变得欠宽容和排外时，便落败了（Chua，2007）。反讽的是，对美国外交政策持批评态度的左翼批评家（例如诺姆·乔姆斯基），通过使超级大国成为一个用来指道德耻辱的词，在支持以下观点上也发挥了重要作用：几乎不受限制的美国军事的高超，是由经济贪婪和国家自大来支撑的（例如：Achcar，2000）。

相反，也有作者主张，美国不再是一个超级大国，它的全盛期已经过去很长时间，我们现在正进入一个多极化、群龙无首或国际重组的时期（例如：Johnson，2000）。这些观点将美国描绘成为一个不再可能赢得战争的国家，一个在全球“反恐战”中也许可能已将自己弄得形销骨立的国家。按照福山的方式，法国分析家埃马纽埃尔·托德提出，世界的民主化使美国的领导权不必要了，而它的经济财富使它高度依赖外国（Todd，2004：144）。伊曼纽尔·沃勒斯坦（2003：17～27）也做出了同样的诊断，他提出，美国是一个“缺乏真正力量的超级大国，一个无人跟随、少有人尊敬的世界领袖，一个在它不能控制的全球混乱中危险地漂流的国家”。变成一个无力的超级大国的道路始于在越南的战败、1968年抗议期间大众的去合法化、苏联崩溃之后目标的丧失，以及9·11被它所不能发现的敌人所羞辱。而所有这些，托德、沃勒斯坦和其他人认为，其原因在于美国经济统治地位的衰落，特别是它对石油的依赖、负债的水平，以及在某些部门技术领先地位的丧失（Lombardi，2005）。

美国的外交政策机构也担忧可能挑战美国领导权的这些趋势。布什的美国政府在2002年和2006年的《全国安全战略》中潜在地表达了这些忧虑。在依然高度关注反恐战的同时，这些文件也明确了美国力量的潜在挑战者，特别是中国，被描绘为一个新起的“全球竞赛者”，必定会完成它的“走和平发展的转型之路的决定”（*National Security Strategy of the United States of America*，2006：41）。同时，中央情报局内部的智囊团，将中国和印度的趋势描绘为堪比上世纪德国和美国的崛起。被认为使中国和印度成为“崛起的大国”的因素是维持经济的增长，不断提高军事能力、技术专门知识，以及众多的人口（图8.4和图8.5）（NIC：2004：47～54）。一些作者抓过来将中国描绘成一个崛起中的超级大国的正是这些趋势，比如《纽约时报》畅销书《中国，公司：下一个超级大国的崛起是如何挑战美国和世界的》

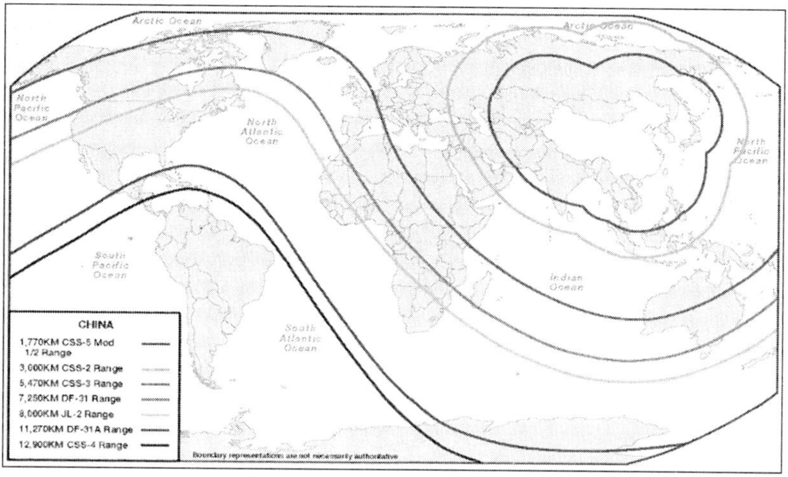

图 8.4　中国的核武器现在可以击中除南美之外世界的大部分地区（承蒙国防部长办公室慨允使用）

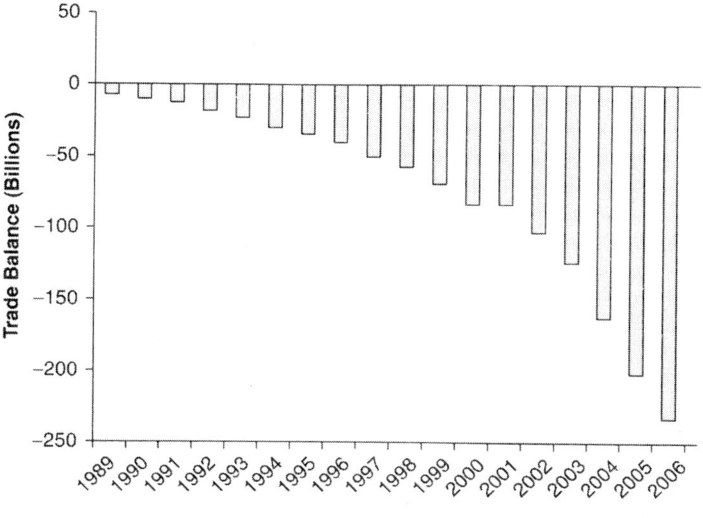

图 8.5　美国经济力量衰退的标志在与中国之间迅速增长的贸易逆差上显而易见（卡尔・T. 达尔曼制表并慨允使用，以美国商务部的数据为基础，2007）

便是如此（Fishman，2006；Liao，2005）。有重要的理由怀疑中国有兴趣将自己的影响范围扩展到东亚以外：这不只是因为毛泽东说中国从来不愿成为一个超级大国，而且因为中国继续面对自己国内转型的种种问题（Foot，2006）。一些人认为，通过成为一个非对抗、不称霸的大国，中国有可能做得更好，这意味着它可以有效地重写做一个“超级大国”意味着什么的脚本（Des Forges and Xu，2001）。

关键点

- 超级大国是一个 20 世纪的术语，用以描绘一个国家在全球追求自身利益的前所未有的能力。
- 超级大国通过军事和经济优势获得自己的地位。
- 由于这一概念是围绕最近历史的少数个案（英国、苏联和美国）建立起来的，所以这一术语作为一个争执点比作为一个分析范畴更有意义。

第三部分　现代性

导　言

卡洛琳·加拉尔

通常认为，现代时期始于15世纪末。大部分学者认为，克里斯托芬·哥伦布航行到“新世界”是这一时期的开端。鉴于一些学者相信现代时期还没有结束，其终点更难以确定。其他人，通常称为后现代义者，相信现代时期结束于20世纪后半叶。

现代时期始于欧洲发现的时代。这些航行带回到欧洲的财富有助于激起这一时期最有纪念意义的现象——资本主义。本书的这一部分思考和现代时期相关的一些最重要概念。

所包含的第一个概念是殖民主义/帝国主义。始于哥伦布寻找西方往印度之路的殖民时期，仅仅在20世纪60年代末、70年代初随着非洲和亚洲的解殖民化才正式结束。殖民时期以欧洲对美洲和后来在非洲以及亚洲部分地区的剥削为标志。正如第九章所表明的，政治地理学通过给各帝国和国家提供剥削所必需的地理知识，参与了殖民努力。在最近一些年，该学科开始直面自己肮脏的过去，记录自己支持殖民时期恶习的种种方式。

第三部分所思考的第二个概念是政治经济学，讨论在欧洲部分作为殖民剥削之结果发展起来的资本主义秩序。该章勾勒了有关那时正在兴起的资本主义秩序的两种主流观点，特别关注亚当·斯密和卡尔·马克思。在政治地理学中，政治经济学家受到了马克思所提出的对资本主义主要持批评态度的观点的影响。政治地理学家注意到，资本主义是建立在不平衡基础之上的，而且依赖于不平衡发展。也就是说，资本主义的增长不是均衡地出现于空间之中，而往往集中于特定的地方。

第十一和十二章，讨论和资本主义发展形成呼应而兴起的政治思想。意识形态的概念捕捉特定的社会和阶级利益（通常基于特殊的阶级利益）被设计出来、合法化和常规化的方式。政治地理学家倾向于将意识形态当做冲突和论争的一种根源。第三部分的第四个概念社会主义，既是一种特殊的生产/管理模式，也是一种意识形态。

这一部分也覆盖资本主义秩序的种种变化。全球化涉及不仅由技术、而且由与日俱增的经济整合所提供的时空压缩。新自由主义是全球化世界中经济发展的特殊方法。作为一种基于自由市场原则（按亚当·斯密的方式）的方法，它受到了地理学家的广泛批评，因为它培育了不平等，尤其是在农民、少数族裔和其他弱势人群之中。

最后一章有关移民，考察全球化（以及在较小的程度上，新自由主义）的产物之一。人类比它们在历史长河中任何一点上更为流动。这类移动给那些移民的人提供了挑战和机遇，移民流也极大地重构了移民所离开和前往的地方的社会与经济地理。

作为一组概念，这些概念范围极为广泛。所以，接下来用来说明它们的个案研究也相当广泛。其中包括来自墨西哥、美国、不列颠哥伦比亚省的例子，也包括所谓“居中的空间”，在这种空间中，人们凭借技术援助同时存在于多元世界之中。

第九章 殖民主义/帝国主义

玛丽·吉尔马丁

定义：跨时空的剥削

殖民主义和帝国主义的双重进程，基本上形成了当代世界。殖民和帝国的关系影响到了政治边界、文化实际和全球的经济网络。在这一方面，从15世纪以降的欧洲殖民主义和帝国主义尤为重要。评论家已经明确了欧洲和特殊地域结合在一起的三波殖民与帝国扩张。第一波瞄准美洲，南美和北美，以及加勒比海地区。第二波聚焦亚洲。第三波将欧洲的控制扩展到了非洲。西班牙和葡萄牙主要负责了15世纪以降对南美的殖民，通过1494年的《托尔德西里亚斯条约》，两国对南美的领土进行了瓜分。紧随它们之后的英国、法国和荷兰，这几个国家尤其在北美和加勒比海地区获得了领土。英国——在东印度公司前景看好的情况下——从17世纪以后，处于对亚洲尤其是印度进行殖民的前沿，尽管葡萄牙、荷兰和法国，也拥有亚洲殖民财产。第三波，从19世纪80年代以降，通常被描绘为“新帝国主义”时期，主要集中在非洲。“新帝国主义”是由柏林会议（1884～1885）建构起来的，涉及主要的欧洲大国，有助于这些大国对非洲的瓜分。继柏林会议之后，许多欧洲强国都卷入了所谓对非洲的争夺中。在20年之中，非洲的大量领土在英国、法国、德国、葡萄牙、比利时、意大利和西班牙之间被瓜分（参见Thomas et al.，1994）。人们通常将这三波殖民和帝国扩张与资本主义的发展联系起来。第一波按照欧洲封建主义的危机来解释，欧洲强国在寻求新的收入来源。人们将第二波与商业资本主义和欧洲制造业的发展联系起来。第三波则促进了欧洲资本主义的巩固，尤其是通过提供原材料和市场（参见 Thomas et al.，1994；Young，2001）。殖民主义和帝国主义是高度有利可图的活动。获利的途径包括：从美洲攫取例如金银等资源、买卖和使用奴隶、香料和鸦片贸易、对殖民地的臣民课税。

通常，“殖民主义”和“帝国主义”两词可以互换使用。的确，有可能看到它们的含义高度重叠。无论殖民主义还是帝国主义都涉及一群人对另一群人的征服，并且两种进程都是跨时空展开的，具有令人吃惊的地理和历史范围。当然，许多评论家试图将两个概念区分开来。列宁认为帝国主义是资本主义的高级形式，声称帝国主义是在殖民主义之后发展起来的，并且通过垄断资本主义与殖民主义区分开来（参见 Loomba，2005：10～11）。爱德华·萨义德写道，帝国主义涉及“一个统治远方领土的占统治地位的宗主国中心的实践、理论和态度”，而殖民主义指“将殖民移植到遥远的领土”（Said，1993：9）。近来，罗伯特·杨提出，殖民主义涉及一个为殖民或商业目的而发展起来的帝国——在单一权威之下的一组国家或地区，而帝国主义是从中心运作的，是一种国家政策，并且是由意识形态原因和经济原因发展起来的。以这种方式，杨提议，帝国主义主要是一个概念，而殖民主义主要是一种实践（Young，2001）。

演变与论争：一门学科的阿喀琉斯之踵

政治地理学与殖民主义和帝国主义的关系是令人忧虑的。当一些地理学家积极参与殖民主义实践和帝国主义的意识形态之时，另一些地理学家却是积极的反对者。这些相互竞争的意识形态有一种不安定的关系，并且在该学科的历史的不同时期获得了引人注目的地位。

地理学家以各种方式支持殖民主义和帝国主义。热情的探险家旅行到不同的地方，并带着他们的发现故事归来。这些故事通常由欧洲殖民强国的地理协会加以复述（例如伦敦的皇家地理协会和巴黎的地理协会）（Drive，1999；Livingstone，1992）。作为他们与殖民主义和帝国主义关系的一种结果，协会成员及其影响得到增强，并且反过来为探险家寻找资源、财富和知识提供经济支持。此外，殖民主义实践也被例如环境决定论等地理学理论合法化了。这种认为人的性格是由其环境所决定的理论，为殖民主义提供了道德准则。例如，热带环境，被视为创造了较少文明化、更多堕落性的人，需要西方殖民强国加以奴役。当然，对殖民主义和帝国主义最引人注目的支持来自于地理学家，他们许多人凭借直接或间接地支持帝国扩张而声名鹊起。在德国，弗里德里希·拉策尔将国家描绘成一个需要扩张以获得生存的有机体，从而以这种方式将帝国扩张合法化。在英国，哈尔福德·麦金德是帝国热情洋溢的支持者，并且“想要英国成为世界上最伟大的帝国主义者”（Kearns，1993：17；参见图 9.1）。好几十年中，拉策尔和麦金德的观点统治了政治地理学。另一些地理学家积极地反对殖民主义和帝国主义。另一些关键人物是无政府主义地理学家，例如埃利泽·雷克吕和彼得·克鲁泡特金，他们提倡反对帝国主义和民族主义，赞成人民和国家之间更少剥削的关系（参见图 9.2）。有人也注意到了皇家地理协会一类的机构中和学院派的地理学家中出现了批判资本主义的声音（Kearns，2004）。当然，这些批判通常被掩盖了，因为政治地理学赞扬自己对帝国扩张的用处。

图 9.1　哈尔福德·麦金德（Halford Mackinder）

图 9.2　埃利泽·雷克吕（Elisee Reclus）

继第二次世界大战以后，解殖民化的进程集聚了能量。有两个显著的反殖民斗争的阶段：在亚洲是紧随战争之后，在非洲是从 20 世纪

50 年代末开始。尽管反殖民斗争导致了名义上的解殖民化，一些地理学家还是强调殖民主义的不间断的政治、经济和文化影响（参见：例如，Berge et al.，2007；Peter，1997，1998）。地理学家和其他“一战”社会科学家也对作为社会空间进程的欧洲殖民主义做出了批判性的和理论上有启示性的研究，这些研究通常基于在后殖民领土上的田野调查（King，2003）。这一时期见证了被称为热带地理学的子学科的降临（最终演变成了发展地理学），它经常将持续不断的地理学置于前台并加以批评，而且致力于区域研究（参见：Power and Sidaway，2004）。

当代地理学家、殖民主义与帝国主义之间关系的本质，已经受到高度细察。在这一方面最重要的是布赖恩·赫德森，他 1977 年在《对跖地》上发表的文章突出了“新地理学”和“新帝国主义”之间的紧密关系（Hudson，1977）。在这篇文章中，赫德森认为地理学因为其对帝国主义的用途而获得了重要地位和认可，因而直接使地理学科介入了殖民和帝国实践。他的批评在地理学中获得声望姗姗来迟，但到 20 世纪 90 年代，各种图书和文章纷纷出版发表，突出了地理学和地理学家支持殖民主义和帝国主义并从中获益的数不胜数的方式（例如，Blaut，1993；Driver，1999；Godlewska and Smith，1994；Livingstone，1992）。同样地，在最近，地理学家已经论及殖民主义和帝国主义的空间，以及对空间物质的和象征的挪用对帝国的扩张与控制必不可少的诸多方式（参见 blunt and Rose，1994；Clayton，2000；Jacobs，1996；Lester，2001）。下一节将讨论两个佳例：科尔·哈里斯对加拿大不列颠哥伦比亚省的殖民主义和帝国主义的解释；尼尔·史密斯对美帝国的解释。史密斯的著作着眼于越来越多的地理学家的看法，呈现出了额外的意义。这些地理学家认为，我们正处于新的帝国主义之下，这种新帝国主义的典型特征是通过剥夺进行积累（参见 Harvey，2005 和本书论新自由主义的第十三章）。

个案研究：不列颠哥伦比亚省和美帝国

不列颠哥伦比亚省的殖民主义和帝国主义

科尔·哈里斯最近的著作，为殖民主义和帝国主义是如何在加拿大不列颠哥伦比亚省的时空中起作用的提供了极佳说明。在他的书中，他描绘了继英国殖民主义者19世纪40年代抵达该省之后创建不列颠哥伦比亚省印第安人保护区的过程。以这种方式，不列颠哥伦比亚省被划分为两大空间：其中之一归原住民，另一空间则归几乎其他每个人。为了创建这些空间，原住民不得不从他们的土地上被“迁移”出来——通常是被迫的——并搬到该省各地所创建出来的许多小块保护区。这被殖民官员中的统治观点合法化——原住民所占据的土地没有得到有效的和生产性的利用（参见图9.3）。这种方法不只是不列颠哥伦比亚省所独有，它在18世纪对英格兰西部高地的清洗和澳大利亚为土著人创建保护区上也表现出来。正如哈里斯所评论的，通过创建保护区，“一种人文地理被另一种人文地理所超越，既在地表上也在想象中”（Harris，2002：xvii）。哈里斯将所导致的保护区地理描绘为服务于两种主要功能。第一种功能是为殖民者和资本的剥削在该省开辟了土地。第二种功能是用私有财产的体系取代了使用权——团体成员无需占有它们却有权获得和使用资源（Harris，2002：266）。

图9.3　海达印第安人的房子和雕刻柱，夏洛特皇后岛，不列颠哥伦比亚，1878，G. M. Dawson摄（加拿大图书馆和档案馆）

到20世纪30年代，有1 500多个保护区散落在不列颠哥伦比亚省（Harris，2002：265），其中大部分被认为过小，无法为住在那里的原住民提供足够的生活资源。这不是没有目的的，因为有一种普遍的观点，认为更小的、不能独立生存的保护区将驱使原住民进入到工作市场，在工作市场中，他们可以变得文明起来。此外，较小的保护区将造成更小的军事威胁，将会是廉价的季节劳动力的来源。正如哈里斯所指出的，保护区的地理对原住民生活之道的影响是深远的。保护区的农业和采掘的可能性是有限的，所以仍然呆在保护区的原住民以一种极不稳定的方式融入到了工薪经济之中，另一些人则变成了季节性的移民，而还有一些人搬到了城区。保护区的条件“对原住民的身体造成了损害”（Harris，2002：291），伴随着高发病率和死亡率。

哈里斯突出了不列颠哥伦比亚省的历史是如何以各种方式被组织为两种相互冲突的叙事的：发展与剥夺。发展叙事——不列颠殖民地将荒野改变成了有用的土地——占主流。在这样的叙事中，它对发展给该省原住民造成的损害打了折扣。剥夺叙事明显是由原住民来复述的；它讲述的是他们的土地是如何被剥夺的，结果留下的土地不足以让他们生存（Harris，2002：294）。哈里斯痛苦地指出了保护区政策的有争议的本质：一些殖民主义者反对这一政策，或寻求一种不同的、更人性化的对殖民者和被殖民者关系的构想；许多原住民反对他们被边缘化，并提出了他们在不列颠哥伦比亚省领土上的地位问题。不幸的是，正如哈里斯所注意到的，这些可替代的观点在国家利益、资本和种族的分层中被置之一旁。

美帝国与艾赛亚·鲍曼的角色

鉴于这一章前面的部分集中关注欧洲殖民主义，需要对为什么选择突出美帝国主义的著作做一点说明。史密斯对艾赛亚·鲍曼在阐明新型帝国时所扮演角色的讨论，表明地理学、殖民主义与帝国主义之间的关系以各种方式被持续地重新创造和重新设计出来。史密斯将

1907年、1911年和1913年在南美的早期探索和征服之旅描述为一种"制造世界"的企图（Smith，2003：78）。当鲍曼成为美国地理学会的主席时，他通过支持探索和制图学的进步继续这种世界的制造。1917年，他被任命为伍德罗·威尔逊总统的调查员：其角色是收集将加强美国"新世界"权威、可被描绘为地理秩序的数据（Smith，2003：121～122）。这种新的世界秩序是威尔逊和巴黎和会的美国代表团构想出来的，他对这一进程的介入为鲍曼赢得了威尔逊的地理学家的称号。后来，鲍曼也被描绘为罗斯福的地理学家，在1938年他成为了罗斯福的特别顾问。在同一时期，鲍曼利用美国的军事需要重申了地理学在美国大学中的地位。

史密斯对鲍曼工作的解释是对殖民主义和帝国主义讨论的回应。殖民地的地位问题在第二次世界大战期间是美国与英国谈判的中心问题，而鲍曼是其中的关键人物。在这一时期，罗斯福激烈地反对欧洲殖民主义，而鲍曼则谨慎周到得多，不过两人都认识到需要将欧洲殖民地整合到美国所领导的全球经济秩序之中。正像史密斯评论的，"美国这一时期对殖民主义的反感，骨子里表达的是一种开拓新市场的自私自利的冲动"（Smith，2003：373）。更广泛的意义上，史密斯认为鲍曼是用无疆界的、市场引导的、美国主宰的帝国主义取代以疆界为基础的、欧洲中心的殖民主义过程中的一个关键人物。史密斯将这种帝国主义称为美帝国。

无论哈里斯还是史密斯，都痛苦地指出殖民主义和帝国主义为何总是有争议的事业。他们对论争的关注，不只是与理解殖民主义和帝国主义在过去是如何运转的有关联，而且与新形式的帝国主义是如何在当代世界中生根发芽的有关联。

关键点

- 当代世界基本上是由殖民主义和帝国主义塑造出来的。尽管这些进程之间存在差异，它们还是共有某些相同特征。

• 一些地理学家——例如哈尔福德·麦金德——为殖民主义和帝国主义提供了实践上和政治上的支持。另一些人——例如埃利泽·雷克吕和彼得·克鲁泡特金——则反对殖民主义和帝国主义。

• 近年，地理学家在重审地理学、殖民主义和帝国主义的关系时，尤其关注对空间物质的和象征的挪用，是如何对帝国的扩张和控制至关重要的。

第十章 政治经济学

卡洛琳·加拉尔

定义：资本主义的秩序

图 10.1 亚当·斯密画像

图 10.2 卡尔·马克思，1866 年

政治经济学是对控制在资本主义体系之下商品生产和分配的规律的研究。这一术语源于 18 世纪对欧洲初露头角的资本主义经济及国家力图为了王权和国家而操纵这种经济的描绘。正像这一术语所表明的，政治经济学不只是关心直接的经济功能（比如供应与需求）。它包括个人和像国家一类的政治实体在商品的生产与消费中所起的作用。它的更广泛的关注点，意味着政治经济学与例如地理学、人类学和社会学等学科有共同之处。

政治经济学的两种主要分析方法是由亚当·斯密和卡尔·马克思的同代人分别奠定的（参见图 10.1 和 10.2）。不像那一时代的流行智慧坚持按农业发展来衡量一个民族国家的财富，斯密和马克思将国家财富置于工业领域来衡量。特别是，两人都致力于劳动价值理论，这种理论坚持财富来自于某物的真正价值——生产或获得某物所付出的劳动——及其交换价值——生产者卖出一个产品的价格可以超出其内在价值——之间的差异（Dooley，

2005)。当然，两人看待崛起的工业秩序的总的特征、控制其生产的规划是相当不同的。在下面的综述中，我只考察斯密和马克思所创造的分析概念，尽管注意到两位思想家也开出了相互关联的政治处方。请特别参见卡尔·马克思和弗里德里希·恩格斯的《共产党宣言》(1848)。

亚当·斯密

对斯密而言，他相信资本主义秩序是财富的发动机，因为它依赖于劳动分工。他提供了别针制作的业务作为一个例证。斯密注意到，制作一枚别针需要18道工序，包括拉长金属丝、抻长、切割、削尖、打磨，等等。斯密假定，一个人光靠自己劳动，一天做不了20根别针，但当别针生产分给十个人，他们一天可以生产4.8万根别针(Smith，1957)。

斯密相信，资本主义体系将为作为一个整体的社会生产更多的收益，因为人们是按自利的原则行事的。正像他在《国富论》中一个经常被引用的段落中所注意到的，“我们不是期望从屠夫、啤酒制造商、面包师的乐善好施中获得我们的早餐，而是从他们对自己利益的关注中获得我们的早餐”(1957：11)。也就是说，尽管屠夫斫肉、卖肉是因为他这么做赚钱，但最终的结果是有更多的肉被制造出来可以供他人吃。

斯密也相信，当市场允许自我矫正时，市场的功能发挥得最佳。假如一种特定产品的生产落后于需求，一个生产者将出现以填补这一需求。同样，如果一种产品的生产远远超过需求，其价格将下降，其生产者将转而生产其他具有更高需求和更高价格的东西。市场的自我调节能力通常被称为市场的一只看不见的手，尽管斯密自己在《国富论》中只用过这个术语一次，而且只是模糊地提及自我调控的市场。

卡尔·马克思

斯密对资本主义的总体估价一般来说是积极乐观的，而与此同时，马克思却带着怀疑来看待正在崛起的资本主义体系。在马克思看来，资本主义关系代表的是人类历史上的第一次。虽然在以前的经济体系中，个人使用劳动去生产商品用于交换，但在资本主义体系中，劳动本身成为了交换的对象。也就是说，人们为了工资出卖他们的劳动。马克思认为，劳动的商品化导致人从他们所生产的商品中异化出来（Marx，1961）。这也导致基于两个群体之上一种新的阶级结构的形成——无产阶级，出卖他们的劳动力以换取工资，资产阶级购买工人的劳动力并从中赚取剩余价值。马克思将这种体系视为内在的对劳动的剥削。

不像将资本主义市场视为自我调节的斯密，马克思将资本主义体系视为天生欠稳定的。他相信这一体系是趋向于危机的，因为它受到了内在矛盾的困扰（Marx，1962）。它们中首要的是扩大利润率的冲动。由于劳动是利润的根源，资本主义将寻求新的方式从劳动之中抽取更多的剩余价值。当然，最终，这些措施的回报率将会逐渐下降，并且随着时间的流逝，总的利润率将会下降。最终，利润率将达到零，系统或其份额将会崩溃。劳动力将会变得不那么有价值，新的企业主将会利用廉价劳动力去投资新的技术和各种形式的生产。当然，马克思认为，随着时间的流逝，资本主义危机将逐步变得越来越严重，最终，工人将围绕他们共同的阶级利益联合起来，并推翻这种体系。

演变与论争：从物质的到象征的

在地理学中，政治经济学方法往往吸引该学科批判一翼的学者。该学科最早的政治经济学家受到马克思主义、法国存在主义和人道主义的影响（Peet and Thrift，1989）。今天政治经济学家也受到所谓“后”分析形式的影响，其中包括后结构主义、后马克思主义和精神疗法的影响（Gibson-Graham，1996；Gibson-Graham et al.，2000）。

对该学科的批评

政治经济学在20世纪60年代末、70年代初于地理学中获得声誉。它的崛起，既可以理解为时代的产物——20世纪60年代骚乱的反映——也可以理解为对地理学思想差不多一个世纪衰落的一种回应（Peet and Thrift，1989）。一些最早运用政治经济学的地理学家在政治行动主义的环境中就是这么做的。例如，威廉·邦奇运用政治经济学批评去支持底特律市中心的行动主义（William Bunge，1969）。另一些地理学家用政治经济学方法去理解地理学史及它在20世纪前半叶的衰落（Livingstone，1992；Peet，1985）。在《美国地理学家协会年鉴》中目前一篇有重大影响的文章中，理查德·皮特（1985）提出，由地理学家所创造出来的环境决定论推进了欧洲和美国政府的帝国利益。通过给被征服的殖民地人民贴上道德低下的标签，地理学家有助于使剥削合法化。环境决定论大方地服务于国家利益许多年，但当它的基础结构被暴露出来是欧洲中心和非科学的时，地理学作为一种社会科学的影响受到了严重损害。

不平衡发展

通过拓宽其分析范畴，地理学家也致力于更广泛的政治经济学方法。特别是，他们推动政治经济学家研究政治经济如何是明显空间性的（Harvey，1973，1982；Smith，1984；Wallerstein，1974）。这些著作大部分在方法上是马克思式的，往往认为不平衡发展是“资本主义的一种结构性需要”（Peet and Thrift，1989：14）。首先这么做的研究之一是伊曼纽尔·沃勒斯坦所进行的，他是一位具有地理学敏感性的政治科学家。沃勒斯坦（1974）认为，16世纪的殖民努力创造了一个“世界体系”，在这一体系中，所谓“核心”国家和地区从“边缘的”地方榨取资源和劳动力。简言之，资本主义/无产阶级的阶级结构不仅在社会上、而且在空间上显而易见。沃勒斯坦的分析在那时被认为是激进的。它是一种对瓦尔特·罗斯托（Walter Rostow，1960）这样的学者的尖锐批评。罗斯托认为不同的发展步伐可以按一些国家拥有超过其他国家的“自然”优势来解释。

尽管沃勒斯坦的中心/边缘关系继续对政治地理学具有不可磨灭的影响[①]，但戴维·哈维，一位马克思主义的地理学家，可能是该学科最公认的政治经济学家，是在理论上最有影响的一位。哈维对政治经济学的首要贡献是他在1982年的著作《资本的限制》中第一次勾勒的空间应急方法的观点（Schoenberger，2004）。[②] 他以两种方式使用这一概念。

首先，哈维用这一术语去描绘资本主义是如何处理过度积累的趋势的。马克思曾建立了这样的理论：当资本主义经济产生了越来越多的财富时，利润率便开始下降。作为回应，商业扩大生产以使利润上升。然而，最终，生产过剩出现了，价格下降说明商品供过于求。哈维（1982）提出，资本主义运用空间应急方法处理过度积累的趋势。简单地说，当利润开始下降时，资本家便扩大地区的“边界”，在其中，他们可以运作或“将自己的资本搬住更绿色的牧场”（1982：417）。结果是出现不平衡发展，当一些地方“繁荣”时，另一些地方则“破产”，而这些“破产”的地方可以再一次“繁荣”。

哈维（1982）也用“空间的补救方法”这一术语谈论在资本主义体系中发展的空间上的欠活跃。也就是说，即使当资本无拘无束、自由自在时，它也要求在一个固定的人为环境中投资，其中包括工厂、仓库、总部等等。国家通过在资本和劳动力集中的地方建造学校、公路和医院，对资本的固定性质做出了贡献。当然，当资本家想要使用

---

① 对世界体系理论的批评，参见阿布—洛戈德（Abu-Loghod，1989）。阿布—洛戈德认为，在欧洲殖民主义时期以前，就已经存在一种世界体系。

② 在后来的著作中，哈维使用了一个更宽泛的术语——时空补救方法。尽管他没有解释这不断变化的术语，但这可能是对某些批评家的回应，这些批评家认为哈维对资本主义不平衡发展的时间维度没有给予足够的权重。尤其是参见Jessop，2002。

空间应急方法时，他们通常发现自己受到了既得利益团体（其中包括政府、投资人和劳动力）的阻碍。哈维对空间应急方法的双重用法，抓住了被他视为资本主义内部的天生矛盾：资本主义对流动性的需求通常与其区域逻辑相冲突。

地理学家也将政治经济学方法用于地理学学科的其他主题领域。尼尔·史密斯论中产阶级化的著作（1996）是这一点上的一个个案。史密斯将中产阶级化——城市的老旧、中心城区被年轻的专业人员推陈出新的过程——视为晚期资本主义的一种产物。利用来自欧美的例子，他论证了中产阶级化如何是当代阶级斗争的一个关键战场。他也揭示了赋予中产阶级化过程以意义的话语联盟。特别是，在美国，中产阶级化被描绘为城市边疆——犯罪和社会失序猖獗的当代荒凉西部——的一种文明化力量。中产阶级化和支持它的话语哺育了史密斯所称的复仇者的城市（the revanchist city）——一个城市的专业人士越来越走向极端、将自己在空间上和情感上与城市的“乌合之众”区分开来的地方（Smith，1996）。

地理学家也将政治经济学方法运用于对人与自然相互作用的研究。这一方法通常称政治生态学，因为它考察政治经济学如何影响经济功能（Robbins，2004）。地理学中的政治生态学方法考察土地退化（Rangan，2001）和森林砍伐（Blaikie and Brookfield，1987）等等生态问题。2001年，南希·佩卢索和米歇尔·瓦茨出版了《狂暴的环境》，在其中，他们对构成获得资源之途径的冲突与政治经济之间的联系进行了理论研究。他们反对马尔萨斯式的将暴力视为稀缺之结果的方法。相反，他们声称，“〔资源的〕富足与环境的修复过程……最经常地与暴力联系在一起”（Nancy Peluso and Michael Watts，2001：6）。将社会行为体排除出可用的、必要的资源的政治经济系统，可能并确实产生了冲突。

揭开经济的面纱

在过去十年，地理学家开始使用各种所谓“后”分析形式研究政治经济。J. K. 吉布森—格雷厄姆是首先使用这一方法的两位作者。①在《资本主义的终结（正如我们所知）》中，吉布森—格雷厄姆（1996）运用了政治经济学的后结构主义方法。像其他"后"分析形式一样，后结构主义聚焦于语言和话语之中意义范畴被建构、常规化和运用的方式。在他们的书中，吉布森—格雷厄姆解构了资本主义的范畴，认为资本主义是一个模糊了分散的、通常非连续的过程的整体范畴。他们提出，不存在一个可以准确地称作是资本主义的东西。相反，这一术语包含这么多互不相关的东西——不同类型的经济互动、劳动力形态、阶级话题、生产形式——仿佛无所不包但又毫无意义。尽管吉布森—格雷厄姆的阐述对传统的政治经济学来说是异端的，但它们的批评还是处在政治经济学的古典话题之中：结束由于不平等的生产方式使之成为可能的对劳动和环境的剥削。他们认为，他们打破资本主义范畴的整体性的愿望是政治性的。为了抵抗资本主义，需要对资本主义进行拆解。因为按照目前的建构，资本主义范畴是过于无所不包以致难以抵抗。

最近，学者们将"后"分析形式用于政治经济学的其他传统范畴。学者们拆解了阶级（Arvidson，2000）、蓝领和白领的雇佣（Southern，2000）、奴役（van der Veen，2000）等等范畴。尽管这些研究相对较新，但鉴于后结构主义方法在特定的地理学和更广泛的学术界正在崛起的轮廓，它们仍可能继续下去。

个案研究：我们如何解释发展的鸿沟

1997 年，进化生物学家贾雷德·戴蒙德（Jared Diamond）出版了《枪炮、细菌和钢铁》。这本获普利策奖的书，目的在于解释发展鸿沟

① J.K. 吉布森—格雷厄姆是朱莉·格雷厄姆和凯瑟琳·吉布森用于其合著的著作的笔名。

的地理学基础，尽管这本书在主流出版界获得了好评，地理界却给该书以明确的冷遇（Blaut，2000；Jarosz，2003）。

地理学科对戴蒙德著作的矛盾态度只有放在语境中才能得到理解。正像前面已详细说明的著作所表明的，地理学在殖民工程中的合谋，特别是它试图为种族剥削提供科学理论依据的尝试，几乎毁坏了该学科，在美国尤其如此。到20世纪20年代，科学分析开始揭示环境决定论是多么肤浅和不科学的理论。地理系发现自己处在正被摧毁的大厦之上，在长青藤大学及以外，地理系甚至被取消。

然而，贾雷德·戴蒙德著作的出现，通过地理学传来了一阵颤动。的确，这本书的强有力的问题“历史为什么在不同的大陆以不同的方式展开”，正是地理学以前的环境决定论力图回答的问题。当然，戴蒙德警醒读者，该书不会钻研种族主义者对付类型的标准：“以防这一问题一旦提出就使你不寒而栗，让你想到自己将读一篇种族主义的论文，我要告诉你，这不是的”（1997：9）。

代替种族差异或其他“标准”解释（如文化），戴蒙德认为最终培育起来的地方有三大共同特征。第一，它们有自然出现的活力，例如小麦、大麦和豆子。戴蒙德注意到，豆荚中的种子比根茎作物或其他主要作物如玉米更容易引进。第二，地方需要能够强化的巨型动物群。例如，欧洲的野马能够驯化，而非洲的斑马过去和现在都不能驯化。家养的动物对定居的农业来说是至关重要的，因为它们能够用于耕作，这实际上也增加了耕种土地的数量。第三，具有东西走向的大陆处于明显的优势，因为它允许食物生产技术的扩散。具有南北走向的大陆其扩散受到气候障碍的阻碍，因为许多作物不适合于多元气候。总之，这些因素允许永久的人类定居（而不是季节性的）的形成和被提供，其途径是人类与动物的集中、对细菌的抵抗、诸如冶金术的发展。

地理学界对戴蒙德最尖锐的批评来自政治经济学家詹姆斯·布劳特（James Blaut）。鉴于地理决定论的声望，布劳特追问为什么这一理论正在做出反弹，不仅因为戴蒙德的书的出版，而且因为同样的论文的发表，其中包括戴维·兰德斯《国家的富与穷》、恩里克·L. 约翰的《欧洲的奇迹》。布劳特假设，学者们重新启动环境决定论、如此集中地关注其地理因素，是因为这一理论以往的基础——欧洲的种族优越性与后来的基础——文化优越性被证明难以自圆其说。当然，最终的目的是为了重申西方例外论。

布劳特对戴蒙德的书进行了详细批评。这里只评述他的三个观点。布劳特对戴蒙德的一种批评是，戴蒙德倾向于以有益于他欧洲统治地位的观点的方式将众多地区混合在一起。例如，尽管戴蒙德正确地认识到了新月沃土（the Fertile Crescent）是植物和动物驯化的第一个地方，他却没有解释为什么是欧洲而不是中东随后出现了“腾飞”。确实，戴蒙德掩饰了差别，当讨论文明的开端时，将欧洲与中东合并到了一起，尽管后来在两个地区之间做出了区分。此外，他没有说明所有这一切对他的更广泛的理论意味着什么。尤其是，人们也许可以追问，欧洲是在地理上比地球的其他地方实际上更为优越，还是仅仅在吸收其他地方发展起来的革新上表现更好。

布劳特也摆出了戴蒙德的主张——东西走向对技术的扩散至关重要。例如，布劳特追问道，为什么认为气候是技术扩散的障碍，而山、沙漠和其他自然特征却不是。例如，戴蒙德没能解释为什么诸如戈壁滩、喜马拉雅山和高加索山脉地区的自然障碍没有阻碍中国和欧洲之间的技术传播。简言之，戴蒙德没能解释为什么一些障碍如其所愿（例如限制了扩散）而另一些则没有。

布劳特还提出，戴蒙德没有做到他在其著作的开头所提出来的“明确最宽泛的历史模式”。特别是，布劳特认为戴蒙德没能解释成为占优势地位的为什么是欧洲而不是作为一个整体的欧亚大陆。的确，假如强调东西走向对发展的重要意义，那么中国应当像欧洲一样快速发展。戴蒙德回答了这一问题，他认为中国缺乏障碍从而促成了一个帝国的创造——这导致了专制统治及对创业活动的扼杀窒息。而相比之下，欧洲从来没有发展出一个相同规模的帝国——它的中枢地区依然是相对孤立的——因此最终能够变身为一个国家体系。布劳特在许多条战线上反对这种解释。就开端来说，他认为戴蒙德的地理学是完全错误的。当代中国的自然障碍实际上与欧洲没有什么不同。布劳特也对他所认为的戴蒙德的假设中不同的障碍观发表了不同看法。在中国，缺乏障碍被断定为其发展滞后的解释，而在世界的其他地方，障碍的缺乏则被认为促进了发展。戴蒙德没能解释这种耀眼的矛盾，而结果是，欧亚大陆东西走向想要获得的因果效果遭到了严重质疑。

图 10.3　埃尔米那城堡的地牢，加纳用于关押送往巴西和加勒比海地区奴隶的地方。葡萄牙奴隶贩子从奴隶贸易中获利颇丰。一旦奴隶登陆巴西，葡萄牙国家也从奴隶的劳动中获利。奴隶用于种植葡萄牙商人销往整个欧洲的热带作物。这些市场的赢利被投资到欧洲而不是巴西

在布劳特看来，政治经济学为欧洲为什么比全球其他地方发展更快提供了最清晰的答案。他认为，欧洲因一个简单的事实而快速走在全球同侪的前面：“自 1492 年之后，欧洲从美洲获得了不可计量的财富”（2000：2）。这些通常通过对原住民强迫劳动的榨取而获得的财富，被投资到欧洲，从而产生了商业资本家阶层及与之相应的区域力量（参见图 10.3 和图 10.4）。不幸的是，布劳特和戴蒙德永远也不可能继续他们的论争。发表他的批评后不久，布劳特教授便逝世了。

图 10.4 在这幅画中，可看到英国的印度主管人员罗伯特·克莱夫正从印度的莫卧儿皇帝沙阿兰手中接受诏书，以确保东印度公司管理孟加拉、比哈尔、奥里萨的岁入。通过榨取其偏远殖民地的盈余，并将其投入到国内，英国获得了发展

关键点

• 政治经济学是对控制资本主义体制下商品生产和分配的规律的研究。

• 有两种宽泛的政治经济学思想的学派——追随亚当·斯密的学派和追随卡尔·马克思的学派。

• 政治地理学家用三种方式使用政治经济学概念。一些人用它去拆解地理学在殖民时期所扮演的角色。另一些人用政治经济学去认识不平衡发展。第三种方法通过提出资本主义不是一种整体的现象，对传统的政治经济学观点进行批评。

• 政治地理学之内的政治经济学家不相信北半球和南半球的发展鸿沟是在欧洲所发现的自然优势（在地形上、气候上，等等）的结果。相反，他们认为，欧洲的发展先于亚洲、拉丁美洲和非洲，是因为欧洲窃取了这些地方的资源并将这些资源投资于国内。

第十一章　意识形态

玛丽·吉尔马丁

定义：从观念到药方

当“意识形态”一词于18世纪末在英国语言中首次出现时，它被用来描述观念科学（参见Williams，1988）。随着时间的流逝，意识形态逐渐在更宽泛的意义上被理解为抽象的和非实践的理论。马克思和恩格斯在《德意志意识形态》中就是这样来使用该词的，在该文中，他们认为意识形态意味着幻像、虚假意识或颠倒了的现实。当然，马克思和恩格斯也提出了意识形态的另一种意义，那就是从一定的阶级或群体中出现的一系列观念（参见Williams，1988）。在他对意识形态意义的讨论中，威廉斯认为，该词一般被轻蔑地加以描绘，通常被描绘为科学的对立面。

威廉斯对意识形态的定义为理解这一术语提供了一条路径。安东尼·吉登斯提出了第二种方法，他将意识形态定义为“有助于使统治群体的利益合法化的共有的观念和信念”（Giddens，2006：1020）。按这种方式，意识形态与霸权概念联系在一起——葛兰西用霸权这一概念去突出通过同意和强迫运用权力的方式（参见第五章更详细的论述）。

在他论述这一主题的书中，特里·伊格尔顿辨认出了对意识形态一词的16种不同的一般用法，并将这16种用法提炼成了六种宽泛的和相互联系的定义。因此，根据伊格尔顿的看法，意识形态可能意味着：

• 社会生活中观念、信念和价值观生产的物质过程；

• 将社会上至关重要的群体和阶级的生活经验象征化的观念和信念；

• 对社会上至关重要的群体和阶级的利益的促进与合法化；

• 对占主导地位的社会力量的促进与合法化；

• 通过扭曲将统治集团的利益合法化的观念与信念；

• 不是来自于统治集团而是来自于作为一个整体的社会结构的虚假或欺骗性的信念（Eagleton，1991：28～30）。

在政治地理学内部，皮特·泰勒将意识形态定义为“一种有关社会如何做和应当如何运转的世界观。它通常被用做一种模糊现实的方式”（Taylor，1993：331）。这种迷惑性的直白定义本身，模糊了政治地理学内部和更一般的意识形态的认知、意义与用法上的斗争。

演变与论争：所有东西都外在于意识形态？

对政治地理学之内的意识形态的理解不能与作为一个整体的地理学科之内的更广泛的概念之争分离开来。在地理学内部，戴维·哈维反对将意识形态与科学分离开来，并反对随之以某种方式将科学概念化为中立的和与意识形态分离的。他认为，“在意识形态中发现使用一种特殊的科学方法是必要的，而任何声称与意识形态无涉的主张本身必定是一种意识形态的主张”（Harvey，2001：39；着重号为原有）。德里克·格雷戈里（Derek Gregory，1978）更进一步发展了这种对意识形态的讨论。格雷戈里认为，许多被描述为科学的地理学最好描述为意识形态，因为它是“未经考察的话语”。他提出了一种更具批判性的地理学方法，一种将话语问题化的方法（Gregory，1978）。这些定义意识形态的方法，在许多方面标志着地理学思想的一种转变的开端，因为地理学家开始聚焦话语、有争议的知识的本质以及客观知识的可能性（或实际上的不可能性）。

图 11.1　将德国分割为东德和西德的柏林墙遗址

图 11.2　华盛顿特区的越战纪念碑

政治地理学家处理意识形态的关键方式之一，是将意识形态当做冲突和争议的关键方式之一加以研究。对冷战的研究就是一个明显的例子（参见图 11.1）。约翰·阿格纽认为，冷战代表了用基于政治经济差异基础之上的意识形态争论取代帝国主义势力之间的领土竞争（Agnew，2002：94）。致力于资本主义的美国和致力于共产主义的苏联之间的差异，是以基本对立的意识形态为基础的，不过也有物质上的后果。最初，论争的地点是在欧洲，但到 20 世纪 50 年代和 60 年代，美国和苏联的冲突在亚洲、非洲和加勒比海地区逐渐展开（参见图 11.2）。阿格纽认为，在这一时期，政治地理学——与其他许多社会科学一样——在评论意识形态如何影响美国与苏联的冷战政治决定和行动上少有作为（Agnew，2002：94）。相反，政治地理学一般致力于服从主要强国和国家的利益（Taylor，2003：47）。其结果，对冷战的最初研究在范围和意图上受到了限制。当然，政治地理学在 20 世纪 60 年代和 70 年代期间的复兴，导致重新产生了对冷战及其在欧洲和更广阔世界中所带来的冲突的兴趣。此外，政治地理学家扩大了对意识形态冲突的研究，聚焦于各国家内部及国家之间的以及本土的、跨国的和全球范围的各种相互竞争的意识形态。

当然，更根本的是，这种复兴将明确的注意力指向了政治地理学本身的意识形态。这是以多种方式发生的。一种方式涉及考察政治地理学的历史和发展在多大程度上受到它与国家力量之间的直接联系而得以实现和受到限制的，通过按皮特·泰勒的说法，“为强者提供空间秘诀”（Taylor，2003：47）。这导向了对政治地理学历史的批判性再评估：它与殖民主义和帝国主义的联系；它与纳粹德国扩张主义理论的关联；它在多大程度上卷入了美帝国在20世纪末期的发展与扩张（有关地理学家在这些时期作用的更多信息，参见论地缘政治学的第七章和论殖民主义/帝国主义的第九章）。另一种方式涉及考察政治地理学研究的对象，尤其不间断地强调国家是分析的恰当层次。这也包括认可国家本身是一种意识形态的建构，也包括承认政治地理学超出了国家，涉及到个人、城市、地区、体制和网络。而另一种方式以认识论的形式与意识形态联系在一起，尤其是在政治地理学的建构中，一些知识形式优先于另一些知识形式的种种方式（例如，ó Tuathail，1996b；Staeheli et al.，2004）。其结果，对政治地理学适当资源的理解显著扩大了。

最近形形色色的综述文章暗示，作为一门学科的政治地理学内部对意识形态的关注，是由许多因素促成的（参见，例如：Agnew，2002；Agnew et al.，2003b）。第一种因素是自从越战时期以来，冷战思想逐渐走向削弱。第二种因素是政治地理学（而且实际上是更一般的地理学）走向对所谓“细民”的关注。的确，来自明显更为广泛的社会和空间语境中的人民，开始进入到20世纪80年代的地理学中，许多人卷入了对作为社会暴动和抗议的一种结果的社会科学的研究。第三种因素是广泛的新理论视角的影响，其中包括后现代主义、后结构主义和后殖民主义（例如，Gregory and Pred，2006，ó Tuathail，1996c）。阿格纽等人认为，这些因素“已经产生了动态的和多样的当代政治地理学……以它所提出的问题和追求的主题的批判性质而著称”（Agnew et al.，2003b：5）。政治地理学中的意识形态问题在《政治地理学》（Cox，2003）的一期特刊中得到了很好的讨论。这一特刊是围绕两个关键问题来组织的：政治地理学理论、政治地理学中政治的意义。从投稿来看，显而易见的是，许多人都相信，过去所定义的政治地理学中的政治过于狭隘，集中于国家而不是更广泛的权力是如何在不同的规模上运作的。投稿者赞成一种集中于这些不同规模的相互联系之上的（例如家庭与国家的相互联系）政治地理学（England，2003）。正如马马道在对争论的总结中所建议的：“除了澄清概念上和方法论上的特殊工具之外，政治地理学在确定应当谈论什么题目和主题以及在什么地方谈论方面，无须封闭”（Mamadouh，2003：672）。

当然，正像政治地理学的主流意识形态已经受到了关注，并受到关心发展一种不同常规的政治地理学的人的挑战（Agnew，2002：164～178）一样，更广泛的事件也对这种向批评介入、多样性和兼容并包的转移发起了挑战。特别是，2001 年 9・11 对美国的攻击，带来了政治地理学家对有关国家问题的重新介入。这种以国家为中心的政治学的方法在出版物和研究规划中是显而易见的，将关注中心重新指向了国家边界、国家范围以及国家的保护（参见，例如：Cutter et al.，2003）。与此同时，其他地理学家继续追问有关地理学的作用和国家在持续的“反恐战”中作用的关键问题（Bialasiewicz et al.，2007；Ettlinger and Bosco，2004；Gregory，2004；Gregory and Pred，2006）。总之，有关政治地理学意识形态的论争和争斗还在继续，并且不可能得到解决。

个案研究：土尔其的面纱遮盖

意识形态问题作为一个竞争的场所，在最近许多有关政治地理学和宗教地缘政治学的文章中显而易见。这呈现在反恐战到来之中与日俱增的突发事件之中，这种反恐战常常被建构为西方（可解读为基督教的）与东方（可解读为穆斯林的）文明之间的冲突。最近一期《地缘政治学》明确处理这一话题。在这一期的导言中，约翰·阿格纽发现，“宗教是这一时代正在崛起的政治语言”（2006：183）。这在地方层次、在全世界人民的日常宗教实践中显而易见，正如在全球层次上将宗教意识形态充当一种武装号召已取代冷战意识形态一样。

安娜·塞科尔在其对伊斯坦布尔的面纱遮盖与城市空间的研究中提供了意识形态冲突的一个例证（Secor，2002）。塞科尔表明，面纱遮盖——遮盖妇女的头发，也可能是面部和身体——已经成为土尔其一个持续不断的斗争场所。当土尔其国于1923年建立的时候，其领导人试图引导这一国家摆脱奥斯曼—伊斯兰的过去，走向一种更西方的、更世俗的未来。鼓励妇女脱去面纱、穿着西方服饰、与男人一起工作，以建设新的国家（Secor，2002：9）。塞科尔指出，这没有导致一种总体的变化：许多妇女继续面纱遮盖的习惯，尽管其他妇女特别是城市地区的妇女露出了她们的头部。虽然没有任何反对遮盖面纱的法律，但在特殊的空间，例如大学校园、法庭和议会，还是禁止这种习惯（Secor，2002：9～10）。

尽管土尔其这一国家是世俗的，但它的大多数人口是穆斯林。自20世纪90年代以来，一个伊斯兰主义政党在声望上日益上升。伊斯兰主义政治家声称限制戴面纱阻碍了妇女的自由，而伊斯兰则主张禁止在教育场所佩带面纱对那些希望参与高等教育的虔诚妇女构成了歧视（Secor，2002）。一个重带面纱运动已经出现，有妇女在大学校园佩带面纱以当做一种抵抗行动（参见图11.3）。相同的“新的带面纱”运动在其他穆斯林共同体中也正在兴起（Secor，2002：9），例如在埃及和法国。

图11.3　伊斯坦布尔大学

有关土尔其作为一个意识形态纷争的场所的文献与日俱增，这种意识形态纷争既存在于土尔其国内世俗的与宗教的意识形态之间（Jefferson West，2006；Secor，2001），也存在于土尔其能否成为欧盟成员的更广泛的论争之中。塞科尔的文章为这种文献添了砖加了瓦。它也补充了有关伊斯兰地理的日益增加的文献（Aitchison et al.，2007；Falah and Nagel，2005）。

意识形态的概念因此在两方面在政治地理学中意义重大：在将意识形态当做冲突、纷争的根源并最终当做地方形成的根源的研究中，在对政治地理学本身的意识形态的研究中。而这两者继续受到更广泛的地理和政治环境与事件的影响。

关键点

• 自 18 世纪第一次出现在英语语言中以来，意识形态的含义便多有争议和变化。在政治地理学中，有关意识形态的论争反映了地理学学科内部的更广泛的论争。

• 政治地理学家特别关注作为冲突根源的意识形态，例如研究冷战。

• 更晚近，政治地理学家关注政治地理学的意识形态，尤其是其以国家为中心的方法。这些批判地理学家赞成对政治地理学中的政治与认识论的更广泛研究。

第十二章　社会主义

玛丽·吉尔马丁

定义：一个具有经济和社会因素的定义

按照约瑟芬·熊彼特（Joseph Schumpeter）的说法，社会主义是“对生产资料和生产本身的控制被授予一个中心权威机构”的体系，而且作为一个原则问题，“社会的经济事务属于公共领域而不是私人领域”（1992：167）。以这种方式，社会主义被定义为生产资料归私人所有的资本主义的对立面。在他的定义中，熊彼特强调了社会主义的经济基础：这暗示所有的社会关系都基于经济关系。杰夫·埃利认为“社会主义开始时是一种消除资本主义、从资本主义所授予的财富中建立一种平等主义的野心”（Geoff Eley，2002：483）。埃利认为这种原始的动力被一系列反馈和战败所中和，所以这么多的社会主义者聚焦于更温和的目的。其中包括社会公民权、社会正义、工作的权力、对民主的坚持。其结果，社会主义的工作定义现在经常重视社会的平等与不平等，并渴求超出经济范围的人类自由。

在社会主义的含义和许多种形式的社会主义思想与实践之上，存在着许多异议。一个关键的区分是乌托邦社会主义和民主社会主义之间的区分。乌托邦社会主义想摆脱国家的统治，提倡小范围的实验团体和激进的性别政治。民主社会主义看到了国家的作用，只要它在行使民主。其他形式的社会主义包括国际社会主义、革命社会主义、国家社会主义和女权主义的社会主义。国际社会主义试图创造一种强有力的国际工人阶级的团结一致。它以第一国际和第二国际作为例证，这两个国际社会主义组织分别成立于1864年和1889年。它仍然以“新劳工国际主义”而存在，力图挑战“跨国规模之上的多国资本主义”（Blunt and Wills，2000：68）。革命社会主义认为社会中的社会变化——特别是，迈向生产资料的公共所有制——应当通过革命和推翻资本主义而得以发生，而不是作为一个渐进的过程。革命社会主义经常与共产主义结合在一起。国家社会主义提倡生产资料由国家所有。女权主义社会主义认为性别以及阶级说明了妇女的从属地位（Blunt and Wills，2000：110）。布伦特与威尔斯认为，无政府主义也是来自于19世纪的社会主义思想，它代表了马克思主义的一种当代可替代选择（2000：1～39）。

进行社会主义与马克思主义之间的区分是重要的，尽管两个术语通常可以互换。马克思主义是一种来自卡尔·马克思著作的思想体，关注推翻作为一种社会组织的资本主义。马克思，连同他的合作者弗里德里希·恩格斯，相信这一变化的出现是由于系统的不同元素之间的冲突和对立。这些冲突出现于社会的不同阶级之间，是马克思和恩格斯视为资本主义不可避免的经济危机的一个结果。马克思思想认为，工人阶级——那些不控制生产资料的人——是社会变化的关键。马克思和恩格斯也明确了一种新型的取代资本主义的社会组织——共产主义。他们认为，共产主义社会将消除私有财产（因此也消除阶级），将财富社会化，“在共产主义社会，积累型的劳动不过是扩大、丰富和促进劳动者存在的一种方式”（Marx and Engels，1848，见 Blunt and Wills，2000：53）。人们已经界定了各种形式的马克思主义。例如，布伦特与威尔斯区分出了古典的马克思主义和西方马克思主义，这里的西方马克思主义受到了马克思之外的思想家的影响，特别是反对斯大林主义和法西斯主义。马克思主义和社会主义形式上的多种多样，使在两者之间难以划出清晰明确、毫不含糊的界线。然而，在基本层面上，马克思主义相信工人阶级是社会变化的关键当事人，这种信念并不总是为所有形式的社会主义强力坚持。

演变与论争：处于边缘的一个概念

在一般的地理学内部、特殊的政治地理学内部理解和研究社会主义的方式千变万化。更广泛的地理学思想表明，马克思主义从20世纪以降受到了地理学科的欢迎，建立在以往对学科和社会感兴趣的社会关联与激进方法的地理学家的著作之上（参见图12.1）。创刊于1969年的杂志《对跖地》，曾是并且现在仍是传播这类观念的主要载体。在地理学家与马克思主义的联姻关系中，理查德·皮特评论说，英美的马克思主义地理学家“沉迷于从马克思的著作库中提取分析概念和范畴，并将它们运用于当下关注的实践问题”（1998：93）。这一时期的一些关键著作包括尼尔·史密斯的《不平衡发展》（1984），以及戴维·哈维的《资本的限制》和《社会正义与城市》。在史密斯的著作中，他提出不平衡发展“既是资本主义不平衡发展的产物，也是资本主义不平衡发展的地理前提”（Smith，1984：155）：这两者都是资本寻求利润的流动的反应和结果。在《资本的限制》中，戴维·哈维将资本积累的空间维度当做“空间应急方法”，这指的是资本家可以将他们的资本重新投资到世界的其他地方，以应对在世界的这一地方利润的下降（例如，将制造业从高工资搬至低工资的经济中）。在这一方面，哈维提出，空间对资本运作的方式必不可少（Harvey，1982），并

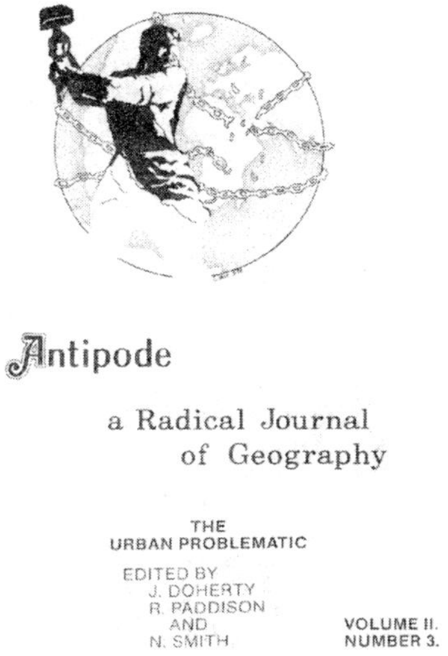

图12.1　早期《对跖地》的封面

且他坚持历史地理唯物论的重要性，这种唯物论在其对资本主义的分析中既考虑时间，也考虑空间（2000：15）。这类著作可以宽泛地描述成具有一个政治经济学的关注焦点（有关政治经济学的更多信息，参见第十章）。

当然，尽管马克思主义地理学具有广泛的范围并坚持政治和经济之间的联系，皮特·泰勒写道：它最初对政治地理学还是少有影响（Taylor，2003）。他发现，政治地理学在取向方面传统上是保守的，它“很少或压根不与20世纪60年代兴起的新的激进地理学交手”（2003：38）。泰勒提出，马克思主义对政治地理学的影响始于重新关注国家，将其当做资本主义体系的一个必不可少的部分。一些政治地理学家开始提出，政治进程不能脱离经济进程加以研究。世界体系政治地理学的降临——尤其是伊曼纽尔·沃勒斯坦的著作，力图运用马克思主义思想中的洞见，去研究空间的组织与社会的变化。沃勒斯坦认为社会的变化应当当做全球的而不是限于国家范围之内加以研究，并且应当从长期的历史视角加以研究。他的观点被皮特·泰勒等政治地理学家所接受，并被用于为政治地理学创造一种激进的理论框架，尽管最近的一些著作（例如，Johnes et al.，2004b：10）认为，世界体系方法没有为政治地理学家广泛使用。政治地理学家也将调节方法用于政治经济和国家。这意味着持续的资本积累要求一种广泛的政治、社会与文化支持，例如来自国家与其他机构的支持。这种支持在危机时刻尤其必不可少（参见，Johnes et al.，2004b，第四章，有相当好的综述）。

在最近一些年，政治地理学家通过研究后社会主义和后共产主义国家、地区和城市的地理，将他们的注意力倾注到了城市（参见图12.2）。这反映出政治地理学家以往对冷战地理的介入。最近的研究聚焦于从社会主义和共产主义向后社会主义或后共产主义社会的转变。这种研究是范围广泛的，重视像城市规划和都市空间（Pavlovskaya and Hanson，2001）、环境和资源（Pavlinek and Pickles，2000）、国家认同（Young and Light，2001）、民主化一类变化多端的主题，研究的范围从当地到国际上，不一而足（有关民主化的更多信息，参见第四章）。当然，许多这类研究是由不必将他们自己描述为政治地理学家的地理学家完成的。以这种方式，对社会主义、共产主义及其余波的研究，有可能像聚焦于政治转型一样，聚焦于文化或经济转型。尽管如此，对后社会主义和后共产主义社会的研究，提供了政治地理学家继续潜在地介入社会主义概念的一种方式。

图 12.2 斯洛文尼亚瓦伦杰的这一铁托塑像，是前南斯拉夫仅存的少数几尊铁托塑像之一。社会主义和共产主义的许多纪念碑，在南斯拉夫和其他地方都遭到了损毁（玛丽·吉尔马丁摄，并慨允使用）

对在当代政治地理学文本中寻找社会主义定义感兴趣的读者，可能会情有可原地想到，社会主义不再存在了。最近很少有政治地理学的综述文章明确提到这一概念，更不用说定义它（作为例外，参见 Cox，2002）。相反，对社会主义的参照潜伏于对资本主义、新自由主义、左翼、批判地理学的讨论之中，在极少的情况下，也存在对马克思主义地理学的讨论中。布伦特与威尔斯认为，近年对马克思主义的兴趣有所减退（2000：42）。由于马克思主义通常被视为可与共产主义和社会主义互换，这也有助于在政治地理学内部将社会主义的立场和研究边缘化。尽管它在政治地理学中明显缺席，但很明显，各种激进的地理学方法——包括社会主义——依然很重要，依旧是该学科内部激烈争论的焦点。

这样一种争论也出现在《对跖地》和《互动》中，在这里，阿敏和思里夫特所构想的“左翼”的意义受到了尼尔·史密斯、戴维·哈维、约翰·威尔斯等人的责备（Amin and Thrift，2005，2007；Harvey，2006；Smith，2005a；Wills，2006）。尽管许多主要行为体同意不平等、非正义、伦理、权力、力量和政治是重要的问题，但他们基本在如何处理这些问题上没有达成共识。史密斯、哈维、威尔斯都坚持资本和阶级是“左翼”地理学的主要关注点，而阿敏和思里夫特却赞成较少重视资本主义，而更多重视多元主义的方法。他们的争论如何可以转译为政治地理学依然还不清楚。

政治地理学对拉丁美洲最近转向左翼也相对沉默。这种向左转在委内瑞拉、智利、巴西、阿根廷、乌拉圭、玻利维亚和秘鲁的左翼总统候选人最近的获胜中表现得相当明显（Cleary，2006）。这在多大程度上是一种地区抑或全球趋势，以及它对更广泛的地理学的潜在意义如何，是政治地理学家依然要以文字谈论的问题。

个案研究：东欧的后社会主义和想象的可替代选择

我希望突出两种研究以呈现出有关社会主义研究的简单印象。第一种研究通过聚焦后社会主义处理社会主义问题。第二种研究勾勒出了对当代资本主义的一种社会主义的选择。

关于后社会主义，艾莉森·斯藤宁的著作聚焦于生活在此社会中人们不断变化的日常地理。斯藤宁的著作考察了波兰克拉科夫的一个区新胡塔（Nowa Huta）（Stenning，2000，2003，2005）。新胡塔成立于1949年，以一个新的钢铁工厂为中心。几十年中，该厂提供了稳定的就业，以及广泛的当地社会和文化设施与服务。随着社会主义的崩溃和随之而来的经济与社会重构，这些设备和服务通常被削减了。例如，广泛而廉价的公共交通体系只存在于社会主义制度之下，但在后社会主义之下，公共交通衰落了，而有益于私人汽车所有权。同样，在社会主义之下，钢铁厂为它的工人和家庭提供补贴的游览和进入公司度假村的权力。现在，则没有任何的旅游担保。尽管新胡塔的有些居民有资源到处旅行，而许多其他人则“在社会上和空间上陷入了困境”（Stenning，2005：121）。在社会主义制度下存在的当地商店网络仍然存在，但出现了超市和大型超市，并且因为露天市场的兴起，以低廉价格提供了无数商品。斯藤宁的研究得出了这样的观点：后社会主义的“标志是一种相互矛盾的视域的拓宽和生活世界的萎缩”（Stenning，2005，124）。她将这看成是与许多因素联系在一起的，其中包括全球经济的重构以及社会主义的历史经验。例如，她的著作得到《地球论坛》最近一期特刊的支持，它为社会主义和共产主义如何运转及重构的诸多方式提供了洞见（Herrschel，2007）。例如，林德纳强调了伴随着农业合作社私有化决定，俄国乡村所出现的权力和积累的微观地理学（Lindner，2007），而林茨等讨论了前社会主义与共产主义国家的工业城市和地区所面临的不同问题，例如高失业率和生态破坏（Litzet al.，2007）。在所有这些和其他个案研究中（例如 Smith and Stenning，2006），很少有由政治地理学家完成的，我们在实践中对社会主义的理解被扩大了，并进行了更细微的区分。

很少有地理学家明确地涉及社会主义的可替代选择。戴维·哈维是一个例外，他的《希望的空间》（2000）思考了乌托邦社会主义，在这本书的结论性附录中，他描绘了一种个人的社会主义乌托邦愿景。哈维对这一新社会的愿景是围绕小单元的住宅来组织的，有二三十个成年人，连带相关的孩子，他们做出有关如何生活和如何组织的集体决策。这一单元——一个家庭——同时也是其他众多单元的一部分。哈维建议最大的政治单元，由 4 000 到一万家庭所组成，应当不超过 300 万人。在这一乌托邦社会中，要废除私有财产，政府是直接的和选举出来的，而不是保留官僚精英。这种未来的社会主义社会的愿景，受到地理学内部许多人的批评或无视，但由于它是当代地理学一个重要思想家对由社会主义所激发的未来的肯定，因此值得大书特书。

关键点

• 社会主义通常被定义为资本主义的反面。在社会主义制度下，生产资料为公共所有，与生产资料为私人所有的资本主义恰好相反。

• 存在多种形式的社会主义，马克思主义的社会主义只是其中的一种。马克思主义在地理学内部一般来说具有特殊影响，尽管在政治地理学内部不是如此。

• 对后社会主义社会的研究是政治地理学内最近著作的中心点。

第十三章　新自由主义

卡洛琳·加拉尔

定义：回归自由放任

新自由主义一词通常用于描绘20世纪80年代初获得声望的一系列经济政策动议。它代表了19世纪和20世纪初占统治地位的经济思想——自由放任经济的一种更新版本。像它的前辈一样，新自由主义基于这样的假设：经济在孑然独立时运行最好。关税、定额、补贴和其他形式的政府对经济的干预，被视为对经济增长的阻碍。同样，不鼓励生产资料国家所有，生产资料国家所有被当做一种不足以确保广泛获得资源使用权的机制。

新自由主义以该词的变化多端而著称。在美国，它通常指《华盛顿共识》（Naím，2000）。在英国，评论家通常称其为撒彻尔主义，在任首相以后，玛格丽特·撒切尔制定了英国首个新自由主义政策（Harvey，2000）。在欧洲的其他地方，它被贴上了自由生产主义（liberal-productivism）或货币主义的标签（Lipietz，1992）。在20世纪80年代，只有少数国家采用了新自由主义政策。今日，世界上的大多数国家运用了新自由主义方法。像世界货币基金组织、G8峰会和世界银行这样的机构在将新自由主义政策扩散到发达国家和东方集团中的后共产主义国家之中至关重要（Ould-Mey，1996；Stiglitz，2003）。这些组织要求发展中国家按新自由主义路线调整它们的经济以接受发展贷款。新自由主义的全球范围已经导致一些学者（Agnew and Corbridge，1995）

将其界定为一种霸权体系（有关霸权的更多信息，参见第五章）。

尽管一般将新自由主义定义为一系列的经济政策，但地理学家却认为最好将其理解为一种意识形态（参见第十一章有关意识形态的更多信息）。它是一种有关更广泛的社会应当如何组织的世界观（Smith，2005b）。特别是，新自由主义是对凯恩斯主义国家及其相配套的社会和经济政策的拒绝（Smith，2005b；Stiglitz，2003）。法国经济学家阿兰·利皮耶茨将凯恩斯主义描绘为左翼和右翼、劳动和资本之间的“一种宏大妥协”。资本家可以批量生产他们的产品并使用泰勒主义的方法增加生产力①，而工人则获得保证，生产力的提高将与更高的工资相匹配。国家的工作是保证整个系统稳定。例如，国家可以提高利率以避免通货膨胀。假如妥协面临威胁、分崩离析，也期望国家加以干预。在美国，建立了劳工关系委员会以调节企业主和工人罢工的威胁。这一团体所宣称的任务是通过协商达成劳动和资本之间的妥协方案，以避免停止工作。

新自由主义意识形态代表了对凯恩斯体系的经济和社会基础的批评。在经济政策问题上，新自由主义提出凯恩斯的政策完全妨碍了经济增长。例如，他们认为，高税率阻碍了资本家重新投资的利润。同样，补贴阻碍了经济补贴部门之外的改革（Naím，2000）。在社会范围内，新自由主义者将凯恩斯福利政策描绘为用意是好的，却是误导性的（Friedman，1962）。例如，他们认为，福利支出奖励了那些选择退出就业市场的人（Murray，1994）。同样，发展中国家对农民农业的补贴，允许农民避免成为“生产型的”社会成员。

虽然新自由主义是对凯恩斯国家的批评，并且进而言之代表了对

① 在《科学管理原理》中，弗雷德里克·泰勒提出了一个增加工厂效率和产出的体系。不是让一个工人做制造某一东西所必需的几件活，泰勒提出，假如将任务分散开来，让不同的工人负责一道工序，生产将会加快。泰勒的观点构成了流水线的基础，在流水线上，每个工人给正在生产的商品加一点东西。

往往支持其原则的中间偏左政党的批评，但新自由主义意识形态并不是中间偏右政党或联盟的唯一的范围。的确，尽管保守的领导人罗纳德·里根和玛格丽特·撒切尔通常被视为新自由主义的设计师（参见图 13.1），许多意识形态的重要准则还是由例如美国的比尔·克林顿和英国的托尼·布莱尔这样的中右领导人来实现的。在其 1996 年的国情咨文演讲中，克林顿总统高调地宣称“大政府的时代〔已经〕过去”，他并且实现了承诺——通过改变美国的福利体系以限制接受者接受福利的时间持续长度。

图 13.1　新自由主义的设计师：罗纳德·里根和玛格丽特·撒切尔，1981 年（照片承蒙罗纳德·里根图书馆慨允使用）

演变与论争：从边缘到中心

思想基础

不存在任何一个新自由主义思想的思想“之父”或“之母”。欧洲和美国的几位思想家发展出了种种观念，这些观念最终凝结成了一种完整统一的意识形态。在欧洲，弗里德里希·冯·哈耶克一马当先，他在 1947 年组建了朝圣山学社以提倡自由市场的理想。该学社的序幕声称西方文明处在削弱个人自由的政策的险境之中。在美国，瓦尔特·罗斯托和弥尔顿·弗里德曼是重要的提倡者，正如芝加哥大学经济系是重要的提倡机构一样（Smith，2005b）。直到20世纪70年代末，自由市场的理想依然是知识分子的领域，在政策圈中获得的牵引力微乎其微。

物质基础?

对新自由主义兴起的解释多有不同，部分取决于理论取向。标准的或主流的观点将新自由主义描述为资本主义的一种革新。例如，哈拉尔（Halal，1986）将凯恩斯主义描述为资本主义发展的一种偏离，将新自由主义描述为中途的一种矫正。政治经济学家（Harvey，1990，2007；Smith，2005 ）倾向于将新自由主义的兴起视为对资本主义积累危机的一种反应（有关政治经济学的更多信息，参见第十章）。例如，戴维·哈维将新自由主义与20世纪70年代过度积累的危机联系起来。用最简单的话来说，过度积累是“一种状况，在其中，闲置的资本和闲置的劳动力……并列存在，没有任何明显的方式将〔它们〕带到一起”（Harvey，1990：180）。经历过度积累危机的社会的标志，是商品过剩、高失业率、预算剩余。对像哈维一样的马克思主义者来说，过度积累是所有资本主义生产方式之中重复出现的危机，并且只能设法对付而无法根除。

基于福特主义生产方式之上的美国和西欧经济，在差不多1/4世纪里能够避免过度积累的诸种问题。的确，第二次世界大战之后的繁荣通常被认为是现代资本主义历史上最长的繁荣期。哈维认为，福特主义的经济通过“空间和时间的置换”避免危机（Harvey，1990：185）。空间上，通过创造“新的地理上的积累中心”，资本家避免了（利润）回报率的减少。这些新的中心包括国内的边缘地区，例如美国的南方各州，国际上的边缘地区，例如亚洲新的工业化国家。时间上，西方经济体用债务去创造新的金融产品，借以吸收过剩的资本。

当然，最终，这些策略在自身的重压之下开始衰落。新的积累中心变得有竞争力，迫使老的、更根深蒂固的工业中心缩小。与日俱增的债务负担导致政府印刷更多的货币，这形成了通货膨胀的压力。同样，1973年，当每桶油的价格在一年之内上涨了470美分时，石油输出国组织的石油禁运创造了能源危机。为了安抚依赖石油的政府，最大的石油输出国组织的生产者同意将它们新得到的财富投资到西方银行（Harvey，2007）。虽然银行对数量可观的储蓄乐开了怀，但它们也需要借款人大到足以吸收它们新得到的资本。发展中国家，其中许多刚刚独立、资金短缺，明显是吸收从中东倾泻出来的石油美元的候选者，新的贷款产品获得了快速发展。然而，这些贷款大多数采取了可调节利率的美元的货币形式，这使发展中国家易受美国利率变化的攻击（Harvey，2007）。

1979年，当美联储主席保罗·沃尔克首次制订出一系列奇高的利率以抵制国内的通货膨胀时，这种易受到攻击的脆弱性完全暴露了出来。正如戴维·哈维（2007）注意到的，沃尔克提高利率代表了将新自由主义观念付诸实践的一次机会。凯恩斯对完全就业的重视被抛弃，以有利于旨在不惜一切代价抑制通货膨胀的政策，即使这么做会引发一种不景气。在西方经济体中，急剧提高利率加快了脱工业化的步伐，因为经济衰退迫使公司关闭工厂，迫使从联合退回到其他形式。在美国，它也创造了农业危机，因为负债的农民（他们是新获得的石油美元的国内接收者）屈服于回赎抵押品权利的取消（Dyer，1998；Statten，1987）。在发展中世界中，要偿还的债务猛增，像墨西哥、巴西这样的国家，逐渐走到了违约的边缘。由里根和撒切尔在世界货币基金组织的指定人所建构出来的对这类国家的紧急援助，要求新自由主义反过来做出调整。

地理根源

尽管新自由主义通常被认为是美国和欧洲向发展中世界的出口品，

值得注意的是新自由主义政策并不是在美国或英国制订出来的，而是在债务危机开始之前的智利和阿根廷制订出来的（Harvey，2007）。这标志着它们的运用是血淋淋的。在智利，奥古斯图·皮诺契特将军在1973年推翻了智利民主选出的总统萨尔瓦多·阿连德。在社会主义平台上执政的阿连德被描绘为一种共产主义威胁。皮诺契特军事小集团迅速为智利实行了新自由主义的经济计划，取消了保护政策，废除了许多国家社会服务项目。他也暴力镇压了国内对变化的抵制。三年以后（1976年），同样的连环事件也出现在阿根廷，当时伊沙贝尔·佩龙在一次军事政变中被赶下台。军事小集团随后实行了一系列市场改革以开放阿根廷的经济。并且，像智利一样，国内反对派也被无情镇压。

尽管新自由主义始于美国之外而不是美国国内，但是，没有首先被美国和其他八国峰会成员所采用，它将不可能从智利和阿根廷扩展到全球（Harvey，2007）。西方领导人控制着像世界银行和国际货币基金组织这样的国际借款者钱袋的拉链，能够通过这些组织迫使发展中世界急需现金的政府采用在国内不受欢迎的政策，以换取外资。

尽管独裁者和军事小集团可以通过武力实施新自由主义政策，民主国家却不得不在选民之中制造足够的共识以执行新自由主义政策。在发达国家，20世纪70年代的滞胀和随后的经济衰退允许像罗纳德·里根和玛格丽特·撒切尔一类的领导人将新自由主义政策描绘为不可避免的（Harvey，2007）。玛格丽特·撒切尔在谴责她的国内对手时用“这里别无选择”的颂歌明确把握到了这一观点（Harvey，2000）。当然，这不是暗示新自由主义改革很少激起反对；国内的抵抗在大西洋两岸最初相当激烈。当然，自由市场的拥护者也能够维护里根和撒切尔所建立起来的纪念碑。

在话语上，新自由主义的吹鼓手将自由市场的理想与个人解放和自由的观念紧密地结合到了一起（Harvey，2007）。他们也创造了支持新自由主义意识形态的制度基础，通过创立保守主义的智囊团，资助大学教授对自由市场的研究，后来又支持拥护他们观点的政治候选人。例如，在20世纪80年代的美国，像传统基金会和美国企业研究所这样的保守主义的智囊团被建立起来，以进行支持市场的研究（Harvey，2007）。公司种子资金也允许这些团体开发、出版并向国会议员散发自由市场政策处方。政党也受到笼络，因为自由市场利益集团威胁要拒绝那些反对“改革”的政党的统治。选举中大把花钱的越来越大的影响使民主党尤其困难重重，留下了艰难的选择：尝试赢得反对有更好资助的对手的、亲劳工的竞选运动，或者采用新自由主义的立场以取得维持竞争力所必需的现金（Harvey，2007）。美国民主党中“支持市场的”民主党领导人会议的兴起，是这些影响的一个直接结果。英国所谓“新工党”的兴起，也是如此。

新自由主义领导人也用破坏团结来威吓来自工人的在野党。1981年，罗纳德·里根在向职业空中交通管制人员协会成员开火时，便标志着对劳工在野党的一种变得强硬的方法。当受雇于制造部门——经济的最团结的部门——的劳动力市场占有率随着去工业化而衰落时，劳工也会受到侵害。

个案研究：玻利维亚的供水战争

新自由主义的批评者认为，新自由主义代表了财富从多数人到少数人的转移。这一进程通常被称为通过剥夺或原始积累而形成的积累，因为它依赖于资产的转移而不是新资本的创造（Harvey，2007）。通过剥夺形成的积累可以通过许多种机制形成，包括信用限制、严厉的破产法、强制。国有企业的私有化是另一种常见的机制。例如，在发展中世界中，国际货币基金组织和世界银行要求政府将国有产业私有化当做接受贷款的一个条件。世界银行和国际货币基金组织在玻利维亚的政策提供了一个恰当个案（Assies，2003；Perreault，2006；Spronk and Webber，2007）。

玻利维亚供水的私有化

20世纪60年代和70年代，世界银行支持水的公共所有制。在那时，大多数发展经济学家相信，支付得起的（如果不是免费的）获得适宜于饮用的水的权利是发展的一个必要条件（Spronk and Webber，2007）。工业园需要现代的水的基础设施，工人才较少有可能旷工，因为由水传播的疾病在没有现代供水体系的地方司空见惯。到20世纪90年代，世界银行改变了自己的立场。世界银行认为，水正在变成一种稀缺资源，如果消费者知道用水实际上会花费多少，他们只会消减水的消费。

20世纪90年代中期，世界银行给玻利维亚一笔发展贷款，用于该国最大城市拉巴斯—艾阿尔托[①]和科恰班巴供水系统的现代化（图13.2）。贷款的目的是使城市的供水系统对私有化有足够的吸引力。1998年，世界货币基金组织使水的私有化成了现实，其时，它明确约定，为了接受一笔13 800万的反通货膨胀一揽子贷款，玻利维亚必须将其城市供水系统私有化（Frontline，2002）。玻利维亚政府接受了贷款，并且将运行该国供水系统的公共事业公司公开招标。

政府的供水私有化计划在全国各城市中心引起了争议，在科恰班巴尤其如此。在该市，基础设施相当薄弱，一天平均只有四个小时能获得水，超过40%的居民还没有与供水系统建立起联系（Spronk and Webber，2007）。当该市供水系统1999年公开招标时，只有一家实体投标，出价250万。投标者Agugas del Tunari，是一个由贝克特尔领头的公司财团，一家位于加利福尼亚旧金山的多国公司。

对科恰班巴的居民来说，症结在于玻利维亚政府与Agugas del Tunari之间的合同。尽管该合同约定，该财团要将供水和排污服务扩大到整个科恰班巴市，却也保证该财团有权获得其投资13%的最低年

① 艾阿尔托是拉巴斯的一个郊区。

图 13.2　玻利维亚的主要城市（本地图承蒙德克萨斯大学佩里—卡斯塔内达图书馆地图收藏室慨允使用）

回报率。居民担心该财团必定极大提高水费以获得回报。他们的担心仅在第一年内就得到了应证，该财团将水费提高到了对某些居民来说接近 200%的程度（Perreault，2006）。

次年由玻利维亚政府通过的《2029 法》也激怒了科恰班巴的居民。该法将对该市供水系统的控制扩大到了包括那些没有直接与该市输水基础设施联系在一起的非正式供水体系。本质上，该法令约定了只有私营公司可以分配水，通过其他途径分配的任何水都要置于有争议的私营公司的控制之下。这是特殊的利益相关的事，在科恰班巴，40%以上的人口与主要供水系统没有联系。在居民没有落入供水系统的区域，有一系列约定俗成的规划在当地管理着用水的权力。反对者注意到，《2029 法》写得如此宽泛，以致允许该财团可以夺取对私人蓄水池的控制——只要它想这样做的话（Olivera，2004）。

科恰班巴供水的私有化点燃了猛烈的“供水战争”，连同该市和首都的无数抗议和街头冲突（参见图 13.3）。2000 年 3 月，玻利维亚政府向 Agugas del Tunari 撤销了合同（Perreault，2006）。该公司向国际投资争端解决中心（ICSID）——一个由世界银行建立的仲裁委员会（Frontline，2002）——对玻利维亚提起 2 500 万美元的诉讼。2006 年，玻利维亚政府与 Agugas del Tunari 通过国际投资争端解决中心达成了和解。Agugas del Tunari 撤回了它 2 500 万的诉讼，玻利维亚政府则声明撤销合同“只是因为科恰班巴市民的骚动不安和紧急状况，而不是因为 Agugas del Tunari 的国际股东采取了或没有采取任何行动”（Bechtel Corporation，2006）。

图 13.3　玻利维亚拉巴斯街头的防暴警察

Agugas del Tunari 决定撤诉是由于公司很大程度上共同承担了贝克特尔——该财团的最大投资者在西方报纸上所受到的坏评。2002 年，《旧金山纪事报》上的一则新闻报道将这次冲突描述为“大卫与巨人的搏斗”，注意到贝克特尔 2002 年的收入是同年整个玻利维亚预算的六倍以上（Frontline，2002）。美国反对国际投资争端解决中心诉讼的人也组织了一场反对贝克特尔的信件与电子邮件运动，要求该公司撤诉（Frontline，2002）。

假如玻利维亚的供水私有化一旦运转，科恰班巴的居民将见证最严酷形式的通过剥夺形成的积累。每个居民所需要的获得一种资源的途径将会从集体管控的计划转移到私营计划，获得这种必需品的途径受到限制。对水的潜在限制拨动了许多人的心弦。按照私有化反对者的说法，水就是生命（Perreault，2006）。

虽然许多评论家从科恰班巴事件中正确地获得了更广泛的教训，但地理学家也痛苦地注意到，这里的事件所表明的是新自由主义的特殊层面而不是整体层面。在一个宏观层次上，科恰班巴事件说明，新自由主义以不同的方式跨越了发展鸿沟在运作。正如佩雷奥特（2006）所说的，玻利维亚供水的私有化不能沿继新自由主义标准的“西方”脚本——“掏空”国有公用事业。在玻利维亚，水的供应从来没有完全集中化，所以私有化没有提出有关国家应当提供何种服务的问题，以及资源和使用应当如何管理的问题，无视了负责的主体。而这一类问题必然将应当以何种价值观控制使用权的问题摆到了台前。特别是，反对供水私有化的声音启动了社会正义的观念——既包括程序正义，也包括分配正义（Perreault，2006）。在程序上，反对者提出，出卖科恰班巴的石油应当是一个透明的、协商的过程。在分配问题上，他们认为水的分配应当是平等的。

地理学家也注意到，新自由主义和对新自由主义的反应，在该国之内多有变化。例如，支配有关供水私有化的问题，远不同于框范该国力图使其天然气和石油储备私有化的问题（Perreault，2006）。虽然供水的私有化凸显出了在国内应当如何获得水的问题，有关玻利维亚石油储备私有化的问题则集中在谁应当消费玻利维亚的资源——是国人还是外国人。

关键点

• 新自由主义兴起于 20 世纪 80 年代，是自由放任经济学的一种更新版本。

• 主流学者将新自由主义描绘为资本主义的一种革新。政治经济学家将新自由主义的崛起视为对资本主义积累危机的一种回应。

• 奥古斯图・皮诺契特、罗纳德・里根和玛格丽特・撒切尔是三位最经常地与新自由主义联系在一起的世界领导人。

• 批评家认为，新自由主义代表了财富从许多人手中向少数人手中的转移，因为它依赖于资产的转移而不是新资本的创造。

第十四章　全球化

艾莉森·芒茨

定义：连接许多个世界

全球化涉及跨全球流动的加剧。这些流动包括跨地方、民族国家和地区界线的人、商品、观念、趋势、服务和货币的流动。其结果是地方之间更紧密、更深刻的联系。这些联系的直接性是与技术的进步联系在一起的：电报、电话，最终是传真机、互联网和飞机。特别是，自20世纪90年代互联网启动以来的生活，已证明极不同于此前的生活。尽管人们一度写信，手工录入将以任何可能的速度传送的信息（通过马、马车，最终通过汽车、飞机），今日的人们却可以通过"即时信息"交流、在"实时"聊天室中交谈，或观看另一地方的"网络摄像机"，同步知道在不同地点、也许甚至是位于地球另一端某些地方人们之间所发生的事。这些联系超越了时间和空间，将跨越了巨大地理距离的人、观念、信息和资源联系在了一起。

简言之，全球化是跨空间的功能性整合，最引人注目的是跨国界的经济、政治、社会和文化进程的功能性整合（Dicken，2003：12）。虽然国际化据称至少已有500年之久，并且包括了工业化的扩张，但涉及跨界商品的生产和服务的全球化，却仅仅开始于20世纪后半叶，尤其是在20世纪70年代，当在一国（例如美国）生产商品的利润率下降之时（Dicken，2003：9～10）。公司寻找更廉价的地方生产商品和服务，尤其是劳动密集型产业，在更廉价的地方，公司可以付给工人更低廉的工资。

全球化涉及地理学家戴维·哈维所称的“时空压缩”。时空压缩是指现代技术使之成为可能的全世界的连接，具有压缩空间的效果。换言之，横越空间的时间更少。在 19 世纪 50 年代，卡尔·马克思称之为“空间被时间取消”。通讯和交通技术的进步，自那以后加快了时空压缩，以致全世界的人彼此可以进行“实时”交流，并能极快地、一夜之间旅行或交换商品。

这些变化也导致了“新的国际劳动分工”（Frŏebel et al.，1980）。多国或跨国公司承担了全球化主要发动机的功能，力图寻找“未开发区”，或新的劳动力充足、服从、年轻、未被工会化和劳工抗议所影响的生产场所。最经常的是，它们在全球的南半球国家中找到了这种劳动力，其中许多劳动力是由有色人种妇女组成的。

正如皮特·迪肯（Peter Dicken，2003，2007）注意到的，“每一时代都有其‘流行词’——捕捉到流行想象的词，变得使用如此广泛，以致其意义变得混淆了”。在其经常被引用的著作《全球转变》中，迪肯（2003：7）追溯了“全球化”一词的使用情况，发现在 1980 年至 1984 年间，只有 13 种印刷品在标题中用到这一词，在 1985 至 1989 年间，有 78 种印刷品在标题中用到这一词；但 1992～1996 年间，则有 600 种印刷品在标题中用到这个词。虽然许多作者在 20 世纪 80 年代末写到全球化，但很少在一个共同定义上达成共识

演变与论争：众说纷纭

尽管全球化在 20 世纪 80 年代和 90 年代已经捕捉到了大众的和学术的想象，但作者们对全球化的特点和效果以及多大程度上世界文化、经济和景观上的变化可以归因于我们所称的全球化的经验现象，依然争论不休。随之而来的是，由于在其范围上没有达成共识，学者们在恰当的全球化理论上也有异议。在这一节，要讨论三种有关全球化的

争论。

全球化的文献，实际上始于经济领域对资本从一地向另一地的流动速度的兴趣。经济全球化的起飞是在20世纪70年代末和80年代初，其时，生产在西方工业中心变得过于昂贵。正如哈维（1990）所说的，西方经济面临过度积累的典型危机，需要一种“空间应急方法”去支撑其滞后的利润率（有关过度积累的资本主义危机的更多信息，参见论新自由主义的第十三章）。新的“国际劳动分工”（Frŏebel et al.，1980）提供和开拓了在国外获取利润的新机会。在国外生产的变化伴随另一大变化：从福特主义的批量生产和昂贵储备到灵活的更廉价的、“准时制的”生产过程的转变。后者依赖于跨地区甚至是全球的生产链条，其中大产品的部件可能在不同地方组装。例如，在今天，一辆汽车的生产，钢可能来自中国，火花塞来自新加坡，而随后的组装可能在墨西哥的托卢卡。计算机通常也包含产自多个国家的零件。

公司变得越来越大且更集中化，而且随着前文所提到的技术的进步，它们也能够在20世纪下半叶将生产全球化。它们能够在世界的大城市建立总部，而将生产乃至事务部门选址在其他更小的、通常更支付得起费用的地方，以从事业务或运送产品（图14.1）。银行业成了国际性的，并整合进了越来越少的大型的、集中化的公司。媒体集团

图14.1　格鲁吉亚总统米哈尔·萨卡什维利在百事装瓶厂的开业典礼上。在发展中国家的经济体中，多国公司子公司的开业是一件大事

同样得到了巩固，甚至建造和管理犯人的公司也归入了少数几个关键角色的手中。

有关全球化的第一大争论来自于这一主题的经济观，涉及民族国家在全球经济中的作用（Dicken，2003）。前文所注意到的经验上的变化促使一批皮特·迪肯（Dicken，2003）所称的“超级全球主义者”（例如：Ohmae，1995）去设想民族国家已经死亡，它已经在这种业务超越了国家界限的新的超级全球环境中丧失了自身的力量和作用。另一方面，迪肯所称的“怀疑论者”（参见：Held et al.，1999）则不是如此迅速地声称民族国家的死亡。例如迪肯本人便说，国家依然是全球经济中的一个重要行为体，承担着经济和政治调节的作用。

图 14.2　韩国首尔的麦当劳餐厅

在一些人争论民族国家角色的同时，第二组人则在争执更多的文化问题，特别是同质化的威胁。假如麦当劳和星巴克可以在每一地方以几乎同样的风格运作，那么，主要基于美国趣味和标准的“全球文化”便可以夺取、渗透、根除地方文化和语言的真正特殊性（参见图 14.2）。这第二种有关全球化的争论，在 20 世纪 90 年代粉墨登场，追问全球化是否会导致“麦当劳化”——正像遍布全球的文化的同质化一样——抑或“杂交化”，意味着地方文化和语言融入到混合的文化实践与空间之中。例如，本雅明·巴伯（Benjamin Barber，1996）便认为，全球化及其附属的文化同质化，他称之为麦当劳世界（Mcworld），正在培育一种部落主义的激烈反应。呼唤传统社会和经济准则的伊斯兰圣战运动，就是最迫切的例证。相反，像费瑟斯通（1990）一样的学者，则认为地方文化足够强大到将新的元素加以整合，而不会从中消失。的确，世界将更有可能看到混合文化的扩散。

同时，全球化话语中无所不在的渗透和根除的刺激性语言，促进了第三种争论，这种争论是由女权主义学者所引领的（例如：Kofman，1996；Marchand and Runyan，2000；Nagar et al.，2002）。女权主义者认为，谈论全球化的学者经常将全球和地方写入了等级制的框架之中（Freeman，2001），随之可归入宏观层次的经济进程的现象获得了比可划入微观或文化层次的现象更重要的意义。也就是说，全球化成为了生活的细枝末节的构成性背景。卡拉·弗里曼（2001：1008）提出，“不仅全球化理论被性别化为男性的，而且界定全球化本身的过程——生产超国界的空间重组，资本、商品、劳动力和观念全球循环的急剧加速——也潜在地归功于男性的社会性别”。休·罗伯茨（Sue Roberts，2004）问道：“为什么全球看似排除了社会性别?”她发现了重复地将本地编码为女性的，而将全球编码为男性的（也可参见 Freeman，2001）。

由于发现许多有关全球化的讨论是脱离实体的，女权主义者力图重申可替代选择及具体化的认知世界的场所、声音和方式。例如，女性工人所感受的全球化明显不同于男人。在国际劳动分工最底层的工人对全球经济拥有不同于最顶端的人的看法。正像许多“当代政治地理学描绘了一个‘无人的世界’或至少是一个抽象的、脱离实体的政治主体的世界”一样，全球化话语在大部分描绘中同样也是无人的。不过，正像迪肯所提出的，如果技术是一种社会进程，那么全球化也同样如此。不幸的是，人在分析中姗姗来迟，似乎是糟蹋了流动的全球资本光滑表面的肮脏身体。

女权主义学者提出，全球化同时是一系列亲密的具体化的社会关系，其中包括流动性、情绪、物质性、归属感和异化。她们追问，不同类型的知识生产是否要求对全球化的主流话语进行重组：一种体验和认知全球的政治学。正如芒茨和海因德曼（Mountz and Hyndmqn，

2006：447）所说的，“亲密接触不仅包含根源于日常之中的那些纠葛，而且包含它们与其他地方和时间中日常亲近的相互联系的细微差别：劳动妇女的粗糙的手，没有药物治疗的孩子的呼吸急促，一个人所睡的床的软硬程度”。

全球化话语使这样的神话得以长存：全球和地方是不知何故相互分离的现象，全球不知何故遮蔽、构建、渗透了地方。然而地方是无法摆脱全球的（Mountz and Hyndmqn，2006）。地方与全球既不是独立的领域，也不是受限的主体。多琳·马西（Doreen Massey，1993）很久以前便揭穿过这种观念，表明地方是由越界的进程、政治和人民所构成的。准确地说，出现在全球和本土规模之上的现象构成了像边界、家和身体一类的地方，这类地方需要一种关联性的理解，“特别在以图像、声音、商品和人口的全球旅行为典型特征的跨国时代至关重要”（Shohat，2001：1269）。正如卡拉·弗里曼（2001：1008～1009）“相当正确地证明的……不仅全球进程在本地基础上发挥作用，而且地方进程和小型的行为体可能也可以视为全球化的有机部分”（着重号为我所加）。

大多数女权主义者对全球化的分析会设想女人和男人的日常遭遇，包括工作和娱乐、生产和休闲的方式都会蔑视所有固定的或给定的规模：它们立即与全球和地方进程、政治和人联系了起来。“对全球化着眼于社会性别的分析，〔也〕会揭示出在全球的结构重组过程与性别差异的文化上的独特生产之间的关系中，将如何活跃地生产出不平等”（Nagar et al.，2002：261）。女权主义的分析将走得更远，发展出一种对主流群体和机构所进行的差异的社会生产和多元排除的更广泛批评（Pratt，2004：84）。

全球化有身体上的表达（Mountz and Hyndmqn，2006）。当然，由于这么多的对全球化的讨论集中于经济流动和跨界业务，戏剧性的人类迁移的领域通常被忽视了（Smith and Guarnizo，1998）。跨国移民是全球化的一种表达，具有经济、社会、文化和政治的维度（Basch et al.，1994；Glick-Schiller et al.，1992）。女权主义广泛地研究了全球进程，包括性别化的劳动分工和国际资本为服务自身的利益而产生的认同（Marchand and Runyan，2000），以及结构化调整项目的性别化后果（Lawson，1999）。

个案研究：露莎的故事

露莎生活在墨西哥南部瓦哈卡城外，这里有这么多的男人都已迁移到美国，以致到20世纪90年代，她的村庄逐渐成了当地有名的女人村（图14.3）。像瓦哈卡的许多家庭一样，露莎的家族也被描绘为残缺家庭。她的丈夫离家在纽约州北部的小城波基普西的服务业工作。当然，不像其他家庭，他的家庭没有收到常规汇款。数年来，露莎看到她的邻居由于美国汇款的支持而在经济上富裕起来。他们用砖墙、水泥楼板改善了自己的住房，甚至有附加的二层。他们也能够送自己留在村里的孩子去学校，并给他们买新衣服。

而与此同时，露莎和她的四个孩子继续睡在她一间土坯结构房子的泥地的床垫上。美国汇款已经使许多母亲停止了制作玉米粉薄烙饼并在当地市场出卖日常劳动。然而，露莎继续在热烤盘上劳作，她的手的粗糙应证了制作玉米粉薄烙饼的辛劳，而邻居的手的皮肤已经因"全球"资本的流动而变得光洁了。露莎的孩子们在学校里受到耻笑，因为他们支付不起校服或补给。他们通常呆在家里和母亲一起劳动，她最大的儿子离家去做在村里所能找到的所有希奇古怪的工作：照料动物、收集柴火。

瓦哈卡跨国居民的日常生活证明，全球化是一种具有社会、文化、经济和政治维度的现象。这一村庄自夸有各种提高地方之间交流和旅行的业务。各种关系也透露出是跨国性的。当外出务工者回到家里，将所挣的钱用于新的装备、建筑项目和奢华宴会之时，村里会出现一段庆祝守护神的节日时光。当然，这些庆典会拍成录像，送到波基普

图 14.3　瓦哈卡州是墨西哥最穷的州之一。许多居民都迁移到美国找工作

西那些不能回家的人手中（Mount，1995）。

尽管身处这种新的收入流中，露莎一家还是经历了经济的困境和相应的在村中的社会边缘化。尽管许多邻居用在美国的家庭成员寄来的充足汇款参与了豪华的消费，露莎和她的孩子们却没有经济来源用于越来越奢华的村中欢宴。露莎每年只有两至三次收到她丈夫的现金汇款，汇款数证明不足以维持其家庭。露莎怀疑她丈夫所赚的钱现在是否在补贴纽约的一个新家庭，她同时力争让她的孩子吃饱穿暖、不要生病（Mountz and Wright，1996）。

露莎自己也愿意前往波基普西加入到全球经济之中。但是作为女性家长，她有四个孩子要照顾，不能丢下他们像她丈夫一样去美国工作。她的定位和物质状况表明，并不是每一个人都能从全球化和全球经济中获益。在与贫困的日常斗争的亲密接触中，没有汇款的家庭不能有益于引导和管理村中新资源的集体结构，或是从中受益。虽然时空压缩也许使瓦哈卡与波基普西更近了（Mountz and Wright，1996），但并不是这一扩大的跨国空间中的所有居民都能同等地从中受益。

关键点

• 全球化涉及跨地方、国家和地区界限的人员、商品、观念、资本的流动的加剧。

• 全球化涉及地理学家戴维·哈维（1990）所称的“时空压缩”。现代技术（互联网、传真、飞机等）已经减少了将地球不同地方的人联系起来的时间。距离很少是一种障碍，所以空间变得压缩了。

• 有关全球化的文献中，存在三种争论：

1. 一些学者相信，全球化破坏了民族国家。另一些学者则相信，民族国家继续施加影响，虽然是以不同的方式。

2. 一些学者相信，全球化正导向全球范围内文化的同质化或麦当劳化。另一些学者则相信，地方文化正在杂交化——吸收合适的或相溶的元素，拒斥不合适的、不相溶的因素。

3. 女权主义者认为，对全球化的研究往往倾向于全球优于地方，其结果之一是忽略了全球进程是如何在诸如性别和种族的社会范畴中形态各异地体现出来的。

第十五章　移民

艾莉森·芒茨

定义：一个传统上通过两分法来定义的概念

迁移被定义为从一个地方到另一个地方的运动。所有的物种，人类的和非人类的，都迁移。人文地理学家和其他社会科学家主要（尽管不是只）集中于人类的迁移，即个人和群体从一个地方移到另一个地方。的确，迁移是人类生存条件的一个重要组成部分。像人们渴望一种家的感觉（Dowling and Blunt，2006）和地方的感觉（Tuan，1977）一样，人们也为了许许多多的原因而移动。

尽管在公共话语中，迁移被当做一个紧迫的当代问题广泛地得到讨论并被政治化，它却的确不是什么新鲜事而必须置于历史语境之中。人们总是迁移。在民族国家存在之前，土著的部落居民便迁徙以求生，无论是狩猎、放牧，抑或是当一个地方的农用土地不再多产时周期性的季节迁移。人类学家已经连缀起了有关人类跨大陆的伟大迁徙的历史故事（参见 Castles and Miller，1998）。尽管迁移的人们也许已经开始同和他们交换陶器和食物的人们打交道，并最终为领土相互争斗，但只有随着当代民族国家的成长，人类的迁移本身才逐渐被分类、政治化、定量、定性、加以研究和控制。在整个 19 世纪和 20 世纪，随着一方面旨在运输人员、另一方面旨在管理人类迁移的技术和产业的发展，人类的移动性急剧地演变并加剧。这种增长持续至今，其紧迫性——由全球化的“即时性”所带来的——给有关移民和公民权的论争施加了压力。

民族国家对管理它们的全体公民有兴趣，全体公民是这样一群人，因他们对国家领土的依附得到定义，受到国家边界的限制，颁发了合法的身份，这种身份用护照等身份文件做了登记和归类。这种对移民的管理主要是民族国家的领域。约翰·托毕（John Torpey，2003：3）甚至走得如此之远，以至于提出“护照的出现和相关对迁移的控制是国家的‘国家属性’的一个基本层面”。许多国家用移民政策和难民政策及边境控制管理迁移。

极少的国家在主权领土之内控制移民。例如中国试图通过要求想迁移的人接受政府的同意来控制其巨大的国内人口迁移（Fan，2004）。在巴勒斯坦，一个不被许多其他国家认可为一个国家的地区，内部的移民相当困难。移民，甚至那些只是旅行很短距离的人，也必须通过层层把关的军事化的检查点。

还有一些国家为了各种原因力图管控主权领土之外的移民。在过去和现在的殖民工程过程中，国家利用武力占领了远方地区并强加了边界（Gregory，2004）。国家也加以介入，有时是单方面的，尽管更经常地是通过多边的约定去赋予和平并保护从冲突区流离出来的难民（Hyndman，2000）。在其他情况下，国家着手较少与冲突或人道主义援助联系在一起、而更多与它们的自身利益（阻止人们进入自己的国家）联系在一起的帝国计划（Nevins，2002）。这些计划也越来越被称为移民的“安保化”：限制对外国人员流动性的控制，主要是为了保护国内的国家安全的利益。

假如实施分类和控制对定义移民的工程来说至为关键，那么重要的是一开始便给术语进行命名。移民可以在空间上划分为国内的（主权领土之内的）移民或国际的（跨越国界的）移民。当代大多数对人类迁移的争论和研究涉及跨国界的移民。迁移也可以从时间上进行分类，划分为永久性移民或周期性移民。例如，一个人从印度来到华盛顿特区，成了一个美国公民，将被视为长期移民。“雪鸟”（McHugh and Mings，1996），夏天旅行到南方、生活在活动住屋中的北美人，或随庄稼成熟流动的季节性农民工，应当被视为周期性迁移。

人类的迁移也经常按照他们的根本原因进行分类。自愿的迁移也许是为了工作、学习或投奔家人。另一方面，非自愿的迁移涉及由于冲突或迫害被逼流离失所的人口。例如，1948 年，以色列国家的成立，使以往生活在这一土地上的巴勒斯坦人无家可归。在 1979 年至 1992 年萨尔瓦多国内战争中，政治迫害和违背人权迫使近 100 万人逃离他们的家园。一些人被区域性地安置于危地马拉和墨西哥，而另一些人则搬往了欧洲和北美。

人们通常用一系列二元观点来谈论和管控迁移。民族国家通常鼓励法定的迁移，为的是好让人们去工作，填补劳动力市场的缺口，而其他迁移被认为是非法的，也被称为是未授权的、未登记的或未注明的。这种合法和不合法移动之间的差别，证明了国家在管控人员流动性方面的优先地位。国家确定法律并决定谁可以获得公民权或临时的法定地位。

运用于迁移的人身上的政策也以其他方式对他们进行了划分。一些人被认为是临时的迁移者而被赋予临时身份。他们可能前来学习或工作一段有限的时间，或者在申请政治避难被判决时获得居住在某地

图 15.1　墨西哥提瓦那和美国加利福尼亚圣地亚哥之间的边界口岸。在这一照片中，边界提瓦那一侧的汽车排成队，等候进入美国

的临时身份。其他人会被认为是会呆下来的更长久性的移民。他们前来可能是作为高级专业人士，作为拥有公民权或永久居留权的移民的家庭成员，或作为来自国外的获得安置的避难者。

国家试图创造出对应于上述许多范畴的政策，以对人类的迁移进行管理。这些范畴标志着要实施经常受到个人和群体抗议的身份证明，并且带来许多争议、分歧、颠覆，这在边界口岸的纷争中通常显而易见。

演变与论争：“移民战争”

移民是最具有戏剧性的人类经验之一，所以有关它的讨论通常众说纷纭。珍妮弗·海因德曼（Jennifer Hyndman，2005）称这些论争为“移民战争”。她所说的“移民战争”是指让谁进入、不让谁进入的斗争。这些论争在公共话语中被政治化了，并且为了巡防和守卫主权领土边界，在边境管制上投入巨大也一清二楚（图 15.2）。

图 15.2　将以色列和巴勒斯坦隔离开来的 Baka-El-Garbia 带电铁丝网。以色列和巴勒斯坦之间的边界是世界上最壁垒森严的边界之一

其结果，移民成了政治地理学中的一个重要研究领域，并且在当代社会导致了更多的争论和公共话语。由于政治家渴望推进政治或经济议程，移民找到了自己进入选举活动的途径（Bigo，2002）。论争的术语通常是通过上述二元论来构建的。例如，当20世纪90年代欧盟、澳大利亚和北美广泛争论和讨论偷渡时，联邦政府讨论希望“管理”移民。许多国家主义的言辞涉及“打击”非法形式的移民，以促成更有序的、受掌控的、进入合法渠道的移民流。

一些移民争论与人口统计学联系在一起，长期以来是研究死亡率、受孕率和生育率的人口地理学家的研究主题（Bailey，2005：ix）。许多西方国家，尤其是欧盟成员国，面临着“自然”人口增长率逐渐下降的趋势。没有来自其他国家的移民，意大利、西班牙和加拿大的人口将急剧下降，国民经济也将遭受损失，因为没有足够的人口来填补劳动力市场的空白（Ley and Hiebert，2001）。因此，地方和联邦政府投资征召工人进入到劳动力市场中的特殊岗位，如护士、高级技工和家政服务人员。它们设计了特定的移民项目，并从外国招聘工人。它们也资助国内移民项目，奖励市民和移民搬往需要工作人员的偏远地点；例如，加拿大偏僻的北方。在这些地方没有足够的有技术的移民管理政府的项目，这里迫切需要人员并管理地方事务，为本已生活在此的人们提供服务和援助，保护人烟稀少而资源丰富、战略上被定为极地地区的主权利益。

这些通过招工项目招募来的移民或前来工作与投资的移民被称为自愿移民或经济移民。他们是出于经济原因而迁移的，并且一般是出于自己的意愿移民的。他们也许可能感觉到自己别无选择，只是为了谋生而迁移，但是他们不是通过暴力方式被迫离开自己家乡的。

被迫离家的被称为非自愿移民。他们通常因为国内的武装冲突、基于他们身份基础上的迫害、或者（越来越）因为环境灾害而背井离乡。寻求保护的是政治移民或难民。他们被划定为“政治的”是因为他们受迫害而被迫迁移。一般来说，有两种背井离乡的人：难民和寻求避难者（在有些国家也称为难民申请者）。难民是逃离他们的祖国、通常在难民营寻求暂时庇护的人。他们的最佳生存机会是在短期内通过援助和当地工作而获得，在长期则通过“安全的第三国的重新安置”而获得。设法执行重新安置计划的接收难民的国家，与联合国难民事务高级专员合作，与暂时居住在难民营中（主要在非洲和东南亚）的极少数选择出来的少部分人进行谈话，并对他们进行安置（参见图15.3）。

图 15.3　苏丹的难民营

寻求避难者或避难申请者有时逃离自己的家园寻求保护，并迁移到具有避难项目的国家的主权领土之上，通过提出申请要求保护。他们也许被赋予暂时的身份，直到他们的案件获得审理。有些人会被拘留（特别是在澳大利亚、美国和英国）。相当大比例的人会被拒绝，并且或者回家，或者常常非法呆在东道国，不被该国登记在册。

最近的趋势涉及国家做出种种努力，加强边境控制，减少抵达自己国家一侧的寻求避难者的人数。许多尝试与“外化”有关，力图促进和拘留寻求避难者离岸，离岸后，他们很少有接近保护体系的权力（Mounz，2009）。

难民政策在多方面是高度动态性的。尽管对难民的一般定义是由联合国1951年的《有关难民地位公约》及其1967年的草案所确定的。但如何解释、管理和判决寻求避难人口却任由签约国自便。一些国家对难民的定义比另一些国家更为自由。比如，加拿大会判决基于性别迫害的避难审请，给那些在其祖国面临被迫绝育和结扎的妇女以难民地位。加拿大也会给具有非常态性别身份的人以难民身份，在这些人所逃离的国家，他们能够证明（像所有难民申请者一样），有充分的证据担心一旦回国将受到基于社会性别或自然性别身份基础之上的迫害。

在非法入境和非法移民中存在着普遍的残酷而公开的冲突。当国家看来承认他们需要工人时，为了如何成功地达成这一目标常常有争议。虽然20世纪90年代临时客工计划在欧盟大受欢迎，但在北美却没有类似的计划，结果是非法入境移民显著增长，尤其是在美国（估计1 200万人）。

自20世纪90年代末期以来，特别是继2001年的恐怖袭击之后，对移民的管理变得越来越严格。那些因为政治原因而流离的寻求保护的人，往往发现自己陷入了安全议程之中。那些具有最大处理移民和难民事务项目的国家，同时也是具有一些最复杂的边界管制项目的国家。尽管它们愿意安置一部分来自外国难民营的难民，但它们很少接收自己所称的“即时到达者”：按照自己的意志抵达他国的主权领土、然后提出避难或难民申请保护的人。

另一系列逐步升级的“移民战争”涉及偷渡和人口贩卖。存在种种通常与边界管制联系在一起的共生的投机产业。更严厉的扣留管制措施会促成更大的对人口贩卖当事人的更大要求（Chin，1999）。人口贩卖在不同国家和不同文化中采取不同形式：所谓“蛇头”将中国移民通过船和飞机运往欧洲和北美，而“郊狼”则将南美洲和中美洲移民通过北方陆上边界送进美国或加拿大。

像这些产业在最近几十年茁壮成长一样，国家和超国家机构也做出种种努力以新的方式管理移民。国内法和国际法正力图保护那些被贩卖者的人权，而同时给那些从人类移民中渔利的贩卖者定越来越严厉的罪行（Kyle and Koslowski，2001）。

与此同时，社会科学家正在寻找新的理解动态的人类移民领域的方法。整个20世纪90年代，对跨国移民的兴趣增加了。以更周期性的方式和生存之道迁移的人们，适应了日常的跨国维度，其典型特征是通过汇款支援家庭和国内的发展计划，也适应了日常的决定，在与跨界的多元地点的联系中，将生活的决定联系起来且加以语境化。

个案研究：苗族难民与移民的范畴

更仔细地考察人的移居和迁移的日常经验，例证了移民的范畴，而与此同时，也暴露出了将给移民和难民政策以启示的某些范畴的种种问题。地理学家伊内斯·米雅内斯（Ines Miyares，1997）对在美国的苗族难民人群的研究，既证明了迄今为止所勾勒的许多移民范畴的有用性，也证明了其模糊之处。苗族是东南亚半游牧的种群，历史上在中国和老挝大量存在。在政治迁移之前，苗族的移居模式与刀耕火种的农业联系在一起。苗族的生活方式因为他们在越战中的介入而被破坏；许多苗族人援助了美国的军事行动，因为他们相信他们会转而获得自己的一个家园。恰恰相反，他们受到了老挝人民军共产主义政府的攻击。许多人逃往了老挝的难民营，后来从1975年开始被安置到美国（Miyares，1997：216）。

中国之外的最大一支苗族人生活在加利福尼亚的弗雷斯诺，人数将近3.5万。正像米雅内斯注意到的，苗族的移居模式不会轻而易举地与移民模式相合。作为美国政府所安置的来自国外的难民，他们是非自愿地从他们的家乡迁移来的国际移民。当然，在美国境内被安置下来以后他们成了国内移民，开始着手“第二次移民”，离开他们被安置的中西部城市往西，前往加利福尼亚城市的自愿形式的飞地。弗雷斯诺，坐落在加利福尼亚的圣华金河谷，是苗族许多难民的家园。

米雅内斯对120位苗族大学生及他们在加利福尼亚圣华金河谷的家庭进行了深度访谈和参与性观察。她特别考察了难民适应“东道国”的生活及其社会化的文化适应过程。她发现，尽管有历经多年、跨越多个国界的重复迁移，一些苗族难民依然继续某些过去的文化实践，并将它们与适应难民营的实践及随后的定居经验综合到一起。特别是，在美国得到安置的苗族人用“简单便携的家具，典型的用于睡觉并在其上准备食物的织垫”（1997：216）复制了他们半游牧的生活方式。通过研究“共享的对家、空间和地方概念的感觉”（1997：214），米雅内斯对这些实践进行了辨识。在空间受限的难民营，苗族家庭由刀耕火种的农业转向了对小块蔬菜的精耕细作，并且随后在泰国的当地市场将剩余的蔬菜卖出（1997：217）。一旦到了加利福尼亚，虽然通常不允许他们在公寓外的土地上耕种，许多人还是保留小的窗台上的花盆箱或其他小块的可用之地种植水果、蔬菜和香料。他们在经济上参与了小型耕作和跳蚤市场上的产品销售——弗雷斯诺是最大的一个——在这里，传统形式的以物换物及其他社会关系一如既往（1997：219）。

苗族复制了他们将家快速打包、瞬息之间快速迁移的能力，并处于社群之中的宗族网络关系之中。按米雅内斯的说法，日常生活中不必要的一些附属品依然被打包在盒子中靠墙堆着（1997：220）。苗族人会因苗历新年聚到一起，它仍然是一个重要的节日，在这里，这一社群会克服距离来到一起，庆祝幸存、安排婚姻、交换礼物，以及其他一些传统活动。

总之，苗族的移民（连同大多数国际移民）证明是政治的和经济的、国内的和国际的、暂时的和永久的。导致难民安置的政治迁移也会带来杂交的文化形式，这种文化形式将来自过去的文化实践与促使移民人口适应安置的实践结合到了一起。

未来的研究

移民是如此重要的一个研究领域的原因之一，是因为它横穿了许多疆界，在其后将这么多的其他社会、文化、经济和政治现象联系到了一起。数十年以来，墨西哥移民前往美国工作。最近以来，美国公司将它们的制造地点转移到墨西哥，以寻找对环境和经济的更少的管控。随着全球化的继续和世界经济的变化，中国和印度在经济上变得越来越有力量。作为一种结果，人类的迁移会如何发生变化？工人将来会去什么地方？在这种全球移民的景观中，民族国家将如何继续既适应又干预？这是政治地理学家正追问的一些问题。

研究难民的人尤其感兴趣的，是一个越来越被称为“环境难民”的群体。随着全球变暖的继续，气候学家预言，孟加拉国和其他低海平面国家与地区近海的部分将被水淹没，迫使引人注目的人口迁移。由于气候变化影响他们的经济和生产食物的能力，还有其他一些人口也需要迁移以寻求新的谋生之道。2008 年初，联合国发布了一份报告，警告到 2050 年，可能有 2 500 万人到 2 亿人将因环境原因迁移。尽管对这种潜在迁移的关注越来越多，联合国难民事务高级专员还是对是否将这一群体归入难民心存犹豫，因为它们不符合传统的难民定义——被定义为因政治原因受迫害的人。

地理学家将继续在认知人类的移民上发挥关键作用，尤其因为他们使用多元的方法研究人类现象，地理学的研究具有跨学科的性质，该学科所考察的自然界、文化界和政治界之间存在着独特联系，将更加促使地理学家在认知人类的移民上发挥重要作用。

关键点

• 尽管迁徙的人们数世纪以来相互之间便有联系，但人类的迁移只是随着当代民族国家的成长才逐渐被分类、政治化、量化和得到研究。

• 政治地理学家研究所谓的移民战争——在让谁进入和不让谁进入之上所展开的斗争（通常由民族国家所展开）。

• 随着全球化的继续行进，各国大量投资边境管制：加强边境的巡逻，建立防护网，使用红外线技术，以防人们非法越境。

• 当越境变得更为困难时，偷渡和人口贩卖往往会增加。

第四部分　受限的空间

导　言

卡洛琳·加拉尔

这一部分所包含的三个概念讨论政治地理学家对地方之间的关系进行概念化的方式。尤其是，我们考察了两种关系：连接与区分。

这一部分的第一章论规模，该词同时把握到了两个论题。当地理学家思考空间时，他们往往会设想它是有规模的：地方的、地区的和全球的。当然，规模是一种社会建构，因此人们不能在景观上发现规模或它的界限。思考地方是如何可以聚合到一起的，或者相反，如何可以对地方加以描绘，是一种探索式的手段。规模的概念允许我们对地方及地方之间的关系加以概括。

这一部分的第二章论边界，聚焦于将空间划分为独立的地方。不像规模——在景观上大部分是不可见的，边界在景观上是显而易见的。边界通常通过墙、栅栏和军事手段划分开来。边界可能难以跨越，尤其是对那些从较贫困地方到较富裕地方、从残酷地方到和平地方的人来说，更是如此。地理学家既研究边界的物理属性，也研究其象征意义。他们研究是如何管制边界的，并且研究管制的标准对边界之内的人和边界之外的人意味着什么。

这一部分的最后一个概念是地方主义。在政治地理学中，“地区”一词用来描绘享有共同特征的数个地方。在宏观层次上，一个地区包括享有共同特征的几个国家。例如，拉丁美洲一词用于描绘被西班牙和葡萄牙殖民的美洲地区。地区也可以指国家以下的空间、微观层次的区域，通常包含共同的语言/历史/文化等等。

在本书的这一部分，例子取自全球各地的许多地方。讨论了美国选举。详述了欧洲、美洲和非洲有争议的边界。库尔德斯坦地区，有时以没有国家的最大国家著称，在这里也得到了分析。

第十六章　规模

卡尔·T. 达尔曼

定义：描绘空间关系

规模的地理学意义通常被理解为一种现象的范围或大小。例如第二次世界大战和2004年的印度洋海啸被称为大规模的，因为它们的影响覆盖地球表面大部分地区。9·11的恐怖袭击也许也可以认为是大规模的，因为尽管影响的是十分小的物理范围，但在心理上和地缘政治学上，却有广泛的间接后果。相反，赫尔辛基市议会的一次选举被认为是一次小规模的事件，因为它影响的是相对小的人口范围，即使其问题和结果对投票人的日常重要性来说大于海啸或9·11。因此，我们通常设想大规模的事件，例如全球化、全球气候变化或“反恐战”是对地球上每一个人意义重大的，即使这样的问题在任何一个个人的优先榜单上排名相当低（图16.1）。地理规模和政治重要性之间的分离，对理解为什么地理学家力图对这一术语赋予更大的概念精确性是至为关键的。

因此，地理学家以几种更特别的方式使用规模一词，每种用法代表了某些基本的空间关系。第一种来自于制图学中对该词的技术用法，在其中，规模是地图和真实世界之间关系的数学表达。这通常表达为地图单位与现实单位的比率：例如，地图上的一英寸代表地面的百万英寸。尽管这一意义上的规模意指作为世界的一种表述的地图与世界本身之间的尺寸比例，规模也暗含了对世界的一种简单化的再现。包

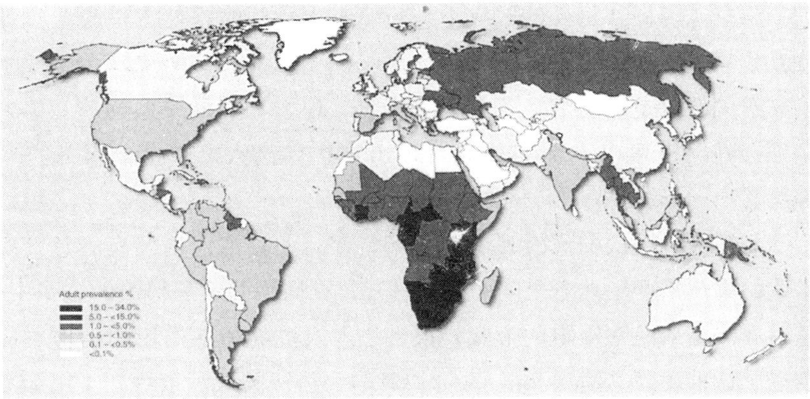

图 16.1　HIV 感染的流行是一种世界性现象，同时在世界人口中的分布也不平衡。联合国艾滋病规划署，2005 年

含在一幅地图上的表面区域越多，需要对特征加以选择和概括的需求就越大。

规模的第二种意义与方法论议题联系在一起，也就是说，与地理学研究所要求的分析单元和解析层次联系在一起。这一意义与规模的制图学意义紧密相关，但在这里，是一种研究问题与考察层次之间的逻辑关系。例如，通过细察整个国家总的选举数据，不可能回答有关单个选举人的态度问题（Quattrochi and Goodchild，1977）。同样，只是研究一个移民，也不能做出有关国际移民的概括。

规模的第三种、也是最流行的一种意义，是作为“垂直”系列的嵌套层次——地方的、国家的、地区的、全球的——而存在的，它提供了思考跨不同空间范围的人类与机构行为体之间关系的便捷方式。一些政治地理学家将这些嵌套式层次视为反映了从上至下的或等级制的权力配置。皮特·泰勒提出，全球是最重要的层级，因为它是世界经济的最重要运作层次（Taylor，1982）。相反，苏珊·罗伯茨提出，我们倾向于将地方视为“处于其上”的政治的必要结果或产物不仅是不正确的，而且来源于一种有社会性别偏见的阐释框架，这一框架鼓动了将全球当做“男性的”权力与行动范围，同时将地方描绘为全球相互作用的阴性的、消极的产物（Roberts，2004）。的确，从下至上的梯级关系也是重要的，正如在选举日，地方和州的投票问题，影响到谁会外出投票以及他们如何对也出现在候选人名单上的种族进行表决。

与嵌套式层次的规模观不同但又紧密相关，第四种规模的意义要求我们聚焦于产生地方之间的关系进程。在认为关系是梯级的主张中，这种看法是最经常给定的形式；换言之，人类的相互作用的运作层面创造了这种规模（Marston，2002：220）。经济关系、条约、文化标准是在空间形式中尤其是现存制度背景中表明自己的社会进程的例证。例如，关税和贸易总协定（1947）最终导致了世界贸易组织，一个151个成员国打造出国际贸易规则的论坛，创造了接近全球规模的政府间的相互作用。当然，这类进程也许可以挑战现存的制度安排，甚至于可以改变它们在其上运作的梯级层次。因此，尽管贸易数百年来都是国际性的，但国家在促进和管理国际贸易中的作用，在世界贸易组织之下却正在发生改变。运输和通讯的技术变化、跨国公司的成长，与新自由主义的议程结合了起来，降低了国家在经济关系中作为主要行为体的作用（有关新自由主义的更多信息，参见第十三章）。尽管决不是一种即成事实，但空间变化在组织全球经济上的重大意义，却要求我们注意其不断变化的运作规模。

演变与论争：从空的舞台到活跃的空间

规模证明是地理学中一个有用的术语，因为它认可尽管世界是由差不多无穷尽的细节层次所组成的，却需要对这些细节进行概括或简化，以使我们转而能够认识人类事务中的重要的空间趋势、关系和动态。当我们想起规模时，对我们的所指倍加小心是一种近来的现象，当然，许多地理学家只是倾向将规模视为理所当然的，是对世界的静态的垂直组织（Taylor，1982）。一些作者正确地反对将规模当做理所当然的，提出认为规模是社会在其上行动的一个不变的舞台是不正确的。例如，不存在先验的国家或地区规模；它们是人类的发明。相反，这些作者认为，应当将规模理解为一种结构世界的方式，一种诠释的进程，通过它们，人类可以弄清正好超出了个人经验的范围却对他们的生活有影响的事件和关系。[①] 按德莱尼和莱特纳的看法，规模“不只是一种等着发现的外部事实，而是一种构成有关现实的概念的方式”（Delaney and Leitner，1997：94～95）。此外，规模的这种意义意味着，它本身也是政治的一种形式，正如当相互竞争的利害关系在政体内部做出决定的“正确层次”没能达成共识时，就是如此（Agnew，1997）。例如，美国的宪法基于这样的理念：一般的决策，要么交给联邦政府，要么交给州政府。界定规模的能力实际上是一种界定在特定问题上所取得的界限和关系的能力（Smith，1992）。结果，有关如何分配公共和私人物品的决策的结果，具有转而将规模嵌于社会之中的物质后果。

一些政治学家进一步提出，规模只有作为一种人类建构才是有意义的，也就是要在思考世界和在世界中行动的过程中不断地进行阐释和重申。这种观点认为，规模主要是一个来自社会和政治的论争的一个意义范畴，而不是一种必然现实。当然，将规模理解为一种政治便利的阐释框架，将遗漏普通日常生活将以何种方式在日常的基础上通过在哪生活、工作、游乐的空间选择对规模进行再生产。换言之，认为规模的生产是强势机构的单行道的过程、以可预见的后果塑造了大众的生活是不够用的。相反，我们应当讨论萨丽·马斯顿（2000），聚焦于也有助于规模生产的家庭和个人做决定的方式。一旦想到从“权力中心”进行运作，这些去中心化的实践的综合效果也许因此成为构

① 特别参见马斯顿（Marston，2000：221～233）对社会建构主义方法的详赡评述。

成和调整梯级框架的构成动力。那么，我们也许能够认识到存在于广泛的社会、政治和经济秩序中的抵抗的地点与规模。

另一种更近的有关规模的讨论的发展（至少在英美人文地理学内部），是一种更具争议的设想：我们“取消规模作为人文地理学中的一个概念，是因为它呈现出了诸种概念问题（Marston et al.，2005）。除了“正在抹平”我们的政治观，一小群作者认为我们应当取消水平状态（horizontality），只欢迎研究人文地理学的一种网络方法——关注人、体制和地方之间的经验联系。他们认为，通过只聚焦于特殊地方的社会现实的复杂性，避免过分简化一个地点的社会内容是有可能的。这超越了规模的抽象垂直层次和其水平范围的概念之争，将该概念揉合到了一起（Taylor，1982）。这种抽空有关规模的人文地理的号召，当然是令人刺激的，然而也全是出于其后现代的血缘，这种方法所表达出的“使空间恢复正常”的焦虑，多于推进我们对人类在其生活中如何使用规模的理解。

由于这一术语看似属于地理学，因此存在一定程度的学科本位——试图给该概念灌注它也许承受不起的更大程度的严格性和精确度。也许更好的是，思考将规模当做一种必要的有争议的抽象所具有的实践价值。同样，也存在抛弃规模所面临的风险——人文地理学将无法谈论根据规模来加以想象、实施和做出一般理解的进程，无论这类概念是多么问题重重。将这一点牢记在心，戴维·普拉瑟奇将沃尔玛的巨大物流及后果，当做一股不借助于地理学得到更好发展的规模概念便不能获得理解的经济与都市进程（Prytherch，2007）。特别是，他提出，这样一种看法也许更为有用：规模不是大小和范围而是比例，一方面总是处于与身体的关联中，另一方面，总是处于与全球空间的有限扩张的关联中。在这一方面，我们回想起了人文地理学术语只有当它在地球空间的封闭系统中与人类的存在联系在一起时才是有意义的。

因此，空间立即成了一个服从于人文地理学家之间论争的简单观念和滑动术语。其原因是，规模力图为描绘地方之间的关系提供一种框架，但这些关系从来不是独立于人类所设想和规定的地理进程的。换言之，规模传达了一种数学的精确感，但人类的关系是过于凌乱的、不能为术语所囊括，以至于术语不能与现实完全匹配。然而即使规模过于简化了社会，它仍然提供了一种概括产生了地理学家感兴趣的地方和空间的人类关系复杂性的重要途径。尽管这种难解的问题激起了许多争论，但地理学家一个“核心术语”的必要的便利性，意味着规模依然是一个有用的观念，虽然在它如何有用上没有达成共识。

个案研究：美国的选举

选举为规模作为社会现实的一个嵌入式的层面是如何运转的提供了无数说明。在宪法上，国家在国内是通过将各种高、低权力授予多样的代表和管理层次而加以组织的。这些权力包括代议制政府的组织、法律的司法权、分配和实施的机制。在美国，宪法联邦制将权力分派给国家和州两个基本层级。50个州和美国领土的宪法更进一步为各种地方政府（例如州议会和县政府）提供权力，其中有些地方政府可能具有相互交叉重叠的区域但却有相互独立的职责。有选举权的公民因此能够在至少三种层级上参与代表机构的选举和公民投票。选举和从中产生的管理机构为社会进程如何积极地生产层级/规模并赋予其意义提供了佳例。当然，这些层级，并不是相互独立的。例如，尽管宪法为各州保留了权力，但这些法律不能与美国联邦法律相冲突。

选举与不同层次的政府联系在一起，尽管在技术层面上互不相关，但在各种程度上却是相互依赖的。由于在不同竞选之中和各种问题之上的投票发生在同一时间和同一投票间，个人投票者会倾向于多样的内部分级效果，意味着他们独立的选择某种程度上是相互关联的。例如，受欢迎的总统候选人，总是会对自己政党内正在参与另一选举的“选票居下”的其他候选人产生“联票效应”，即使他们竞争的位置不同。例如，一个受欢迎的角逐总统的共和党候选人，会吸引本来通常不会出来投票的人参与投票，并且随后投票给出现在选票之上参与州或地方竞选的共和党人。更重要的是，虽然选举行为服从联邦和州法律，但投放选票的行为却落在本地组成的选举委员会身上。

2000年的普选突出了佛罗里达州计票的复杂法律之争的某些问题。在选举日投票结束时，共和党候选人乔治·W. 布什和民主党候选人阿尔·戈尔，在全国一级被有效地捆绑到了一起，正等待佛罗里达选举的结果，在佛罗里达，他们的选票相差无几。在美国选举委员会的系统之内，在一州获得选民票最多的候选人赢得该州所有选举人票。当佛罗里达一小部分选区因投票程序陷入麻烦（涉及足够的选票决定佛罗里达的结果）时，整个选举的结果被搁置了。特别是，一些与佛罗里达地方选举团的程序联系在一起的投票不正常，提出了有关选民实际上选谁做总统的问题。有问题的是某些选区所用的是不可靠的选票技术，在这些街区，选民不得不将空白的打孔卡与固定的候选人名单对起来，然后挨着他们所喜欢的候选人名字打一个孔（图16.2）。许多卡对得不正确，另一些选民又没能完成在卡上打孔，这些导致了在这些街区如何计票的争议。

在地方和州法律之下所提供的补救方法不久黔驴技穷，找不到解决方案，投票争议诉诸法庭。由于涉及州法律，案件在美国最高法院听证之前，得通过佛罗里达法庭。最高法院决定中止在有争议的佛罗里达地区的重新点票决定了布什的当选。这一案例提出了有关选举法的分级关系问题，特别是与公民权和投票程序的问题，不只是由于佛罗里达负责选举的官方为布什竞选效劳。它也激发了在地方选举机器中是否需要全国标准的争论，这在今天也还令人担忧。这一危机赤裸裸地暴露出的，是政治单元之间在运作中的分级关系介入了选举过程以及在美国联邦主义之下创造出来的法律管辖权。这种突然间的地动山摇，导致了要求直接普选美国总统，有效地越过州这一级。当然，这也会要求一些机制绕开在美国宪法之下分派给州的选举委员会的选

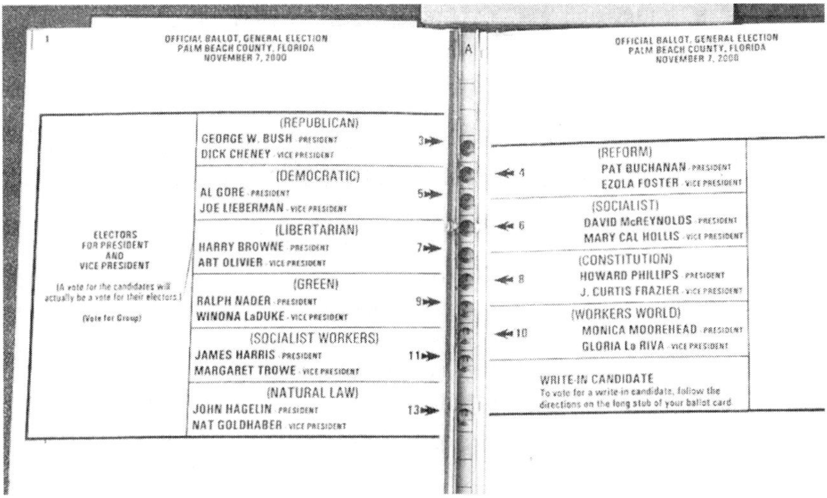

图 16.2　在佛罗里达有争议的选区所用的“蝶形选票”。选民要滑动选票之后的一张卡，并用穿孔笔（punch-pen）标明自己的选择。因为戈尔是左下侧的的第二个选择，而不是下中的第三个孔，戈尔的支持者也许错误地打了第二个孔，将他们的票投给了布坎南

举角色。

选举日投票行为的现实也表明了候选人如何试图“赌体系”（game the system），在投票间充分利用多元分级的瞬间。在 2004 年的普选中，美国选民获得了选举正、副总统、美国议员的机会，在有些州，还获得了选举美国参议员以及州和地方议员的机会。在一些地方，还给投票附加了额外的措施，允许投票者直接决定地方问题或州的利益。其中包括学校征税、禁止公共场所吸烟等一类的问题。一些州也包括处理同性婚姻的措施的投票，这是一个充满争议的问题，也是引起各大媒体广泛注意的主题。在 2004 年的竞选季，有了一个相当公开化的和深思熟虑的决定，在马萨诸塞州允许同性结婚，同时，旧金山市市长决定不顾加利福尼亚的法律给同性婚姻颁发结婚证。作为回应，反对同性婚姻和“民事结合”的政治家与团体组织了州一级的“保卫婚姻”复议，使之出现在 11 个州的选票上。这些措施要么避免允许同

性结合，要么将婚姻限制在异性夫妇之间。媒体对同性恋婚姻的关注，给保守的选民注入了活力，他们开始怀疑布什的总统能力，假如不是为了像同性恋这样令人心烦的问题，这些人也许在选举日便不会现身。即使在反同性恋婚姻措施没有写在选票上的地方，这种选举前对美国“文化战”的这一部分的聚焦，也有助于促成保守主义者的出动，借此帮助了布什总统的再次竞选。

关键点

• 地理学家和其他人以几种不同的方式使用规模一词，尽管每一种描绘的都是一种地理关系。

• 当与政治地理学联系在一起时，规模描绘的是我们如何塑造世界及在世界之中的功能，所依据的是政治单元、管辖权与身份认同之间的关系。

• 规模也可以理解为是动态的、创造出来的，或至少是由对空间的控制之上的政治竞争所塑造出来的。它也有助于将政治地理学与经济的、社会的 、跨国的和自然的现象结合到一起。

第十七章　边界

艾莉森·芒茨

定义：僵化与流动性

对一些人来说，边界是划在地图上的一条线，在地面上则以栅栏、篱墙、标牌或检查站等形式具体表现出来。它所承担的任务是将两侧的两个独立实体区分开来。对政治地理学家来说，边界通常是国与国之间的；它将两个民族国家的国土分开来。

但是在现实中，边界采取多种形式，承担所有种类的功能。边界以一个人的地理想象可能领会的方式和在地理想象可探测到的地方起作用。边界肯定是一条描绘这里和那里的线，将"我们"与"他们"、一个地方与另一个地方区分开来。它是物理的、可触的、物质的。至于证据，人们只需看一看今天将美国和墨西哥、北朝鲜和南朝鲜（图 17.1）或以色列和巴勒斯坦（图 17.2）分隔开来的栅栏和围墙。正如这些例子所说明的，边界通常有基础设施控制边防通道，这在许多情况下加剧了一侧或另一侧人之间的物质不平等。例如，环绕一个有门禁的社区、并将其与邻居分

图 17.1　北朝鲜和南朝鲜之间的非军事区顶端带有有刺电铁丝网的栅栏

隔开来的围墙，通常突出了生活在门后的人的更大财富（参见图 17.3）。同样，其外围带有围墙的城市大学校园，也将学生和其邻居分割开来。

图 17.2　以色列 Bakka-El-Garbia 将以色列与巴勒斯坦分隔开来的水泥墙

图 17.3　美国一个有门禁的社区的前门入口

各种产业已经兴起，以维护和跨越边界。例如，边防通常由政府当局或私营安保公司承担——进行边境巡逻，使用红外线感应装置等复杂技术抓捕非法越境者。另一些群体则致力于颠覆边防，从事跨界的人口、毒品和货币贩卖。事实上，跨界的人口贩卖业现在与一本万利的跨国毒品走私业不相上下（Kyle and Koslowski，2001）。简言之，越境是梦寐以求的，投资这种欲望的产业居高不下。

边界标志着人员、生活方式、经济物资、贸易管理体系的分与合。边界不仅划分了民族国家的轮廓，而且划分了一个高度可见的地方，在这一地方，国家可以动用自己的力量予以保护、巡查、控制；国家通常以戏剧性的方式表达主权。强化边界的机器的增长通常被称为**军事化**。政治地理学家研究民族国家之间边界的军事化（尤其是在发生领土之争的地方）。

当然，边界也是划出来的，所以它们可以跨越。它们不是固定的线条，而是多有漏洞的门槛。边界是协同的交汇之所，在这里，人员和观念汇集到了一起；人和地方相会、接触、混合、毗邻。在美国政府沿其南边与墨西哥的边界加强安保的同时，例如，每天有成千上万的工人跨越国界到另一侧工作。许多人在美国边界一侧繁荣的服务业工作，而另一些人则在靠近墨西哥-美国边界的外资工厂工作——在这儿，公司享有关税和税收的减免及廉价的劳动力。

边界截断知名的“边界区”，有许多有关边界区的研究，例如追问它们是如何管理的，这里存在着何种交叉、文化的混合性和跨国业务。有时，国家和社群横跨边界，无论先于国界的第一批国民还是国际旅行者都持有双重公民身份，他们在两种时间之间和两个地方之间度日（例如，Nevine，2002；Sparke，2006；Sparke et al.，2004）。

演变与论争：返回争论

边界是充满矛盾、悖论的地点，有关它们的论争仍然令人困惑。乔·奈文斯（Joe Nevis，2002：8）区分了“分界线”（boundary）与“边界”（border）。他认为，分界线是“两块（至少是理论上的）不同领土之间严格的区分线”；而边界是“两个独立的政治实体之间相互作用和逐渐区分的一块地区”。

政治地理学家传统上将边界理解为确立和防御民族国家领土的关键。现代民族国家兴起于西欧，其重要的定义元素之一是得到清晰划定的边界。为了限定成员身份或公民身份，并将这种归属感依附于一块可防御的领土，国家运用边界使国家的景观一眼就可以看出来。护照被创造出来，目的就是要界定和管理居住在民族国家之内和之外的人口的流动性（Torpey，2000）。清晰划定的边界因此逐渐取代了一度存在于人群之间更模糊、流动的边界区。因为这种国与国之间的边界是相对晚近的发明，它们通常受到比民族国家更古老的国家的争议和颠覆。例如，一些非洲国家的边界，应证了西欧殖民强国的实践——远离实地操作便划定国界，他们让分界线从部族之间穿过，活生生地将其分开。尽管有这种乱点鸳鸯谱及其经常导致的领土之争，但这种边界却依然坚挺。

因此边界是民族国家试图区分地与人的清晰地点；国家以所有方式“照看”（参见 Scott，A. J.，1998）、巡查、管理边界。国家实施权力控制物资和人员的跨界流动。

政治地理学研究了国家之间地缘政治学的关系。他们考察了边界争议的作用，将其视为国家之间国际关系的表达（Agnew，1998）。他们也将分界线理解为是通过那些介入地缘政治关系的人所划的界线来表达的：“几百年以来，地缘政治学家已经划出了基于权力政治、文化甚至自然地理争论基础之上的分与合的界线。”（Paasi，2001：9）

与此同时，世界上成千上万的人每天都在以不同形式跨越边界。边界是以不同方式来体验的一个场所，有时是痛苦的和暴烈的，特别是对那些离家逃避政治迫害、寻求保护的人来说尤其如此，有时则相对轻松，比如那些每天跨越边界去上班的人就是如此。

有些地理学家最近写到了地理想象中超级警戒的、军事化的边界，正像以色列-巴勒斯坦的边界和柏林墙一样。这些地方充当了实施主权权力的戏剧性的、有时是极端的场所。在巴勒斯坦的个案中，边界是通过一系列有着繁琐手续的检查站来进行超级管制的，在这里，身份文件是彩色编码的，为的是控制从一个城镇到下一城镇的很短距离的流动。

然而还有其他一些边界可以用一种更流动的风格图绘出来，仿佛是移动的边界。知道它们的位置常常是有争议的，那么重要的是追问边界定在何处，它们的管理是如何变化的。国际旅行者常常乘飞机跨越边界。随着全球化的到来，边界也进入到我们的日常生活之中。一些工人每日跨越边界去工作，无论在金融界的高端服务型经济之中，还是建筑工人和家政工作人员的低端服务型经济之中。人们现在可以拥有双重公民身份，甚至携带着多个护照（Ong，1999）。

这些不同类型的跨越边界，从平常的到极端的，暴露出了种种权力关系，进而涂抹上了经常以更精细的方式起作用的清晰可见的权力。

与贫穷的和也许试图靠走路、或乘公交车与船，或以非法方式、未被国家记录在案的方式跨越边界的人相比，那些在银行有更多存款的人，那些开豪车或支付得起飞机票和旅行签证的人，将有更好的机会成功跨越边界。

近年，边界已经向政治地理学家和文化地理学家呈现了完整的观念化的生存。他们进行了不仅描绘空间的工作，而且进行了描绘空间中认同的工作。仅仅空间的存在便创造了两两相对的二元性：我们与他们，内与外，国内与国外、公民与外侨、合法与非法。

国家的边界是个人必须按公民权的合法条件表现他们的认同的场所。当跨越边界时，他们简直是被清晰可辨地交给了民族国家。人类学家米歇尔·卡尼（Michael Kearney，1991：58）注意到，“正是在边境地区，身份被给予和接受、拘留和拒绝。国家试图垄断给进入这一空间的人以身份的权力”。因此，边界不仅是一个区分、容纳和跨越的场所，也是一种连接身份认同构成及认可的实践。

我们是谁，是如何与我们的出生地、工作地和居住地联系在一起的？这些地点始于何处？终于何处？在何处变得暧昧不明？边界既承担了物质区分的功能，也承担了隐喻区分的功能。边界的存在不仅是为了区分，而且是作为违反、颠覆和抵抗的场所而存在的。认同和归属之上的斗争就出现在这里。

历史上的许多例子提供了这种违反的故事，从种族团结一致的自由乘公交车运动到反拘留积极分子，不一而足。在20世纪60年代公民权运动中，前者全程乘公交车并挑战美国南方种族隔离的地区；在21世纪之交，后者推翻澳大利亚乡村用于扣留寻求避难者的拘留所的围墙（Mares，2002；Mountz，即出）。

边界不仅代表了管制和违反的场所，而且是具有深刻的模糊性的场所，正如同移民劳工的情况一样。移民劳工通常在他们前往工作的民族国家具有暂时的法定身份；他们有工作权却不会居留。因此，全球不平等被铭刻、书写在外国劳工的身体上，他们的身份认同在工作场所、家庭中、边界被再生产出来（例如：Pratt，2004；Wright，2006）。由于来自全球南方的移民劳工通常在他们于全球北方的日常生活中被种族化的诸种方式，边界在他们的生活中是随他们而迁移的，并且不断地在与雇主和他人的相互作用过程中获得重构。杰拉尔丁·普拉特（Geraldine Pratt，2004）论证了国家的移民政策是如何通过加拿大的居家护理（Livein Caregiver）项目被刻写到菲佣的身体之上的(更多有关移民政策的信息，参见论移民的第十五章)。让我们现在转向两个更特别的例子，它们说明了边界是如何不仅作为划分民族国家领土的固定界线起作用的，而且是如何作为生活在这些领土上人们的日常生活中的强有力量而起作用的。

个案研究：僵硬的边界和移动的边界

个案研究之一：格洛丽亚·安扎尔杜与美国-墨西哥边界

美国-墨西哥边界在墨西哥和美国公民的地理想象和公共话语中占有显著地位。格洛丽亚·安扎尔杜是一位墨西哥裔美国作家和诗人，在得克萨斯南部边疆长大。她的作品《边地》，是一部自传和有关边地生活及丧失的观念巨著。她将边界表现为一个边缘，一件物的结束和另一件物的开端，“一条分界线，沿险峻的边缘的一个狭长地带”(1987：3)。这一边界将经验了社会-经济的巨大悬殊的人们区分了开来：“美国—墨西哥边界是一个开放性的伤口，在这里，第三世界与第一世界摩擦冲突，鲜血淋漓。”（1987：3）通过运用隐喻、诗歌和神话，安扎尔杜将边界描绘成了一个活生生的、有呼吸的实体。她在得克萨斯的里奥格兰德河谷沿边界一带成长起来，美国—墨西哥边界永久地存在于她的日常生活之中。她敏锐地证明了我们将边界内在化的诸种方式，它随后塑造了我们的日常身份认同，而不论我们生活在何处。她也认为个人与边疆强加、管控、殖民的力量做斗争。因此，边疆地区给分界线两侧提供了机会。沿边界跨坐于文化与矛盾之上的人，将有能力用安扎尔杜所称的“边地意识”（1987：3）挑战二元论：这种能力将在不只一种文化、不只一种语言中起作用，并存在于不只一种身份中。

安扎尔杜表明，边界不仅从物质上将人区分开来，而且也通过强化差异从隐喻的意义上将人区分开来：“建立边界，目的是界定安全和不安全的地方，将我们和他们区别开来。”在将边界典型化为本身是一个“开放性的伤口”的同时，安扎尔杜也暗示边界同时也给居住在边界区的人们的身体上留下了伤痕：

> 1950 英里的开放性伤口
> 划开一个印第安人的村庄，一种文化
> 使我长长的身体虚弱不堪
> 标界的篱桩扎入我的身体
> 让我四分五裂啊我的王我的王
> 这是我的家
> 是我有着带刺铁丝网的
> 形销骨立的边缘（1987：2～3）

她利用了存在于主权领土边缘的边界区居民的边缘化和占据了由于他们的独特位置、历史、身份而被“主流社会”边缘化区域的人们之间的类比：“不正常的、奇怪的、麻烦的……简言之，那些跨过、越过或穿过‘正常’限制的人们。”（1987：3）作为一个性取向不同寻常的酷儿妇女，作为一个有色人种的妇女，一个说西班牙和英语两种语言的妇女，阿扎尔杜在她离开实际的美国-墨西哥边界区之后很长时间，都持续地写到她自己在边地的位置。

个案研究之二：移动的边界

边界本身是按地理学的想象方式演变的。边界的管制通过被称为和谐与边界理论的东西正变得更为完整。例如，欧盟成员国对移民实行了趋于和谐的调节性控制，选择极大地放松了对成员国内部移民的控制，而加强了对新加入欧盟的国家的边界管控。这种完整的边境管制在 2004 年组建的称为“外部边境安全局”（Frontex）的联合管制机构中表现得十分明显。在北美，加拿大和美国以更缜密的方式合作，例如通过整合数据库共享信息，通过管控到北美的迁移以建立一个边界。

合作管制的尝试充当了一种提醒：边界不只是固定在时空中，而且是动态的实体，总是通过管制它们的人而处于移动之中。艾莉森·芒茨（2006）研究了加拿大、美国、澳大利亚和英国对文职人员的任用。这些文职人员被称为航空联络官。他们在自己不拥有管辖权的外国机场工作，却非正式地管制等待登上国际航班的旅行者。他们寻找虚假的文件或“虚假”的旅行借口，例如一个人正在以旅行护照旅行，却计划在登陆主权领土后提出避难申请。在他们抵达之前阻止这些人是一种被称为“禁止”的实践。这些联络官也培训航空职员辨认虚假文件。他们与当地机构共享有关人口贩卖圈的信息，当他们怀疑一个可能正在以虚假借口旅行的人登机时，会事先打电话给“东道国”所在地的机构。通过这些项目——加拿大称之为“多元边境策略”，美国称为“全球延伸服务”，文职人员正将边界往外扩张到传统主权领土之外，以管制文职人员所称的人口贩卖的“高发地区”（参见 Coleman，2007；Mountz，2006）。在这些个案中，通过管制和巡查移民机构的日常活动，边界本身是移动的。它追随着迈出了传统的主权领土空间的移民。

这种管制策略是充满争议的，因为它排除了人们到达主权领土提出避难申请的机会。文职人员通过有争议的扩大边防以推动海外的主权权力边界的例子，是自2001年以来一直在用的澳大利亚“太平洋解决方案”。2001年，约翰·霍华德首相发起了一项全国性的有关反移民情感的复选活动，所针对的是借助人贩子的帮助试图通过海路抵达澳大利亚主权领土的人。霍华德引出了一种富有攻击性的强制执行政策，涉及澳大利亚当局在海上截获的扣留在岛上（包括麦尔维尔、瑙鲁和圣诞岛）拘留所里的移民（参见图17.4）。这些被扣留在岛上的人不被允许提出避难申请。这些岛屿，例如瑙鲁，不是澳大利亚的；另一些则是澳大利亚的（例如麦尔维尔和圣诞岛），但政府却将它们从“澳大利亚移民区”——一个可以合法地导出避难申请的领土范畴——中删除。通过创造性地使用地理学，澳大利亚联邦政府能够将潜在的

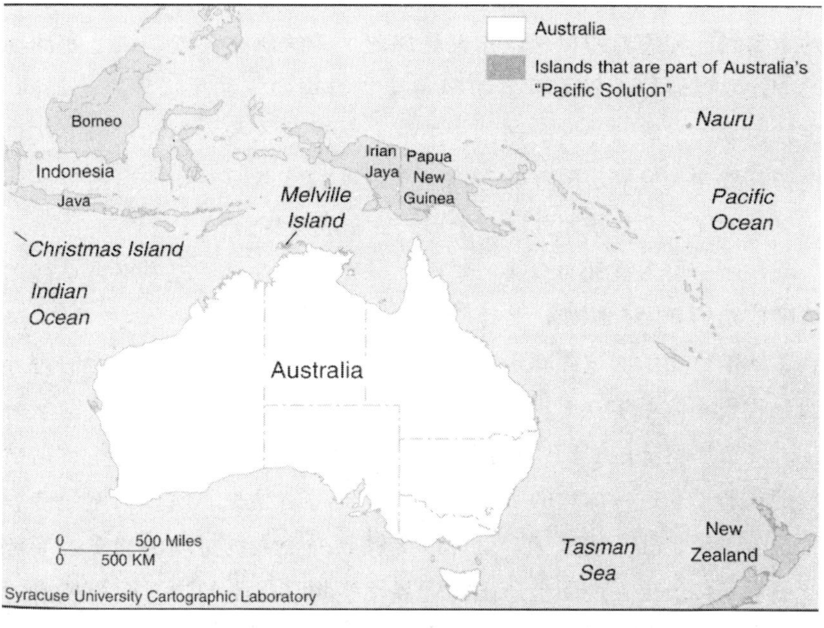

图17.4 澳大利亚“太平洋解决方案”。圣诞岛、瑙鲁和麦尔维尔岛被用于拘留在海上抓到的寻求避难者。寻求避难者不能从这些地方向澳大利亚提出避难申请。瑙鲁不是澳大利亚领土的一部分，而本是澳大利亚领土之一部分的麦尔维尔和圣诞岛，则从澳大利亚移民区中被移除

寻求避难者同主权领土隔离开来，借此使避难申请成为不可能。“太平洋解决方案”部分是“分割”的权力。澳大利亚议会在2001年召开会议，追认移民出于移民的目的所登陆的地方不再是澳大利亚的一部分。民族国家为了某些个人而不是其他人而移除其部分领土的能力，充当了边界的流动性和权力以及它们与法定地位、主权权力和认同之间紧密联系的戏剧性表达（Mountz，2004）。

未来的研究：失序与流动的边界？

因为边界在全球时代变得较少固定，政治地理学家越来越对世界的秩序化过程不那么感兴趣，而是对认识世界的失序更感兴趣（Agnew，2002；Flint，200；2Gomez-Peña，1996）。同样可以说，对边界的学术兴趣和边界的观念认知也是如此。老的研究民族国家之间冲突的方式，如何与边界的重新塑型一起获得刷新？如果边界是流动的，民族国家之间展开冲突的新的“战区”将是什么呢？新的战争实践将模仿其战斗人员横跨国界的恐怖主义团体的实践吗？如何运用边界不仅管制冲突，而且按照公民身份形式管制成员身份？

在一个更为混乱而直接、紧密而完整的世界里，边界不再是得到清晰描绘的界限。例如，路易斯·阿莫雷（Louise Amoore，2006）写到了计量生物学的边界。正如这一名词所暗示的，计量生物学的边界通过收集和测量生物地理学数据（例如公民和非公民进入民族国家时于入境口岸留下的视网膜扫描和数字化指纹）管理过境。这些数据被登记在册，通过一体化的数据库在政府机构中共享。该数据库允许一个边防人员轻轻一按鼠标，就可以接触到一个人的过境的历史。不像制图学家传统上在地图上所画的边界，生物计量学的边界因为技术的进步而以更分散的和跨国的方式获得了重构。

为了管制越来越流动的边界，国家、其文职人员及其技术必须适应流动的边界以及越来越复杂的人口贩卖业（这一行业也在不断地适应边防的提高和进步）。简言之，基础设施正在发展，给边境的管制提供了支援。这涉及数据库和软件一类的一体化技术，这类技术可以使边境机构瞬息之间便知道一个人在何地、何时跨过了另一国与国之间的边界。视网膜扫描热传感器和一体化的数据库取代了边防站的位置。

边界管控中的变化，与管理实践中更广泛的变化联系在一起。米歇尔·福柯（1977，1991）将这些变化等同于从主权向惩戒性权力的历史性变化；从与主权领导人联系在一起的可见的、强加的权力向与私密的知识的流传联系在一起的权力的日常实践转移。当民族国家成长起来并变得官僚化时，主权权力是以人口普查、计算人口、收集信息、管理公民身份的形式来实施的。当国家随着时间的流逝聚集了越来越多的人口的传记数据时，个人和社群也开始自我管制，以回应像种族建档和要求登记一类的实践，回避产生监视的公共场所。那么，在边界和身体之间，存在着一种越来越重要和亲密的关系（Mountz，即出）。未来的政治地理学家将设计出什么样的理论以理解这些边界呢？

关键点

• 边界将两个相互独立的实体区分开来。它通常在地面上以栅栏、篱墙、标牌或检查站等形式具体表现出来。

• 对政治地理学家来说，边界通常是国与国之间的；它将两个民族国家的国土区分开来。

• 确立和维护边界对现代国家的完整来说至关重要。国家用各种机制加强自己的边界，包括检查旅行文件、限制过境以对旅行者进行选择，并且在某些情况下，设置障碍以防止未经许可的越境。

• 国界是个人必须按照公民的法定条件表达他们的认同的场所。因此，国界不仅是一个区分的场所，而且也是一种与认同形成和获得认可的过程联系在一起的实践。

• 在边界区，常常出现认同和归属方面的斗争。

第十八章　地方主义

卡尔·T. 达尔曼

定义：国家之上和之下的政治

在政治地理学中，“地区”一词指两种基本的区域——通过它们与周边区域的历史、文化、经济、社会或政治的差异得到定义，但它们并不一般地与诸如民族国家这样的正式政治单元保持一致。第一种是是世界性的地区，例如加勒比海盆地或南亚，通过围绕相当随意的地理细分（例如大陆）而松散地组织到一起，但在欧洲帝国主义的种族地缘政治学观念中被赋予了连贯性。更近的地缘政治学规划将世界性的地区重铸为区域性的国家集合体，所依据的区分标准有冷战的区分（第一、第二和第三世界），相对的社会经济发展（全球南方和北方），或新形成的地区联合体，例如欧盟（图 18.1）。

第二种地区一般在大小上更小，并且通常（如果不总是准确地）被认为是国家以下层次的。这些地区被等同于巨大的历史、文化或经济上的内部同一性，经常与强烈的本地认同、少数族裔或种族认同联系在一起。这类地区也许可能包含相对集中甚至孤立的地区，例如印度尼西亚或东帝汶的亚齐（Aceh），而像加泰罗尼亚和布列塔尼一类的另一些地区，则在已经建立的国家内部主张大片区域。作为一个政治概念，地方主义指对围绕这些更小的地区而建立起来的地区认同的结构与动员，它不像民族主义所采取的方式，民族主义是透过它对祖国的诉求的棱镜来看的（有关民族主义的更多信息，参见第二十三章）。

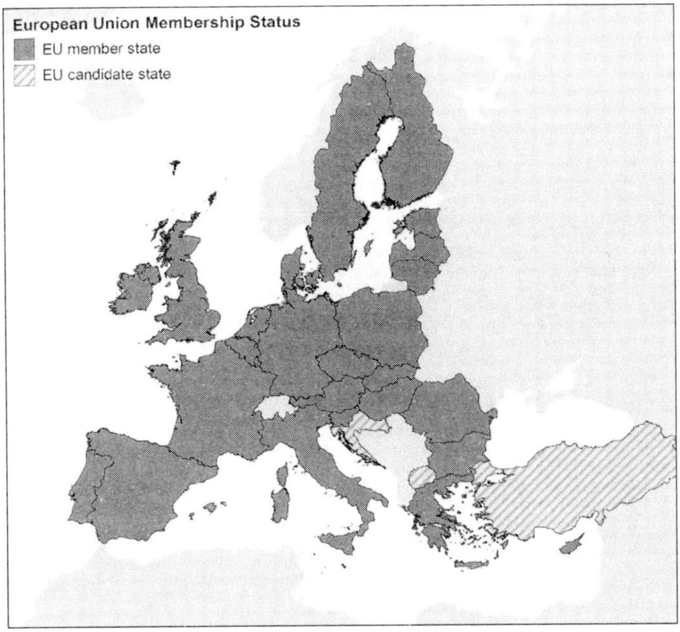

图 18.1　欧盟成员国和候选国（由卡尔·T. 达尔曼绘图并慨允使用）

与此同时，地方主义区别于民族，并且无论它们诉诸主张消除种族隔离的、自治的还是独立主义的政治，它们都是在与更占主导地位的政治认同的相互关联的二元中形成的（图 18.2）。地方主义通常与现代国家内部被边缘化的人和地区联系在一起，但不总是如此。例如，英国和法国是围绕特殊的地方认同建立起来的国家（分别认同于伦敦及其本郡和巴黎盆地），虽然其统治精英长期以来否认他们的地区偏见（Johnes and Macleod，2004；Loughlin，1996）。事实上，更边缘的地区通常因这样一种感觉而获得了能量：国家是以其他地区为代价由少数地区所管理并为少数地区的利益服务的。这类差异在不同的历史和地理环境中的重要性千变万化，但它们使民族国家理想的建构层面变得轮廓分明（参见第一章对民族国家概念的详细讨论）。

地方主义经常被建国精英视为传统主义的、落后的和反动的，而

图 18.2 整体或部分声称是巴斯克地区的省份，位于法国和西班牙边界的两侧（由卡尔·T. 达尔曼绘图并慨允使用）

地方主义一般宣扬真实的、感觉得到的历史性不满。当然，当代地方主义的动力更为复杂，地理学家将它们在现代国家体系中的兴起归于各种各样的原因（Agnew，2001；Keating，1997）。首先，解殖民化的进程和冷战的瓦解将地方主义的抱怨带上了前台。当然，地缘政治秩序的这些变化在新、老国家之内都有影响，在新、老国家中，殖民边界的遗产，投入和征收的不足，或新发现的专一主义认同的成功，可以触发一定地区长期存在的或新兴起的议题。例如，乌干达北部的阿乔利地区，是一个在英国统治下有益于乌干达南方的榨取劳动力和资源的地方。长期忍受痛苦的北方终于在 1985 年兴起了一支主要是接管首都的民兵组织，这一组织仅在一年之后就被击退，这引发了乌干达北方内部 20 年之久的武装反抗（Mutibwa，1992）。

第二种原因与全球化时代经济竞争的挑战有关。经历新自由主义转型的国家，意味着要加强更有竞争力的地区的优势而同时缩减政府在欠发达地区的支出，这尤其问题重重。例如，意大利中部和北部工业区的成功，得到了保护主义贸易方案的强化，而政府支出的持续压力则有将该国不那么发达的南方抛得更后的危险。第三个稍稍类似的原因，是对殖民主义和全球化的“文化”反应的增长，这在对围绕地方风俗和集体记忆发展起来的地方认同的明确肯定中有目共睹，甚至当这些传统在这一进程中被改变或被发明出来时也是如此。这也许可以在英格兰“被发明出来的传统”（尤其著名的是苏格兰褶裥短裙和格子呢）中看到，它们已成为英格兰高原地区、甚至苏格兰民族区别于英格兰差异的象征（Trevor-Roper，1983）。

对地方主义运动的兴起的第四种解释，独一无二地与欧洲的政治发展联系在一起。19 世纪欧洲的现代建国过程，力图消除挑战中央集权的首要地位的地区和地方主义的重要性。因此，例如，法国力图通过文化同质化——主要是通过法语的传授——取消地区差异。因为此前大部分被现代化的力量所绕开，这些地区在第二次世界大战以后成了经济开发和融入国家的目标。在对全球化挑战的回应中，地方主义运动在 20 世纪 80 年代兴起，成为了由地方更大程度地掌控文化、政治和经济政策的焦点（Keating，1997）。今日欧洲是具有极不平衡意义的地区的混合体。例如，德国由 13 个州、两个城邦、一个既是城市也是“地区”的州所组成；在德国统一之前，几乎都是独立的政治单元，它们都保留着各种程度的地区身份。相比之下，比利时则由两个极为不同的由语言来划定的地区组成：佛兰德斯和瓦隆。英国则以历史上的地区认同（例如在康沃尔）和作为中央政府创造的行政规划区之间的紧张关系而著称（Johns and Macleod，2004）。

欧洲的整合已经给一些寻求在欧盟的决策中获得更大的表现和声音的地方主义运动火上加油。因为约 70%的欧盟立法是在地区或地方层次上展开的，它们的议题稍稍获得了认真的关注。给地区层次带来辅助性原则（一种欧盟原则，意在使欧盟的决定尽可能亲民）的尝试，创造了“地区委员会”，一个通过1994年的《马斯特里赫特条约》所创造的欧盟咨询机构。尽管委员会为地区的声音提供了一个场所，但批评家常常将它描绘为没有权势的，因为它没有独立的决策权。此外，依然存在于欧盟之中的以国家为中心的标准，意味着在欧盟决策中真正的地区参与按照地区在每一成员国中的作用而多有变化。一些地方主义的作者和地方主义的运动设想拥有一个联邦制的欧洲，在其中，每个成员国实际上是多余的，将被一个制度化的“地区的欧洲”所超越（Laughlin，1996）。还有其他一些地方主义运动既否定国家也否定欧盟，不将两者视为一个合法的政治实体。例如，波黑塞族共和国的民族主义大部分否定它们的国家——波斯尼亚和黑塞哥维那——以及欧盟在这里和周边地区的介入。

地方主义在极为不同的语境中起作用，直接影响了它们的政治结果。在欧洲，地方自治或少数民族权力运动通常将它们的合法性建立在历史的领土要求之上，同时用现存的国家管理机器推动和解。具有更多独立意识的团体，包括部分共和主义者（北爱尔兰）和巴斯克（西班牙）运动，则在要么没有提供和解、要么提供的和解不够的地方使用暴力。相比之下，后殖民世界地区的地方主义，通常没有通过地区或地方的管理程序诉诸和解。这些地方的中央集权政府通常将所有以地方为基础的运动视为对国家权威的挑战，因为这里几乎没有其他可将这些政体联系在一起的共同社会机构（例如，在达尔富尔和苏丹南部地区）。地方运动的结果——无论是达成和解的抑或是被镇压的——都是政治和经济环境驱使的结果，尽管大多数国家偏爱中央集权、地方边缘的现状。国家对分离论者或不忠诚地区的忧心忡忡，通常会带来军事镇压，获得非法支持的地区行为体也可能奋起反抗（Le Billon，2001）。伊拉克北部的情形就是如此。在这一地区，库尔德各政党在20世纪90年代能够通过输出石油聚敛金钱。这种态势自美国2003年入侵之后更为加剧，使得更有可能如果中央政府失败，库尔德人将寻求绝对的地方自治甚至独立。

演变与论争：进程与定位问题

目前对地方主义的思考广泛而分散，但两种包罗万象的对话出现于许多当代文献之中。其一集中于进程问题，其二集中于地方位于何处、将来有可能出现于何处。

进程问题

与进程相关联的问题集中于辨明和分析塑造和维持地方主义的各种因素。两种不同的思想传统给我们对这一问题的理解以启示：将地区理解为历史文化区域，将地区主要当做经济功能区域进行考察。第一种来自一种更古老的传统，通过详述赋予地区以独特特征的历史、文化、政治、经济特点来研究地区。作为当代的一种学术研究形式，这种理解成形于维达尔·白兰士（Vidal de la Blanche）对法国的传统生活方式和地区是如何因上世纪之交的现代化影响而转型的研究。他的方法在有关地区描述性的、人文主义的写作传统中获得了回响（Gregory，2000）。在实践中，地区主义运动也充分利用了有关它们各自的历史文化区域独特性的观点，不过通过阐释赋予地区认同以当代的政治价值，并用政治合法性来支撑它们的主张。请注意芬兰地理学家安西·帕西的警告：学术和学院形式的对地区认同的谈论，本身是一种政治行为，它们与人们如何通过地区政治的、社会的和经济的体制确认自己有所不同但有牵连（Paasi，2003：478）。

另一种研究地区和地方主义的思想方法，基于对在各地区之间经常可以发现的经济不平衡发展的研究。这种区域分析在20世纪中期暴得大名，并极度依赖定量研究以确认区域经济表现中的重要因素。地理学家和他们的数学模式深深地投入到了官方政策的制定之中，而它们本身也是区域分类的产物，这种分类很少以现存的文化区域为基础，而更多的以官僚主义便利的管理布局为基础。一个有趣的例子是阿巴拉契亚地区委员会，一项 20 世纪 60 年代的行政发明——意在指导对具有显著社会问题的地区的联邦救助，当然它也归功于阿巴拉契亚被描绘为一个文化区域（图 18.3）。区域经济地理学提供了一个认识越来越流动的全球经济如何可能使地区而不是国家成为政治焦点的框架（Scott，A. J.，1998）。当将这一“新地方主义”概念置于现存的地方主义之上时，它在试图把握新的发展资本方面创造了新奇的政治回应。经济上被边缘化的地区的政治诉求，在某些情况下获得了新的合法性，然而所带来的政策选择常常偏爱重新投资于现存的核心地区。

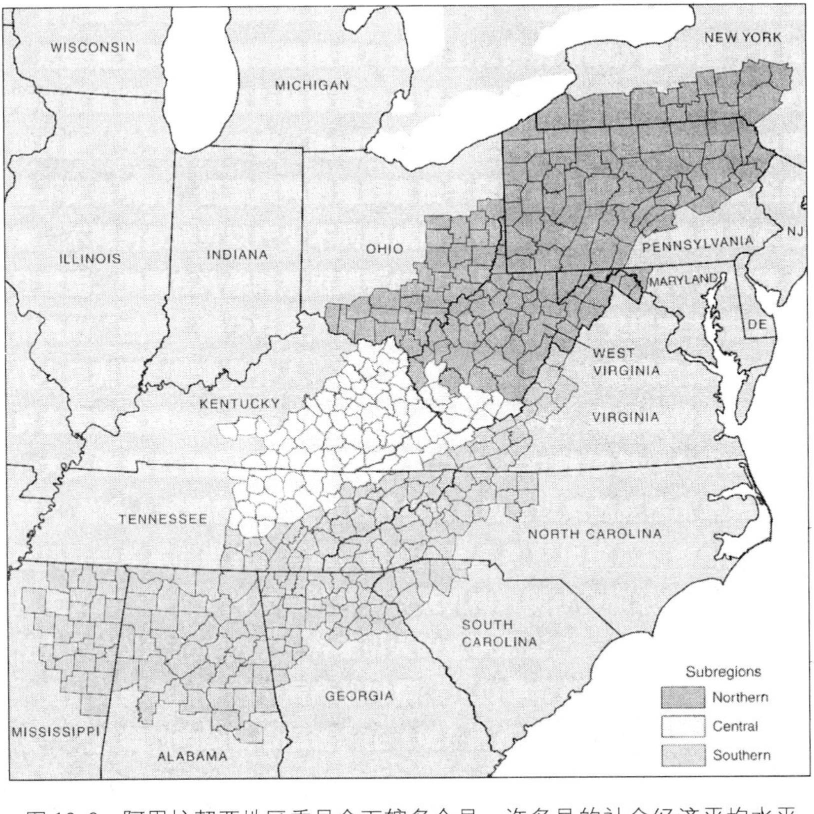

图 18.3　阿巴拉契亚地区委员会下辖多个县，许多县的社会经济平均水平低，都瞄准政府资助的开发项目（由卡尔·T. 达尔曼绘图并慨允使用）

给地区定位

当代学术界有关地方主义的第二种包罗万象的对话，是有关我们可以将地方定位于何处以及它如何与其他范围联系在一起的问题。显而易见的是，有关如何定义和维护地方主义的不同看法，提供了相当不同的区域地理学。对地方主义的文化-历史的理解，往往集中于据称是先于现存政治实体的种族领土权或后来的国家领土权。这些地区经常被谈论到，仿佛它们整体上是处于一个国家之内，然而以文化为基础的地方主义通常越过了国家边界，正如意大利和奥地利的斯洛文尼亚地区一样（Herb and Kaplan，1999）。尽管这些“种族的”地方主义存在于世界各地，但它们更有可能在发展中地区或倾向冲突的地区而不是在高度发达的国家成为关注的对象。相比之下，“新地方主义”的都市空间，也许过于经常地与像中央商业区或科技园这样高度现代主义的地点联系在一起。可以肯定，具有竞争力的都市区是维持灵活的生产和以知识为基础的经济的必不可少的金融、革新、研究、开发、技术网络的著名场所（Ward and Jonas，2004）。新地方主义因此与领风气之先的资本主义积累策略的空间转变联系在一起，重视的是从狭义的角度来看，我们对全球化理解为典型特征的新技术与消费市场。当然，我们不应当排除发展中空间的地方主义，无论它们在正在全球化的而不是已经全球经济中的作用多么微不足道（Mbembe，2000）。

个案研究：库尔德地方主义

通过地方主义的棱镜考察中东库尔德人的政治地理学也许似乎否定了长期存在的公认的真理——“库尔德是没有国家的最大民族”①。在库尔德人引人注目（如果不是占主导地位）的这一地区，从土尔其

① 在这一节，我采用了我自己的著作，尤其是Dahlman，2002，2004。

东部和伊朗西北部的山区直到叙利亚南部、伊拉克北部，再沿扎格罗斯山脉向南。20世纪的库尔德民族主义者经常主张基于历史和人口统计的想象基础上的巨大区域，但库尔德人没有在任何地方建立起一个有意义的、包揽这一巨大区域的政体。[①] 当然，事实依然是，库尔德斯坦依然被第一次世界大战之后所划分出来的分界线区分开来。因此，每个国家内部的库尔德地区，都经常体验着同土尔其、伊拉克、伊朗、叙利亚、苏联的中央政府之间的紧张关系。库尔德人在文化上区别于在这里每一个国家统治精英中占主导地位的地区认同，库尔德地区在社会和经济发展项目中大多被忽视，假如这些积极行动存在的话。过去100年来，库尔德地区与这些国家的其他地区相比依然贫困和欠发达。

更仔细地考察每一库尔德地区，我们就可以明白一种相对同质但相当薄弱的民族主义运动是如何随时间的流逝而变为四种不同的地方主义运动的。高加索北部被推定的十五种库尔德地方主义，没有任何可视为相同的形式，尽管自认库尔德人的人继续生活在这里。最大的库尔德地区是在土尔其，包含了大约1 300万库尔德人，大约占库尔德人口的一半。自现代的共和国形成以来，土尔其的库尔德地区依然是一个受剥削的、边缘的地区，被土尔其西部和中部的趋向现代化的工业化所忽略。土尔其国家，在寻求建立一种公民认同的过程中，仍然建构的是一种主要是突厥语系的对国家的认同，而像库尔德一类的种族认同则被当做落后的与领土分裂或动荡的潜在源泉主动压抑了。

在20世纪的各个不同时间点上，土尔其库尔德人的普遍不幸受到了无数库尔德权力运动和库尔德民族运动的公然反抗。最著名的是20世纪80年代，阿普杜拉·奥卡兰领导了一场名为库尔德斯坦工人党的为土尔其库尔德人寻求民族解放的暴力游击运动。尽管库尔德斯坦工

---

① 继第二次世界大战以后，这里曾在一小块地方存在过一个马哈巴德库尔德共和国，但它只持续了一年。

人党对政府发起了严重的挑战，土尔其还是控制了该地区，并最终逮捕了奥卡兰，有效地结束了这场战争。土尔其也在东南库尔德地区启动了一系列社会发展动议。当然，其中的某些动议，如将迁移许多人的强力控制计划是充满争议的。国家也排除了对库尔德语言和相关文化表达的限制，库尔德人不再被委婉地称为“土尔其山民”。这种改变，许多是在土尔其寻求成员资格时伴随着欧盟机构的自由化的影响而来，但相当清楚的是，土尔其库尔德人的认同在体制和政治上还是极不同于邻国的库尔德人运动。

与土尔其的库尔德人运动相比，叙利亚和伊朗的库尔德人运动势单力薄、组织涣散。两国的库尔德地区最多也就是文化区域，少有有意义的政治或经济发展。在叙利亚，大量迁移和城市化已经破坏了所有在原位的（*in insitu*）领土主张，而在伊朗，库尔德人与自 1979 年伊斯兰革命以来的国家处于一种僵持不下的局面，1979 年的伊斯兰革命导致了部分成功的推进了更大的文化自治，但却很少认真考虑更正式的库尔德地方主义。

伊拉克的库尔德人所处的位置与其他任何国家的库尔德人极为不同（图 18.4）。首先，它们是紧凑的，是该国北部相对明确的文化区，包括 400 多万人口。其次，伊拉克的库尔德人由所有库尔德地区的两个强有力的政党所控制，组建于 1945 年的 KDP（库尔德斯坦民主党）和组建于 1975 年的 PUK（库尔德斯坦爱国联盟）。库尔德斯坦民主党在伊拉克国家于 1974 年宣布它是一个库尔德自治区之前，一直控制着伊拉克北方大部分地区。库尔德人对石油储量丰富的基尔库克镇等的主张，导致了库尔德斯坦民主党与中央政府之间的战争，库尔德斯坦爱国联盟即兴起于这场战争。库尔德斯坦民主党和库尔德斯坦爱国联盟试图利用 1980 年代伊拉克和伊朗之间的战争巩固自己对伊拉克北部的控制。在对库尔德人威胁的反击中，萨达姆·候赛因领导下的巴扎尼主义者在 20 世纪 80 年代末发起了针对伊拉克北部库尔德平民的种族屠杀运动。在 1991 年海湾战争之后，英美保护伊拉克北部，库尔德

图 18.4　伊拉克北部库尔德人之间的划分，不仅说的是库尔德人问题的地方化，在国家内部划出库尔德斯坦，而且说的是库尔德人政治领导人的政治恐怖主义（承蒙美国中央情报局慨允使用）

各党派终于组成了库尔德斯坦地方政府，继续像伊拉克国内的一个高度自治的联邦区一样运转，甚至在继美国入侵之后所创建的伊拉克新宪法之下也大部分摆脱了中央控制。

重要的是，伊拉克北部的库尔德地区，正在经历也许可以被描绘为经济繁荣的时期，具有使人联想起新地方主义所描述的有竞争力的城市-地区的特点。主要的库尔德城市都是迅速分化的经济体，富有石油税收，这提供了相对稳定的区域。假如新地方主义有在相对独立于国家的情况下发展政治经济体制的地方愿景，那么，伊拉克北部可以充当一个首要例证。伊拉克北部的例子也表明，经济地方主义不是独立于文化-政治地方主义的，但它的到来是以更大的库尔德民族主义为代价的。更重要的是，外部行为体和中央国家政策对库尔德人故土的每一部分的影响，已经对库尔人之间分崩离析的地方主义做出了贡献。在土尔其，库尔德人越来越支持主流政治，而国家也允许更大的文化表达的空间。这种状况以及大量的库尔德人从该地区迁移出来，已经使库尔人脱离了传统的权威基地。在伊朗，更传统的种族政治运动仍然在防守，而在叙利亚，库尔德地区在国家压迫和移民之下正趋于消失。只有在伊拉克北部，库尔德地方主义也许才蓬勃繁荣，沉浸于石油税收之中，然而也被传统主义的种族-政治党派所捕获。

关键点

• 政治地理学家将地区描绘为国家以下的区域或超国家的区域，通过地方对独特的历史、文化、政治和/或经济经验的主张，这些区域将自己与其主权国区分开来。地方主义是在地区的基础之上所提出的一系列主张或所构成的一种认同。

• 以边缘化的历史文化团体为基础的政治地方主义，长期以来对中央集权国家的国内政策发起了挑战。

• 经济地方主义往往折射出了城市资本积累的策略，在这些策略中，对全球竞争力的渴望，向国家的调控角色提出了挑战。

第五部分　暴力

导　言

卡洛琳·加拉尔

按照大多数标准，20 世纪是有史以来最残暴的世纪。20 世纪国家体系的常规化是以在国家层次垄断暴力手段为基础的。的确，20 世纪见证了很多常备军的形成。随着时间的流逝，国家开发了甚至更复杂的武器供自己使用。而资本家也参与其中，通过批量生产 AK47s 自动步枪、榴弹发射器乃至于目的在于投掷炸弹的飞机和其他自动推进的武器，将武器生产产业化了。尽管谈论 21 世纪是否会同样地残暴还为时过早，但使 20 世纪如此残酷的诸多特点继续存在。当然，暴力的性质可能会改变，正如在全球的许多地方国家体系受到了削弱一样。

在本书的这一部分，包含四个与暴力相关的概念。第一章涉及冲突的概念。在地理学中，冲突在历史上研究的是国家之间面对面的战争。然而，冲突也越来越出现在国家内部或全球各地大部分无国家的地区，并且涉及非国家行为体，例如游击队或准军事团体之中。冲突也许也可能涉及大部分非暴力竞争。一些地理学家也研究不同的以认同为基础的群体如何处理相互冲突的利益。在第二十章，对后冲突概念进行了详论。当冲突结束时，暴力通常会消退但不会一起中止。地理学家考察暴力在冲突结束之后如何发生变化，尤其关注暴力在空间模式之上的所有变化。

在接下来的一章，讨论了冲突的一种战术——恐怖主义。恐怖主义是一个负载过多的术语，对这一词语的定义还没有达成任何共识。在基础层次上，地理学家（以及其他社会科学家）将恐怖主义视为目的在于恐吓平民的一种战术。在将恐怖主义描绘为一种突发事件的同时，地理学家注意到，在恐怖主义攻击的地理分布上，存在着明确的空间模式。

在这一部分的最后一章，将思考一种特殊形式的冲突——反国家主义——是指公民对他们生活其中的国家的内部攻击（言语上的或物质上的）。反国家主义的目标是废除国家。当然，不像其目标在以另一国家结构取代此一国家结构的传统的游击战，反国家主义者通常想剥夺一个国家的权力，将其迁移到更小的范围，例如省甚至是当地的管辖范围。

冲突可能并且确实出现于不同层次。用在这些章节中的例子遵循了一种相同模式。所覆盖的冲突包括：有关谁可以参加纽约的圣帕特里克节游行的竞争，将联邦政府赶出肯塔基的斗争，非洲大湖区的战争。此外还思考了波黑冲突的余波。

第十九章　冲突

玛丽·吉尔马丁

定义：战争时期与和平时期

在广义上，冲突来自于不同的人、群体或机构追求互不相容的目标。通常，人们认为冲突是暴力的，但情况并不必然如此。冲突可以通过和平的方式、也可以通过使用武力的方式得以发生，尽管暴力冲突受到大部分的注意。

当我们思考使用武力发生的冲突时，要做出许多区分。武装冲突涉及冲突各方使用武力，尽管从单个士兵所发起的攻击到由于多元因果而爆发的全面战争，不一而足。涉及一个国家或一个有组织的团体使用武力针对平民所产生的冲突（例如大屠杀和种族灭绝），有时被描绘为单边暴力（Eck et al.，2004）。恐怖主义也是一种冲突形式。恐怖主义希望通过使用暴力或威胁使用暴力针对政府、团体甚至个人以确保目标（有关恐怖主义的更多信息，参见第二十一章）。约翰·高尔通将这些描述为直接的暴力形式（Johan Galtung，1990）。他也分辨了其他形式的暴力，著名的有结构性暴力和文化暴力。高尔通就其中的区别做了如下解释。直接暴力涉及杀害、致残、拘留或驱逐。结构性暴力涉及剥削或边缘化，例如通过认可贫困。文化暴力是使我们对直接或结构性暴力视而不见、或力图使其正当化的任何东西。正如高尔通所解释的，“文化暴力使直接暴力和结构性暴力看上去甚至感觉正常——或至少无错”（1990：291）。

在传统的政治地理学特别是地缘政治学中，对冲突的研究聚焦于**战争**。布雷登和雪莱（Braden and Shelley）分辨了三种传统战争：国与国之间的战争（两国之间）、国内战争（一国之内）、世界大战（多国集团之间）。在21世纪初，有19场战争正在进行，其中大部分是国内战争（O'Loughlin and Raleigh，2007）。当然，政治地理学家也认识到了战争的与日俱增的全球维度。克劳斯将其描绘为恐怖的全球化：这不仅指例如基地组织一类的多国恐怖网络，而且也指运输和通讯的全球化，这种全球化加快了恐怖团体的活动（Dodds，2005：198～200）。

政治地理学对冲突的研究聚焦于战争是重要的，但它经常走向了对其他形式冲突的排除，例如人际冲突——它可能是暴力的，也可能不是暴力的。聚焦于战争也往往排除了对如何避免或战胜冲突的分析。它有助于提供一种对冲突的否定性理解，即使冲突也许有可能是有益变化的一种催化剂。

政治地理学传统上聚焦于冲突的三大原因：领土、意识形态和资源。许多冲突是由这些因素综合在一起引起的。更近的地理学家将种族性确定为冲突的一个共同原因，尤其是在国内战争之中，虽然一些人，像奥洛林（2005b）认为经济因素一般构成了大部分种族冲突的基础。近年，政治地理学家也将注意力放到了以认同为基础的和以地方为基础的冲突之上，这些冲突比起传统上是兴趣和研究焦点的战争来，有时出现于更小的范围内，很少采用暴力。举例来说，布朗等（Brown et al.）讨论了在华盛顿塔科马流产的试图上诉一项同性恋权利法令的语境中的"文化战"；舍洛（Shirlow，2006）讨论了正在进行的在"后冲突的贝尔法斯特"的论争；马斯顿（Marston，2002）则讨论了这一章稍后将要讨论的纽约的圣帕特里克节游行。当然，随着这种不断变化的焦点而来的，是一种运用"冲突"一词的犹豫不决。取而代之的是，"争议"一词通常被用来描绘许多以地方为基础的和以认同为基础的论争，同时"冲突"一词更经常地被用于描绘以国家为中心的论争。

演变与论争：冲突还是争议？

政治地理学内部对冲突的早期研究通常集中于战争，例如通过给用于战争目的的策略计划提供指导。哈尔福德·麦金德在20世纪早期引进了心脏地带的概念——世界上需要加以控制以确保全球控制和主导地位的地方。这种关注一直延续下来，随之地理学家为战略决策和地缘政治策略提供了洞见（O'Loughlin and Raleigh，2007）。当然，在许多政治地理学家服务于战争事业（无论是作为理论家还是实践工作者）的同时，其他许多地理学家却关注用他们的知识去揭示战争的后果。奥洛林和罗利突出了地理学家越来越提供批判性的战争观和军事观的各种方式，从描绘轰炸的效果到建构全球冲突的地图（O'Loughlin and Raleigh，2007）（并且参见图19.1和19.2）。地理学家也研究冲突的效果，既包括象征上的，也包括物质上的效果。这其中包括论述后民族主义和后殖民状态的著作（参见与爱尔兰相关的著作：Nash，1999；Whelan，2003）。

自20世纪80年代以来，对政治地理学中身份认同政治的与日俱增的兴趣，已允许对意识形态上的冲突展开更精细的分析（尤其是与社会差异——例如社会性别、种族、民族性和性别属性——联系在一起的意识形态）。当然，由于这些研究置身于政治的“小政治”传统中恰到好处，它们经常被定义为文化地理学或社会地理学而不是政治地理学。其结果之一，是身份认同冲突经常被描述为异议，它有助于加强将冲突概念化为某种程度上是以国家为中心的。尽管有这种分类，但对身份认同的关注已经显著地扩大了对冲突进行研究和理论化的范围。现在，冲突也许被视为个人的、家庭的，以街道或地点或城市为基础的。它们也许也被视为国际的或跨国的，在国家的直接控制之外运转，尽管经常受到国家议题的影响。

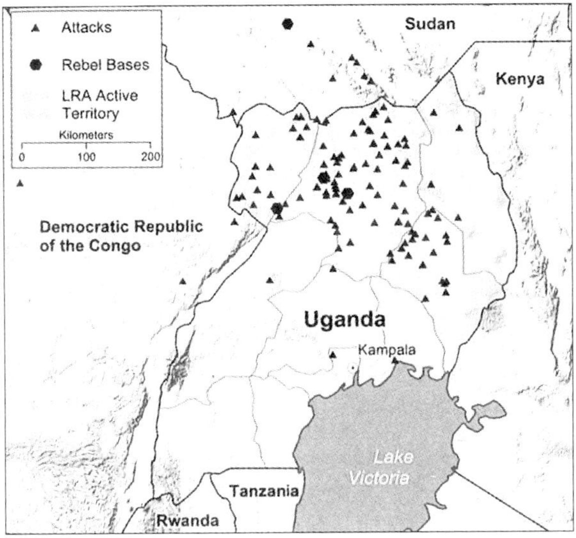

图 19.1 圣主抵抗军活动地区（1994～2004），经允许从 Cox et al.，2007 复制

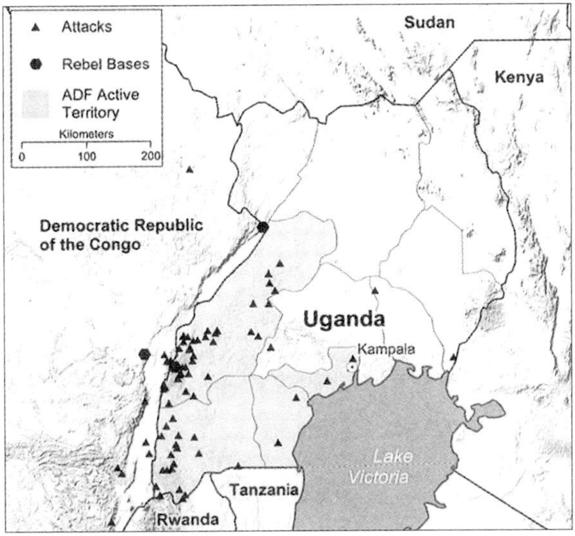

图 19.2 联合民主军（ADF）活动地区（1996～2002），经允许从 Cox et al.，2007 复制

由于2001年9月11日对美国的攻击，以及随后对阿富汗和伊拉克的战争，政治地理学内部对冲突的理论化和研究在最近已得到重塑。这导致了对战争的重新关注，政治地理学内的许多著作力图弄清这些事件及其导致的地理格局。所谓的“反恐战”引发了有关这一话题的无数文章、特刊和书籍（例如，The Arab World Geographer，6〔1〕，2003；Ettlinger and Bosco，2004；Gregory，2004）。与此同时，地理学家号召对军事地理学和地理学的军事化引起更多批判性的关注。伍德沃德突出了军事地理学与战争之间的紧密关系，她评论说：“军事地理学构成了军事暴力的基础。”（Woodward，2005：724）她提出一种军事地理学的方法：不只是考察武装冲突，并且对军事活动塑造日常生活的各种方式保持批评（Woodward，2005）。

在对冲突进行理论化方面，除了这两种显著变化之外，另一个兴趣领域也已崛起。那就是对资源冲突的研究，无论这些冲突是在国家之间还是在国家内部，涉及非国家行为体还是超国家行为体，抑或是出现于地方、国家抑或是国际层次（Laurie，2007；Le Billon and El Khatib，2004）。通常，这是通过政治生态学更广泛的研究来构架的（Peet，1998：95～97）。勒比龙提出，研究资源冲突的方法，已经从战略资源或稀缺资源转向了出现在资源上的各种冲突（Le Billon，2007）。

个案研究：纽约的圣帕特里克节的游行；印度的纳尔马达流域

认同和认同的冲突问题，是第一个例子——萨丽·马斯顿对纽约圣帕特里克节游行的说明——的核心（Marston，2002）。自从1991年以来，纽约一年一度的圣帕特里克节游行，已成为游行的组织者——爱尔兰人古代秩序（AOH）和爱尔兰男女同性恋组织（ILGO）——之间冲突的一个场所。爱尔兰男女同性恋组织由新近抵达纽约的爱尔兰移民于1990年组成。该组织申请准予参加1991年的圣帕特里克节游行。这一申请被驳回，表面的理由是申请得太迟。然而，次年的再次被拒表明，爱尔兰男女同性恋组织在游行的旗帜之下被排除出来不许参与，是因为它对爱尔兰身份认同的说明与游行组织者不一致。天主教对爱尔兰人古代秩序（AOH）的信仰和实践来说是必不可少的，其许多成员是年纪偏大且更为保守的人。马斯顿认为，对爱尔兰人古代秩序（AOH）的这些成员来说，“私下里作为爱尔兰人和同性恋者是一回事，将这种身份公之于众完全是另一回事”（2002：389）。同样的冲突也发生在其他美国城市，例如波士顿，游行组织者也禁止波士顿的男女同性恋和双性恋的爱尔兰团体参加，这一决定得到了美国高等法院全体一致的支持。以这种方式，爱尔兰身份认同在美国通过圣帕特里克节游行表现出来的一年一度的公开表演，由于在对这种身份认同的诠释之上存在着相互矛盾和当下不可能达成和解的差异，而成了一个冲突的场所。正如马斯顿所评论的，游行因此是一种“嵌于统治和赋权的复杂政治中的种族和国家仪式，它能够颠覆某些身份认同而肯定另一些身份认同”（2002：389）。空间和地点对这一仪式至为关键。国家也是如此，因为它介入裁定、调控空间（特别是公共空间）和身份认同之间的关系。

第二个例证涉及对资源冲突的研究。1995 年，那时的世界银行副行长伊斯梅尔·塞拉格尔丁评论说，“假如这一世界的战争是争夺石油，下一世纪的战争是为了争夺水”（引自 Otis，2002）。现在的事件，特别是波斯湾的冲突，给塞拉格尔丁的评论带来了极大的宽慰，表明石油依然是资源冲突的根源（Le Billon and El Khatib，2004）。当然，政治地理学家和其他人最近的著作，已经开始突出水的重要性，将其当做一种冲突的根源，并且突出了处置和解决这类冲突的方式（参见最近《政治地理学》论国际河流的冲突与合作的特刊，Sara McLaughlin Mitchell，2006）。水冲突的出现可以出于各种原因。第一种原因，有关水的所有权，特别是是否视为一种公共产品还是私有财产。有关水的私有化的议题和冲突，从地方到国际比比皆是（参见 Laurie，

2007)。第二种原因涉及水是一种稀缺资源，冲突起自获得水和使用水的权利。第三种原因涉及水和开发，特别是通过建设大型水坝，引水和移民。范达纳·希瓦（Vandana Shiva，2002）将这些冲突描述为要么是传统的，要么是范式性的：第一种是共同体内部、国家之间、国家和地区之间的实际战争；而第二种是我们如何感受水、体验水方面的冲突。

尽管不是一位政治地理学家，阿兰达蒂·洛伊（Arundhati Roy）却是一位在地理学内部经常被引用的作者，尤其是在涉及她有关2001年9·11的余波以及印度与巴勒斯坦冲突的文章时，尤其如此。很少受到关注的一篇文章提供了对大坝建设的政治地理学的卓越洞见（Roy，1999）。在该文中，洛伊突出了大坝建设对印度国家工程的重要意义：在独立以后的这些年里，在印度已经建设了3 000多座大坝。洛伊估计，有将近3 000万人因这些工程而迁移，其中60%是部落民——印度社会最穷困的群体。最近最大型的工程之一在纳尔马达流域（参见图19.3）。这一工程由纳尔马达河及其支流上的30座大型水坝、135座中型水坝、3 000座小型水坝所组成。当其完成时，估计将有35万公顷森林、20万公顷可耕种土地被淹没，上百万的人口被迁移。除了这种迁移之外，它还将影响到生活在纳尔马达河流域2 500万人的生活。在她的文章中，洛伊描绘了受到这一工程影响的人们所采取的各种方式，组成一个旨在避免破坏的行动团体，举行和平抗议、进行绝食以试图引起因大坝建设对人们的生活和环境造成的破坏性结果的注意。罗伊的文章是证明水冲突的一

图19.3　印度

种方式，水冲突这一话题正引起政治地理学越来越多的关注。

关键点

- 冲突来自不同的人、团体或机构追求不同的目标。冲突可以采取多种形式，其中也许包含暴力。
- 政治地理学家一般聚焦于冲突的三种主要原因：领土、资源或意识形态。在许多情况下，冲突来自于这三种因素的结合。
- 政治地理学最近对冲突的研究，遍及从全球冲突（例如“反恐战”）到城市空间上更地方化的冲突，到各种层次上的资源冲突。

第二十章　后冲突

卡尔·T. 达尔曼

定义：战后的生活

图 20.1　像这里所显示的 1945 年被美国军队夺取的纽伦堡一样，德国的城市在第二次世界大战期间遭受重创。随后是大规模的战后重建以及现代欧洲经济的创造（承蒙美国档案管理局慨允使用）

后冲突时期是随着战争的结束而开始的。按一般的用法，“后冲突”指武装冲突的中止和一般的重建和复兴时期的开始（图 20.1）。

后冲突一词出现于 20 世纪早期，并基于一系列那时认为是真实的而现在不再完全适用的潜在假设。这一语境构成了目前使用这一术语的种种困难。首先，“后冲突”暗含着正式的国家是冲突的唯一的或至少是主要的当事方，它们按照清晰的协议条件结束战争。然而，国家对国家的战争，有些学者所称的“老式战争”，并不能代表今日绝大多数冲突，今日的冲突使分辨战争的结束或其他什么的开始更为困难，除非它采取了相对层次的武装冲突的方式。的确，当代的战争是由极难界定的力量在模糊不清甚至变化不定的指挥链条下展开的，与正式的国家只有暂时联系或是根本没有联系（Kaldor，1999）。因此正式的议和没能处理“地面上”给武装冲突火上浇油的许多问题，因为涉及和约的各方国家可能很少实际控制参战的非国家各当事方。后冲突一词表明的第二大假设涉及战争一旦结束后战斗人员的角色问题。因为这一术语是发展的。当战争主要在国家之间展开时，便假设了士兵在战斗以胜利、失败结束后，要么回家或复员，要么继续做士兵。然而，今日的武装冲突，在战场上没有明确地结束，相反产生了一种战争的模糊不清、缺乏稳定的政治搁置，在这种情形下，前战斗人员依然与士兵和平民搅在一起。

后冲突社会谁拥有权力的问题提醒我们，重建和复兴是由具有不同能力和拥有这些活动应当达成什么的特殊愿景的行为体来执行的。因此，谁来资助和指导重建，也许便重新激活了冲突本身是有关如何推进，或更简单地说，有关谁从中受益的老的和新的地缘政治摩擦的各个维度（Caplan，2002；Fukuyama，2004）。这些问题提醒我们，后冲突情境的标志，通常是通过其他方式延续战争，例如，相互竞争的党派团体在重新设计宪法、选举体系和发展援助期间，进一步推进自己的议程（Foucault，2003：15～19）。假如要将后冲突一词用于战后混乱而偶然的生活现实，我们必须基于实际取得的和平的品质做出一种区分。对和平的研究以消极和平与积极和平的观念提供了某些指导。消极和平描述了这样一种情境：战争正式或实际上已经结束，但是冲突各方继续采取强迫措施追求完全忠于一种理论的目标，或是仅仅维持战争期间取得的好处。相比之下，积极和平不只是结束暴力和强迫；它力图减少限制个人和团体享受政治参与、经济机会、个人安全与尊严、法律之下的权力与公平的结构性暴力。

随着时间的流逝，后冲突时期也许更容易辨认，虽然产生更清晰结果的大型战争比国内战争和游击暴动更有可能如此。当然，要知道后冲突时期是何时开始的，可能正像要知道它何时结束一样不确定。

例如，欧洲第二次世界大战以后时期的开端，也许可以轻易地追溯到战场上或谈判桌上少数几个事件，但是这种不证自明的“元年”在其他战争中却不那么明显。例如，波黑战争结束于 1995 年 11 月的《代顿和平协定》，但是，尽管停火已经生效，该国却依然在接下来的好多年被未生效的政府下的种族民族主义者所瓜分。越战的结束本应当意味着柬埔寨的和平，但是取而代之的是，红色高棉所领导的国内战争毁灭了该国的其他地区，而这一战争在 1978 年转而被越南平定。反讽的是，正是在越南实际领导的十年间，柬埔寨的重建和复兴在 20 世纪 80 年代没有开展（Gottesman，2004）。

确定后冲突时期的结束可能正好是令人怯步的——什么构成了终结、复兴和一种已经不在意战争原因的感觉？在第二次世界大战之后 50 年，通过将从 1945～1989 年整个冷战时期描绘为只是“一个过渡期”，一位作者给后冲突欧洲确定了一个明确的结束日期（Judt，2005）。尽管对欧洲的进程来说必不可少，但等这么长时间来解决意识形态冲突，承担的是无视后冲突重建与和解过程的更典型的时间视野的风险。在日本，美国占领的六年标志着正式的后冲突时期，尽管日本的经济复兴花了几十年（Dower，2000）。相比之下，波黑战争正式结束之后 12 年，在代顿建立起来的国际机构的延长，表明将该国改变成为准备融入北约和欧盟国家的努力还没有完成（Dahlman and ó Tuathail，2005）。

有关后冲突时期何时渐近终结的不确定性，将我们的注意力固定到了各种使战后政体忙碌不堪的任务之上。像“重建”和“复兴”一类的词，错误地预设了一个只需修理遭到破坏了的桥梁、树立纪念死者纪念碑的政体。事实上，后冲突情境比这更为多样和复杂，但是为了方便起见，我们可以确定三个转型领域：政治制度、经济制度和社会文化制度。

政治转型

首先并且最重要的，后冲突时期全神贯注于政治制度的翻新。在一个公认的政治实体依然在位且具有普遍合法性的地方，问题比战争没有留下任何清晰或普遍被接受的权威机构的地方要少。尽管遭到地方的反对，但威尔逊式的理想依然是后冲突社会的准则，比如规定了选举的过程、宪法的撰写和法律的改革，即使在他们对胜利的预期十分渺茫的地方也是如此。终结了国内和跨国战争的和平协定，受到了在后冲突国家的领土上依然存在多种党派和军队的现实的围困。这些协定通常力图保持领土完整的主权原则，但却忽略了有效的主权控制问题，一旦超出了喀布尔、萨拉热窝或巴格达的绿色控制区，有效的主权控制就会迅速消失。

经济转型

经济活动包含后冲突时期的两种主要活动，其中囊括大范围的市场力量——国内的和国际的、合法的和其他什么的。基本的农业生产通常是战争期间最后被抛弃的生产活动，又是最先回归的生产活动。其他部门，特别是建筑和材料、电力和器械，以及基本消费品的交易，在战后迅速被捡起。出于不同原因，公共服务和工业生产重新起步的脚步相当缓慢，前者是由于管理不善，后者是由于需求不足和难以接近。后冲突的经济动议面临被戏剧性地重组的市场现实，在面对国内经济衰退或由于市场在战争期间被竞争者夺取的情况下，带来了经济引擎的停止运转。公司通常也是战争的赠品，被廉价卖掉作为快钱的一部分，这破坏了支持工薪劳动的能力或有助于当地经济扩张的能力。更成问题的是，在战争期间发展起来的从饥饿人口并通过武装战斗人员渔利的非法贸易在战后得以继续。这些贸易网络常常与继续从饥肠辘辘的状况中渔利的政治演员纠缠在一起。的确，很难将牟取暴利与给后冲突政治造成麻烦的更大腐败问题区分开来。

社会文化转型

战争给后冲突社会留下了深深的社会和心理伤痕。在宣布政治和经济复兴完成很长时间之后，伤痕的后果可能依然没有解决。这些问题可以在所有社会层面上辨认出来，它清晰地表达了后冲突生活。在现代战争中，国家认同通常会变换为爱国的信念和个人对战争使命的深刻投入。当然，失望是无可避免的，即使获胜也是如此，它所带来的深思可以产生公众信心的危机、社群之间信任的崩溃，抑或渴望复仇和寻找罪人（Schivebusch，2004）。例如，在战后的德国，战败导致了对作为一个德国人意味着什么的直接而长期的革新。相比之下，在南北战争之后的美国南方，战败则碰上了愁苦和对通常以黑人法而著称的限制性法案的强烈反弹——黑人法反对获得自由的黑人及其后代。纪念仪式和纪念场所承担了公共空间中集体记忆的功能，通常显著地标明了谁属于后冲突社会的哪一个地方。给战争定罪提供了一种不确定的、特殊的正义，但战争罪特别法庭通过将丰功伟绩重塑为可耻的插曲、战争英雄重塑为不法之徒而充当了一个重要角色。

演变与论争：后冲突针对谁？

那么，后冲突情境是以大量依然易受最初的冲突条件影响的任务为标志的。这一问题变成了不是需要做什么，而是怎样去做和由谁去做。20世纪最成功的两种后冲突复兴是在德国和日本，但它们都是以前的工业国，一个以前还是民主国家，两个国家都具有相对同质的民族文化。两国在决定性的战败后都被占领，它们的屈辱有助于一种政治沉默，这种沉默将改革和重建转化成了国家的苦修。日本的国家建设是借助美国的大量介入和投资获得的，正如西欧的重建是通过马歇尔计划形成联合一样。尽管苏联禁止西方援助东欧的复兴，但苏联迅速地达到了自身的复兴。苏联的迅速复兴之所以可能，是因为一种新的爱国的和多种族的公民认同，受到了战胜德国的鼓励，完整地恢复了战前苏联的规章和经济政策。苏联也能够利用众多的资源基地为重建添加燃料（Hosking，2001：509～526）。当然，大部分后冲突社会也依赖外国的援助、专家的意见和指导，通常通过占领，进而回归到自己对外部势力的目标的警惕。

后冲突社会的外来干预提出了三个特殊悖论。第一，在后冲突社会确保安全的需要（尤其在国内战争之后）常常落到了干预主义的武装力量身上，这些武装力量通常受到联合国或指定的集体安全机构（如北约）的支持。这些行动小组旨在或者强制停止敌对——强制和平，或者确保停火持续下去——维和——从而给政治解决方案的形成以时间。一旦敌对力量战败，占领或征服部队可能也会继承维和任务。尽管维和人士意义不凡，尤其是在弱国，但外国士兵的在场通常使后冲突国家在涉及自己事务时处于一种更弱势的地位。这种对外国力量的依赖提出了后冲突政府的合法性问题，而国内对那些送出维和人员国家的压力通常也提出了一个短期的部署时间表。此外，军事干预与民事干预的角色和权力的平衡、它们的责任以及存续时间，通常是相关各方争论的一个问题。这种深思熟虑不可能产生很多共识，因为每一种干预力量和每一个后冲突社会都有不同的约束和应当达到什么的期望。

第二个也许是更有争议的问题，围绕着国家建设的问题。后冲突社会公民法则的恢复和改革，通常比对军事问题或经济问题得到了更多细致的考察，因为国家的建设者们认为反应灵敏的政治制度是避免进一步战争的典型方式（Fukuyama，2004；Innatieff，2003）。出于这一原因，称这些活动为国家建设更为准确。“国家建设”一词也是更适用的，因为许多当代后冲突社会涉及相互竞争的民族主义和其他政治认同。美国和欧洲建国经验的主流观假定，民主选举、法治、自由市场可以都紧随战争之后建立起来（Fukuyama，2004）。当然，当代的许多后冲突社会在内部依然因为导致战争的内讧、认同和相互冲突的利益而四分五裂。战争的这些相同的遗产阻碍了国际干预的第三种，也就是经济的目标。通过战时巧取豪夺和牟取暴利而创造的富有的商业利益，不是从一张白板开始的，现在则力图维护它们对市场的控制。

这意味着外来的经济干预项目效果有限，因为它们不能排除现存的强有力的行为体，这些行为体或者已经获取了有价值的生产、分配和零售渠道，或者处于接管新的渠道的位置之上。

个案研究：阿富汗

阿富汗充当了后冲突背景之中兴起的复杂地缘政治学和人道主义问题的一个不幸例证（图 20.2）。这一国家已遭到 30 年战争的破坏，战争使其 3 200 万人的大多数置身于世界上最贫困的人口之中。苏联 1979 年的入侵目的在于支持阿富汗中央政府，这导致了与反共产主义的圣战者长达十年之久的战斗。在苏联撤退、政府垮台以后，圣战者开始与在地方部族长老或地方种族领导人领导下组成的民兵组织作战。塔利班，一个属于原教旨主义伊斯兰教主义者并受到巴基斯坦支持的伊斯兰教民兵组织，吸引了许多来自阿富汗国内和周边的贫民窟和难民营的不满的、无根的年轻人。他们迅速夺取了该国的大部分地区，并且给对立派别所蹂躏的人们带来了相对安宁。但是塔利班强行推行对可兰经法典的严格阐释，力图消除“西方”影响，并且在他们的地盘上将压抑性的束缚最明显地（但不仅仅只是）强加于妇女和社会性别关系之上。他们于 1996 年夺取了喀布尔，并且到 2000 年将他们的控制范围扩大到了差不多整个国家，此后他们开始缩减鸦片的生产，这种生产曾给战时经济（其中包括塔利班自己的权力上升）补充了燃料。塔利班与在阿富汗拥有训练营的奥萨玛·本·拉登之间的关系，是美国决定侵入该国以推翻作为政府的塔利班的重要因素——塔利班政府资助了要为 2001 年 9 月的袭击负责的恐怖主义。

美国，连同当地势力，于 2001 年 10 月开始了针对塔利班的战役，并于 11 月夺取了喀布尔。塔利班被赶进了阿富汗-巴勒斯坦边境的山中，似乎该国正进入后冲突时期。然而，塔利班离开所留下的空白意味着，一些领导人想重建以往政府曾承认的部落的权威地区，或是划

图 20.2　以联合国 3958 号地图为基础的阿富汗地图，2005 年 10 月

分出他们自己的新的、有时是通过族裔来定义的地区。因此，阿富汗的主权在最基本的政治权威的层次上就是充满争议的，这拖延了所有的后冲突活动。阿富汗领导人与西方外交官之间于 2001 年 12 月在德国波恩所展开的由联合国发起的谈判，产生了建立一个新政府的计划。第一步是创立了一个由哈米德·卡尔扎依任主席的阿富汗过渡机构，继之是 2002 年 6 月的大国民议会，任命卡尔扎依为过渡期管理机构主席。[①] 第二个大国民议会于 2004 年 1 月产生了一部宪法，在这一宪法之下，卡尔扎依在该年度稍后被选为主席，随后是 2005 年的国民大会选举（图 20.3）。这些选举标志着《波恩进程》形式上的结束，但是，

① 之所以采用大议会，是因为它代表了通过召集部落长老和来自阿富汗各地的文化群体的传统领导人进行决策的传统方式，它是一种将来自阿富汗各地的分权基地的实际统治权威的合法性扩大到新的中央政府的方式。

赋予阿富汗新政府的主权领土，却与它实际所控制的并不一致。

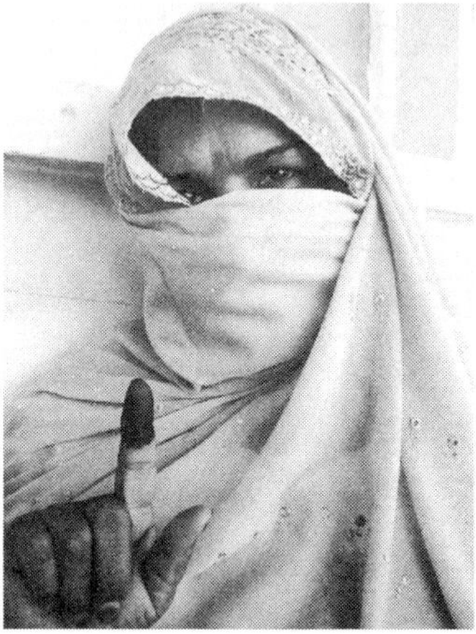

图 20.3 一位在 2005 年议会选举中投出一票的阿富汗妇女的手指上涂上了避免选举作弊的紫墨水（由雅各比·卡尔德威尔上士摄，承蒙美国陆军慨允使用）

在塔利班之后的时期，喀布尔的统治机构所及的范围没有走出首都之外，至少非有外国的军事援助和与地方军阀的大量交易不可。地方民兵组织，并不是都支持一个强大的中央政府，这些组织自塔利班垮台以来在全国的许多地区提供了实际上的安全保障，而美国军队也集中于喀布尔，并清剿乡村地区的塔利班武装部队的残余。2001 年 12 月，联合国安全署授权国际安全援助部队（ISAF）保卫喀布尔，而同时阿富汗过渡机构和联合国开始运作。喀布尔任务获得了来自北约诸国的支持，并得到另外几个国家的援助，而美国则承担了对该国其他地区的安保责任，而这大部分限于追剿塔利班的行动。2003 年，北约接受了国际安全援助部队任务的正式命令，而联合国安全署则将国际安全援助部队的任务扩大到喀布尔之外，同时对新的阿富汗国民军的训练一直在进行。这些军事部署也包括省一级的重建小组，其主要任务是提供对地方需要作出回应的安保，其次是提供人道主义援助和小型的公共工作规划（ICG，2007）。阿富汗的后冲突任务清单相当长，其中许多与苏联侵入之前即已存在的发展需要难以区分：交通和应用基础设施，基本社会服务，经济的多样化。

由美国在阿富汗所领导的国家建设，已经在一个少有这种权威传统的国家里创造了集权化的政治体制，因此需要新传统的国民大会议和卡尔扎伊随后的与地方军阀的讨价还价（尤其是在各种族群之中），以尝试取得国内的权威。正如许多的后冲突干涉，美国、北约、联合国机构、国际非政府组织的现身，外国援助在阿富汗经济中的发放，带来了阿富汗经济的迅速扩展，现金的输入也给当地市场的回归添加了润滑剂。然而，阿富汗依然是一个穷国，即使安全得到改善，其基础设施也远远不足以吸引外国投资。作为该国领头商品作物罂粟的种植的重新兴起，已经意味着地方经济复苏最广泛有用的途径，已成为国际势力的一个目标。美国曾致力于捣毁罂粟，但却以使地方群体远离更大的国家建设尝试作为代价，也疏离了喀布尔政府（Anderson，2007）。

六年以后，且是投下了千百万的的美元之后，美国、其盟友和国际援助机构至多也就是创造了一个不稳定的、虚弱的民主政府，很少有迹象表明国家建设和经济复兴超出了喀布尔的范围。为阿富汗政府所认可的 80 多个政党，不幸更多的是相互冲突的省际利益或部族利益的证明，而不是多元主义的民主开花结果的一个证明。在有些地方为妇女创造的公共角色、学校对女孩重新开放，并没有导致消除大部分阿富汗妇女所穿的黑色罩袍，正如一些人幼稚地希望的：阿富汗社会大部分在社会上依然是保守的。① 阿富汗依然遭受最近几十年来在这儿战斗的各种军队所留下的地雷和未引爆的炮弹的折磨（ICBL 2006）。阿富汗的经济依然弱小，总计人均 GDP 仅 800 美元，尽管这没有计入罂粟生产的收入，而其他指标表明，它依然接近联合国人类发展指数的底线。继续国家建设的观点——《阿富汗条约》，在 2006 年于伦敦被采用，取代了《波恩进程》。该条约保证对阿富汗的安全、国家建设和经济发展给予巨大的国际援助（ICG，2007）。当然，条约的进程相当缓慢，主要是因为塔利班的暴动死灰复燃——部分是由于从鸦片贩子那里征收岁入而得到了助长。尽管有重要的军事、政治和经济干预，阿富汗依然是一个四分五裂的地缘政治空间。中央政府机构与地区和

① 黑色罩袍或布卡（Burqa）是阿富汗许多妇女所穿的传统的遮盖全身的罩衫，在塔利班统治之下则强制穿戴。

本地权力机构分庭抗礼，构成了由主权机构、传统规则和造反例外（rebellious exception）所组成的地方化区域。有着持续武装冲突的战场与相对稳定和发展的区域形成了对比。阿富汗告诉我们，超越冲突的转型过程不是线性的，而是显示出了一种情境化的权威与暴力的地理学——它使国家介于战争与和平之间的某个地方。

关键点

- 后冲突描绘了武装冲突之后到来的状态，但不必然是武装冲突的解决。在某些方面，后冲突时期是战争以其他方式的延续。
- 后冲突时期不总是容易确认，它们也不必然是一种延续的状态。
- 后冲突空间不仅由结束战争的条件所塑造，而且通常由援助重建和国家建设努力的第三方的议程与能力所塑造。

第二十一章　恐怖主义

卡洛琳·加拉尔

定义：使用暴力确保一个目标

恐怖主义是一种旨在通过使用或威胁使用暴力以威胁、恐吓或其他吓唬一群人（通常是平民）的战术。恐怖主义相对罕见。一些研究表明，一个人更愿意遭雷劈也不愿沦为恐怖主义袭击的牺牲品（Mueller，2007）。当然，由于大多数恐怖主义袭击有“一种任意的特质”（Kliot and Charney，2006；Mueller，2007），恐怖主义是一种有效的战术。袭击通常在没有事先警告的情况下进行，而且是在一些日常地点，例如市场、教堂、办公室或公交停靠站。一些受害者被爆炸装置致死或致残。另一些则在家人面前被围捕和强奸。许多人目睹自己的家被洗劫一空、夷为平地。

尽管来自任何人口统计学群体的人都可能成为恐怖主义袭击的牺牲品，但研究表明，大多数研究并不像它们表面那样随意。社会中易受到攻击的群体通常承担着更大的成为恐怖主义袭击的牺牲品的风险。例如，在恐怖主义者针对公共交通的地方，穷人比富人承担着更大的风险，因为穷人更经常依赖公共交通四处走动。同样，年轻人比年长的同伙更容易成为恐怖袭击的牺牲品，因为他们往往在公共场所（例如餐厅、俱乐部和咖啡馆）成群结队（Canetti-nisim et al.，2006）。

由于恐怖主义是一种战术，任何涉及战争的当事者可能都使用它，其中包括国家、非正规（例如非国家）力量甚至个人。当然，这一术语更经常地与非国家行为体（例如游击战士、准军事人员和叛乱者）联系在一起（Nagengast，1994）。现代的民族国家体系基于国家在各自的边界之内垄断暴力的手段。它们能够通过承诺保护公民免遭外来袭击，从而将这类垄断合法化。反讽的是，国家是通过将非国家实体的暴力贴上“恐怖主义者”和“法律不容”的标签来保卫这类垄断的（Nagengast，1994）。因此，这一术语照一般说法往往与非国家行为体联系在一起，所以当学者谈及由国家军队所导演的恐怖主义时，他们通常也用“国家恐怖主义”一词来指称（参见 Wright，2007 对拉丁美洲国家恐怖主义的研究）。

恐怖主义被用来确保一种政治目标（Crenshaw，1981；Whittaker，2001）。政治目标可能根源于意识形态、宗教信条或世界观。恐怖主义者用恐怖主义去获取权力，或迫使他人按某种方式行动（US Army，1990；Whittaker，2001）。例如，当塔利班战斗人员攻击阿富汗的女子学校时，他们希望阻止妇女参与国家的公共生活。同样，当爱尔兰共和军（IRA）于 20 世纪 90 年代在伦敦各处投掷炸弹时，它希望说服英国平民团结起来促使国家退出北爱尔兰。以同样的方式，俄国军队在车臣战争期间袭击平民，是因为它希望将生活在平民之中的战斗人员斩草除根。恐怖主义既区别于个人的暴力行为，例如杀人，也区别于受个人目的所驱使的团体暴力，例如犯罪致富（US Army，1990；Whittaker，2001）。[①]

恐怖主义不断变化的面孔

第二次世界大战以后，将恐怖主义当做一种战术增加了。特别是，非国家行为体对它的使用在增加。到 20 世纪 50 年代和 60 年代初，像北爱尔兰、阿尔及利亚和肯尼亚等等各种地方的游击队都使用恐怖主

① 犯罪财团所使用的暴力通常不被描述为恐怖主义的。当然，例如，如果一个犯罪财团引爆一幢政府大楼以阻止对一位黑老大的审判，那么，这将被认定为是一种恐怖行动。

义，试图推翻殖民势力，这导致许多人将恐怖主义与结束殖民主义的革命运动结合到了一起（Kliot and Charney，2006）。当然，注意游击战和恐怖主义不是可以互换的词是至关重要的（Hoffman，1998）。除了在很少的情况下，游击队反对使用恐怖主义战术。例如，在《游击战》中，切·格瓦拉（参见图 21.1）提出：

图 21.1　古巴纪念切·格瓦拉的邮票

> 有必要将破坏活动——一种革命的和高度有效的战争方法与恐怖主义——一种通常无效的、在结果上不分青红皂白的措施清晰地区分开来，因为恐怖主义常常使无辜者成为牺牲品，并毁灭了将对革命极有价值的许多生命。当将恐怖主义用于结束压迫势力的某些著名领导人的生命时，应当认为恐怖主义是一种有价值的战术，这样的领导人因他的残暴、因他的压迫的有效性以及其他使消灭他变得有益的特点而臭名昭著。然而，杀死不那么重要的人从来都是不明智的，因为它会带来报复（包括死亡）的增涨。（Che Guevara，1998：22）

自第二次世界大战以来的几十年里，分离主义和民族主义团体也使用恐怖主义。许多这类团体都号召种族和/或宗教群体独立或自治。例如，ETA（“巴斯克祖国与自由”组织的西班牙语缩写）——西班牙北部的一支游击队，为了一个独立的巴斯克祖国，自 1959 年以来一直在同西班牙政府战斗。同样，车臣反对派在 20 世纪 90 年代与俄罗斯打了两场战争，力图创造一个独立的车臣国家。两个团体都使用了针对平民人口的攻击。当然，在西班牙政府对 ETA 的反应倾向于缄默无言的同时，俄罗斯军队却在车臣运用了夷为平地的政策，这导致了成千上万平民死亡（Tishkov，2004）。

图 21.2　带有奥萨马·本·拉登画像的宣传招贴画（承蒙国防部防御图像信息中心慨允使用）

恐怖主义在所谓失败国家中也增加了，在这些国家，各种团体竞相垄断暴力手段和控制它所必需的政治和经济结构。在刚果民主共和国最近战争的过程中（1997～2003）有多达 18 个可确认的非国家团体和 6 个国家军队在该国广袤的东半部相互交火。这些团体大部分使用了经典的恐怖战术，包括屠杀平民、强奸、将村庄夷为平地。专家估计，大约有 400 万人在战争中死亡（Amnesty International，2003）。

相对较新的种族主义类型——跨国恐怖主义——在过去 20 年中也出现了。跨国恐怖主义团体不以单一国家为基础，声称代表超越国界的个人。例如，基地组织团体，就是由沙特籍的奥萨马·本·拉登（参见图 21.2）创立的，该组织的二号头目则来自埃及。该组织在几个国家也有（或曾经有）行动基地，其中包括苏丹、阿富汗和巴基斯坦。该组织的个人行动在至少一打以上的国家相当活跃，其中包括西方工业化世界的国家。

演变与论争：我们学习恐怖主义或与之斗争？

地理学科通常不是研究普遍的政治暴力或更特殊的恐怖主义的源头学科（作为例外，参见 Flint，2003b；Gallaher，2004；Pickles，2000）。对暴力和恐怖主义的许多研究没有运用一个明确的理论框架。

在理论上的确建构其工作框架的地理学家，往往将他们的分析置于两个广阔的理论框架之一中：政治经济学或地缘政治学之中。偶然地，作者们也利用来自于两种方法的理论洞见，或是依赖于该学科内子学科的特殊论争。

政治经济学方法

政治经济学方法更多考察有助于暴力的因素而不是与特殊战术的选择（例如恐怖主义）相关的因素。例如，新马尔萨斯方法认为，条件的短缺（由例如干旱的自然因素或例如资源耗尽的人为因素所带来）有助于战争和诸如恐怖主义的战术（Homer-Dixon，2001；Kalpan，1994）。这种观点最热心的提倡者是托马斯·荷马-狄克逊。尽管他是一个训练有素的政治科学家，荷马-狄克逊的著作（2001）还是致力于古典地理学的研究领域——自然/社会的联接。其他地理学家，像南希·佩鲁索和米歇尔·沃兹（Nancy Peluso and Michael Watts，2001）则提出，条件短缺通常表达的是资本主义关系及它所带来的对获取资源途径的限制。因此，通常限制获取途径的管理形式，带来了更多的暴力而不是短缺本身。同样，勒比龙（Le Billon，2004）注意到，在塞拉利昂和黎巴嫩的战区，新马尔萨斯主义者把责任推给资源短缺的地区（参见 Kalpan，1994），恰恰有着丰富的资源。它们的问题不是短缺，而是无能将“资源的剥夺”转化为“政治稳定和经济发展”（1994：22）。

地理学中其他研究暴力和恐怖主义的政治经济学方法考察了现代性（及相应的对“发展”、创造性破坏和民主化的强调）和种族差异的产生之间的关系（有那么多的当代冲突有赖于这种种族差异）。按照这种塑型，暴力不是进步之路上的一种“中断”或障碍；它是现代化的一部分（Pickles，2000）。学者们认为，有史以来最残暴的世纪——20世纪暴力的规模，是现代国家和常备部队的创立及其对暴力手段的垄断的结果（Mann，1999；Pickles，2000）。国家开始标明领土，并声称对领土拥有主权，一旦这一工作完成，便创立了有关谁是“真正的”公民乃至谁不是真正公民的国家神话。那些被抛在这些网络之外的人，是在种族上、宗教上或民族上被现代国家认为是不同的、边缘化的，甚至受压抑的人。同样，与要求地区自治的团体——种族的、宗教的、民族的团体相关联的暴力，也与现代化工程联系在一起。它们代表了一种对国家体系中系统的边缘化的反应，并且代表了一种力图创造摆脱这种边缘化的可替代选择空间的尝试。

地缘政治学方法

研究恐怖主义的地缘政治学方法，分析了国家是如何定义恐怖主义、这些定义又是如何塑造国家对恐怖主义的反应的。使用这一方法的学者注意到，国家运用地缘政治叙述去理解威胁，并描绘对威胁的安保反应。尽管传统学者（地理学之内和之外的学者）认为威胁的原因是不证自明的，但遭批判的地缘政治学家却认为威胁是国家叙述的产物，不同的叙述可以产生不同的威胁。例如，几位政治地理学家已经注意到，美国在冷战时期用刻板的叙述界定西方的敌人，这些敌人所创造的“威胁”很少对西方利益造成危险。例如，美国对20世纪80年代中美洲国内战争的介入，基于这样一种假设：中美洲的游击运动，是旨在统治全球的共产主义工程的一部分，同时，更精细的研究却证明，大多数地区的国内战争受到了当地动力的触发（ó Tuathail，1986）。许多人试图摆脱这一地区的领袖自独立以来的统治所培养起来的殖民社会关系的遗迹。当然，将萨尔瓦多和尼加拉瓜的游击队贴上恐怖主义的标签，允许美国的外交政策机构忽视社会和经济的不公正，这使共产主义首先成为了一种吸引人的意识形态。

更近的研究则聚焦于后冷战时期。几位学者拆解了构成所谓“反恐战”之基础的地缘政治叙述。在《现在的殖民》（2004）一书中，德里克·格雷戈里提出，美国总统乔治·W. 布什的“反恐战”依赖于一种错误的两分法——文明的和不文明的——这种两分法允许美国外交政策机构将不同的、甚至是冲突的各方融合成一个未加区分的敌人。忽视基地组织、萨达姆·侯赛因的伊拉克、阿富汗的塔利班之间的差异，允许美国追求一种基于十字军气质基础上的外交政策。

实证研究

其他对恐怖主义的地理学研究，是聚焦于经验而不是将恐怖主义置于更广阔语境之中的理论阐释。许多地理学家通过追问古典的定位分析问题来达到对恐怖主义的研究（Kent，1993；Kliot and Charney，2006；Mccoll，1969）。一些研究注意到，反国家团体的行动以乡村地区或其他难以接近的地区为基地（Mccoll，1969）。许多恐怖主义团体在利用当地的环境知识以招募新成员、阻遏抵制暴动努力上相当成功（Kent，1993）。另一些研究注意到，恐怖主义集中于具有最大人口密度的城市地区。言外之义是恐怖主义者以理性的方式选择他们的目标——寻找可以造成最大死亡人数的场所（Kliot and Charney，2006）。

另一些地理学家将恐怖主义理解为一种灾难（Galloway，2003；Mitchell，J.，2003）。以这种方法，明确了空间易受恐怖袭击的特点，思考了降低这种脆弱性的机制。许多使用这一方法的地理学家提出，应当使用地理信息系统处理恐怖主义的灾难，地理学家应当将自己对恐怖主义的分析（卫星定位系统和定位分析）的独特贡献推销给政府和对避免恐怖主义感兴趣的私人集团。有人提出，这样做将提高地理学的形象，有助于地理学在初中和大专院校的持续回潮。

一门思考自己在“反恐战”中作用的学科

在美国2001年9·11恐怖主义袭击之后，学术界力图弄清这一悲剧，并为避免未来的袭击提供建议。2002年1月，美国地理学家协会在华盛顿特区组织了一个恐怖主义与地理学工作坊。该工作坊最终带来了一本书，由苏珊·卡腾、道格拉斯·理查兹、托马斯·威尔班克斯所编的一本文集《恐怖主义的地理学维度》（2003）。该书勾勒了地理学家可能有助于理解的四个问题域：降低面对威胁的脆弱性、侦查威胁、减少威胁、改善对恐怖主义的反应。这本书也提出了一个十分特殊的政策目标：在国土安全部之内创建一个地缘安全信息办公室（Wood，2003）。

尽管大多数地理学家赞扬该团体努力致力于这样一个迫在眉睫的问题并在做的过程中采取了及时的方式，但这本书还是因为以一种狭窄的、技术专家治国论的方式界定地理学的贡献而受到批评（DeBlij，2004；Griffith，2004）。将这本书称为“浮夸的、引不起人兴趣的”哈恩·德布利奇，认为由其技术专家治国论的关注点可能带来该书的缺陷：

> 这里根本没有谈及恐怖主义密谋诞生的原产地的文化或自然环境，极少讨论维持恐怖主义运动的资源流动（钻石、毒品、石油、清真寺、捐助），压根没有注意持续推进不断加宽的圈子、最终触及美国“本土”的扩散过程。（Harm DeBlij，2004：994）

德布利奇也责备该书没有咨询地理学中的地区问题专家，他们有助于将以伊斯兰教为基础的暴动置于更广阔的语境之中。

有关地理学是否应当以技术专家治国论的术语界定其作用还是应当更深地扎进地理学的历史性焦点问题（包括地方主义和政治经济学），也已经出现于地理学的其他分支。载于2003年《职业地理学家》的R. A. 贝克的一篇文章，以及它激起的反应，提供了这一点上的另一案例。贝克的文章，是有关与美国政府合作、在阿富汗将远程遥感技术和卫星定位系统用做反恐工具的。该文引起了来自约翰·奥洛林（2005a）的谴责，然后引起了《政治地理学》杂志编者的谴责。特别是，奥洛林反对在发表的时间安排和对完整的方法论述评的删节方面该项研究决定依从政府的限制：为了保护美国在阿富汗的军事努力，贝克推迟了该文的发表，删节了完整的信息。奥洛林认为，贝克文章的发表，打破了职业准则和伦理准则：

> 从什么时候开始，美国地理学家协会的杂志开始参与了这种明显的自我审查制度？假如一些方法和信息被扣留，一项研究如何能够重复（重复是科学进步的基础）？通过违背学术述评和出版的基本准则，协会已经漫不经心或是偷偷摸摸地站到了“反恐战”一边而不让其成员知晓了吗？（2005a：589）

像这一类的争论有可能继续下去，不仅因为战争往往引爆争论，而且因为地理学长期存在的断层线——技术专家与理论家、普遍主义者与地方主义者、主流方法与批判方法之间的断层线继续在表面之下隆隆作响。

个案研究：以色列的自杀式恐怖主义

自杀式恐怖主义是行凶者在实施对他人的攻击过程中实施自杀。许多自杀者式恐怖主义者将炸弹绑在自己的身体上，并在诸如市场、宾馆和公交车等人群密集的地方引爆。其他自杀式恐怖主义者使用机械发动攻击；基地组织劫持商用飞机并驾使它们撞击纽约的世贸大厦和华盛顿的五角大楼。

战争期间的自杀式任务是许多著名战争的一个特征。例如，在第二次世界大战期间，日本人利用神风敢死队飞行员驾驶俯冲式轰炸机打击太平洋的联军目标（Axell and Kase，2002）。泰米尔猛虎定期使用氰化物自杀式攻击对抗斯里兰卡政府（Laqueur，1999）。巴勒斯坦各团体也使用自杀式袭击，特别是在第一和第二暴动时期尤其如此（Kiiot and Charney，2006）。

有关巴勒斯坦武装团体为什么要将自杀当做一种恐怖战术的解释多有不同。一些学者认为，例如伊斯兰圣战组织和哈玛斯一类的巴勒斯坦团体采用自杀式爆炸，是因为它们缺乏获得可用于以色列国防军的常规武器和战术的途径：哈玛斯正在打一场不对称的战争，正在使用弱势一方可用的战术（Wyne，2005）。另一些人则认为，自杀式恐怖主义可以在多种文化中引起共鸣，因为殉难在宗教信仰系统中具有中心地位（Laqueur，1999）。

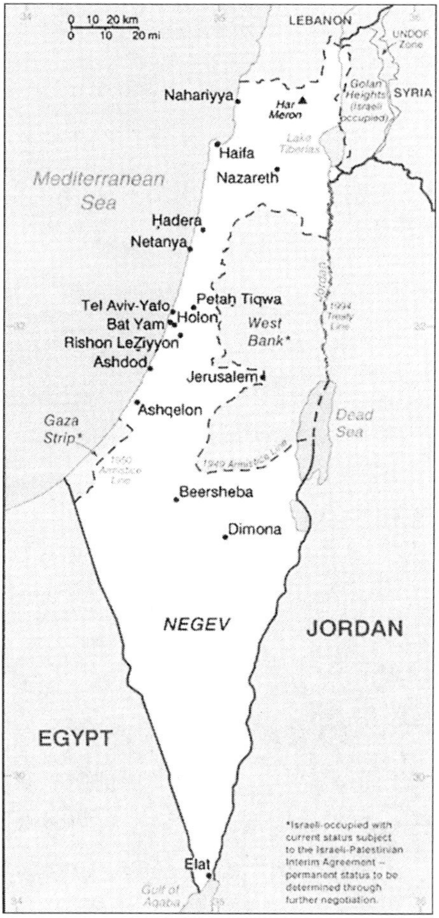

图 21.3　以色列及其主要城市地图（承蒙得克萨斯大学佩里-卡斯塔内达地图收藏室慨允使用）

在最近一项对以色列加沙地带和西岸1994～2005年间自杀式恐怖主义的研究中，地理学家纽里特·克利奥特和伊加尔·查奈（Nurit Kliot and Igal Chaney，2006）找到了和自杀式恐怖主义相联系的几个空间模式。首先，大多数袭击出现于以色列的最大城市（参见图21.3）。耶路撒冷创了袭击的最大纪录，其次是特拉唯夫、海法、内坦亚（参见图21.3）。作者注意到，这一发现“肯定了目标选择上高度集中的作用”。其次，作者注意到，恐怖主义者对地点的选择是以相对容易进入为基础的。实施自杀式任务前四位的城市，是“汽车和运输线极易接近的地方，因为它们充当着国家和地区的枢纽”。这些模式证明了在恐怖袭击的地点选择中起作用的距离的功能的一种清晰的不一致，例如，一个地方在距离上越远、到达的时间越长，被作为袭击目标的可能性便越小。当然，作者也的确注意到，加沙地带和犹太人居住点比可能期望的受到的袭击要少。他们推测，加沙地带的禁闭避免了更多次数的袭击，考虑到它的密度，它受到的袭击本来应当更多。同样，对巴勒斯坦人来说高度有争议的犹太人定居点，往往有特别高程度的安保措施。

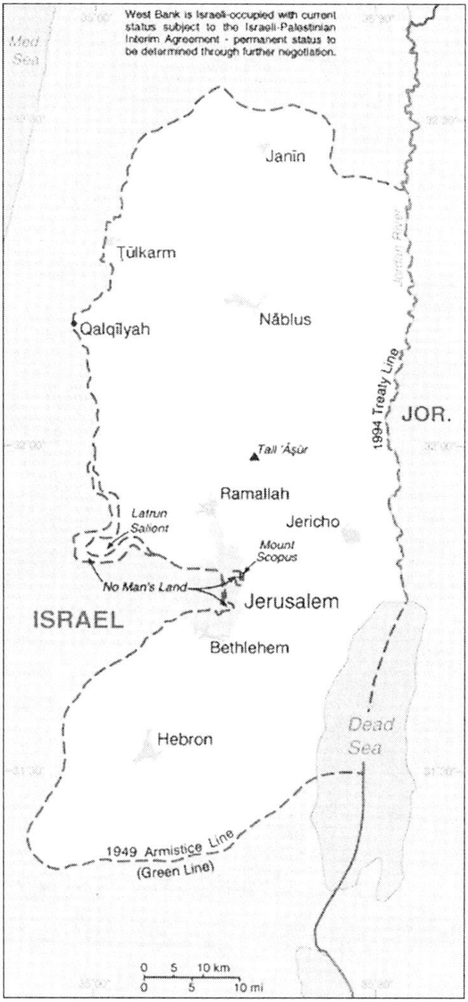

图 21.4　西岸及其主要城市地图（承蒙得克萨斯大学佩里-卡斯塔内达地图收藏室慨允使用）

克利奥特和查奈（2006）也试图确认一些特定的城市是否比另一些城市“生产出”更多的恐怖主义者（按数据组中恐怖主义者的发源地来衡量），他们发现不存在任何可识别的模式，但他们的确发现了计划袭击的地点在地理上的集中。源于伊斯兰圣战组织的绝大部分袭击计划在杰宁实施，而哈玛斯所组织的袭击计划在纳布鲁斯及其周边（参见图 21.4）。袭击的次数随着远离这些计划中心地区的距离的增加而递减。在其数据库中的 118 次袭击中，54 次是在他们所计划的 30 公里以内发起的，28 次是在所计划的 31 公里～60 公里之间发起的，10 次是在 61 公里～90 公里以内发起的。尽管有 26 次袭击出现于计划地点的 90 公里以上的地方，但克利奥特和查奈注意到，这些袭击大多数处于大城市。总之，自杀式恐怖袭击遵从一种经典的随距递减模式。除非一个袭击者追求一个具有更高价值的目标（例如一个大城市），他/她最有可能呆在靠近“家”的地方。

关键点

• 恐怖主义是一种旨在通过使用或威胁使用暴力以威胁、恐吓或其他吓唬一群人（通常是平民）的战术。

• 恐怖主义是一种战术，所以任何涉及战争的当事方（国家、游击队、准军事人员，等等）可能都使用它。

• “恐怖主义”一词大多数时候通常与非国家行为体联系在一起，所以当学者讨论由国家所使用的恐怖主义战术时，他们通常使用“国家恐怖主义”一词。

• 地理学家使用两种框架——政治经济学和地缘政治学——考察恐怖主义。使用政治经济学框架的人考察有助于非国家暴力的结构性因素。使用地缘政治学方法的人考察国家是如何定义恐怖主义、这些定义又是如何塑造国家对恐怖主义的反应的。

• 恐怖主义事件在空间上不是随意分布的。恐怖主义事件往往遵从清晰的空间模式，其中包括随距递减模式。

第二十二章　反国家主义

卡洛琳·加拉尔

定义：来自上层和下层的对立

反国家主义是一个用来描绘反对国家及其控制社会、经济和政治生活权力的词。反国家主义可以采取旨在掏空国家政策的形式，或者以抵制国家的抗议和社会运动的形式出现。新自由主义是前者的一个例子（对新自由主义的全面讨论，参见 Harvey 2007 及本书第十三章）。美国的民兵运动是后者的一个例证（Gallaher，2003）。正像这些例子所表明的，反国家主义可以出现于“上层”或“下层”。新自由主义最经常地由国家或国际组织设计和实施，而针对国家的社会抗议通常出现于大街，处于地方层次之上。

反国家主义反对的国家（虽然程度不一）出现于《威斯特伐利亚和约》——1648 年结束欧洲 30 年战争的一系列条约。1648 年以后，国家成了政治组织的主流形式，取代了王国和帝国，清除了所谓最高统治者的权力。国家的权力和义务是通过它们的疆界来定义的；国家可以控制在国内发生什么，但却禁止干涉国外的事件，除了在防御问题之上。

现代国家体系的兴起，是由欧洲的殖民冒险和伴随它们的商业资本主义的兴起所促成的。围绕殖民掠夺而建立起来的新的市场，在长期固有的封建约定之外提供了一个国家可以征税的经济基础。国家可以利用这种进展创造常备军，垄断暴力的手段，建立国家的官僚机构。

毫不奇怪的是，这两种体系——一种政治体系，另一种经济体系——不可避免地与被视为一而二、二而一的市场和国家的健康联系到了一起。

当代的反国家主义，无论是来自于上层还是下层，通常是对国家的官僚政治本身的一种批评。在反国家主义的话语中，国家通常被表现为挤压人类自由的一种巨无霸。弥尔顿·弗里德曼（Milton Friedman，1962）将政府的控制与奴隶制等同了起来，而约翰·特罗奇曼——蒙特拿州民兵组织的共同创始人，则将联邦调查局（FBI）的特工描绘为“暴君”和“好战的暴徒”（Gallaher，2003）。

演变与论争：形形色色的对立

尽管现代国家体系总是有其贬低者，但正式的、思想的对立只是在19世纪末、20世纪初才出现。尽管它们在方法上多有变化，但反对者通常认为国家体系违背人类的自然趋势——在例如村庄、教堂或工会一类相对小的社会群体中满足自己的需要（Laborde，2000）。他们认为将社会组织的规模提高到国家层次，允许国家需要践踏更多有机群体的需要。他们也相信，现代国家的基本需要是领土扩张，这搭起了国家之间的暴力舞台，使国家之间的暴力成了家常便饭。

马克思主义者是一些最早的反国家主义者。的确，国家体系不是有机的这样一种观点，补充了马克思主义的看法——由国家驱动的资本主义不会按工人的最佳利益运作。当然，大多数马克思主义者不会拒绝国家体系本身，以及国家的资本主义形式。马克思和恩格斯在《共产党宣言》（1848）中提出，革命将由接管国家机构的工人开始。受反国家主义信息所吸引的马克思主义，最终发展出了他们所称的一种无政府主义立场；以工厂和街区为基础的工人的联合，将组成统治/管理而不是国家的基础（有关统治/管理的更多信息，参见第三章）。

彼得·克鲁泡特金和埃利泽·雷克吕：地理学的反国家主义遗产

尽管无政府主义在地理学科中从来没有巨大的追随者群体，但是理查德·皮特还是注意到，地理学与无政府主义“不只是有偶然联系”。皮特提出，地理学对自然界与人类的协调的历史关注，与将人类行为及其空间表达的无政府主义观点互为补充、相得益彰。彼得·克鲁泡特金和埃利泽·雷克吕是地理学学科最著名的无政府主义者。

生于 1842 年的克鲁泡特金也许是两人中更著名的人（参见图 22.1）。作为一位俄国亲王之子，克鲁泡特金在他 20 多岁时放弃了君主政体，与欧洲各地正在迅速发展的许多社会主义协会建立了紧密联系。他在俄国和法国都被捕过，并被瑞士因据称有煽动行为而驱逐出境。1886 年落户伦敦。最终在俄国革命后于 1917 年回到俄国。

图 22.1　克鲁泡特金

克鲁泡特金的著作致力于将无政府主义的空间因素理论化。他最著名的文章《地理学应当是什么》发表于 1885 年。克鲁泡特金相信，人类是天生合作的，互助是人类生存的基础。他不否定人类群体中的竞争冲动，但他认为，它们是零星的情绪而不是人类成长的动力（像资本家所宣扬的那样）。克鲁泡特金提出了合作精神只有在权力分散的统治形式之下才能正常发挥作用的理论。以这种方式，他拒绝了现代民族国家的规模，并抵制国家有一种领土扩张的有机需要的观念（例如弗里德里希·拉策尔的**生存空间**观），并在随后将这些渗透到历史学科之中。克鲁泡特金也同样怀疑资本主义，他认为资本主义有害于人类社会的道德基础，并与其“自然的”地理表达相对立。当然，值得注意的是，当克鲁泡特金回到俄国时，据说他被布尔什维克所创立的共产主义的权威主义版本及以自己的利益所提出的领土需要吓坏了。

埃利泽·雷克吕在地理学中不像克鲁泡特金那么名闻遐迩，但他维持着与地理学学科更正式的联系，他是布鲁塞尔的一位比较地理学教授，在比较地理学领域著作甚丰。像克鲁泡特金一样，雷克吕对将达尔文加以社会应用、将其用于人文地理学感兴趣，并力图发展一种将相互依存而不是相互竞争置于人类进步之中心的社会达尔文主义观念。雷克吕相信，领土界线是人为的，不能对应于人类的“自然”区域。他拒绝将地理学的关注点放在国家的地缘政治需要之上，提出地理学最好去研究自然环境中的阶级斗争、个人愿望和对这两者之间平衡的追求（Fabrizio，2007；Rexlus' L'Homme et la terre，1991 的序言）。确实，雷克吕将暴力和失序视为根源于国家的领土需要，他相信这种需要将人类置于了与自然的对立之中。

各种当代形式的反国家主义

尽管克鲁泡特金的思想谱系，以及雷克吕较小程度上的思想谱系，在学科史上广为人知（Livingstone，1992；Peet，1998），但很少有当代地理学家披上无政府主义的分析或政治披风（一个著名的例外，请参见 Breibart 1975）。准确地说，当地理学家今天谈论反国家主义时，他们通常采取了两种方式——将其当做一种新自由主义的策略，或将其当做一种社会运动的观点。

地理学家将新自由主义界定为一种形式的反国家主义，是因为它旨在掏空国家。当然，大多数新自由主义者不想破坏国家，也不想破坏国家的凯恩斯主义形式。新自由主义想改变来自广泛的公共项目（例如给穷人的食物券、为人口密集的地区修路）的方向，转向私营计划（为投资者减税）。凯恩斯主义模式假定国家可以并且应当垄断经济——通过调整利率、确定最低工资、调控商业等等。它也试图打破工人和资本家之间相互冲突的要求间的平衡。相比之下，新自由主义模式坚持，国家应当“放手”插手经济——限制调控、降低利率等等。此外，新自由主义者相信，国家对社会需要的支出是不够的。私营部门不仅是经济革新出现的地方，也是投入可以找到最大回报的地方。这样，政府在私营部门中的投入，将给作为一个整体的社会带来更大利益。罗纳德·里根一度出名地将这描绘为滴漏（trickle-down）经济学。

地理学家也描绘了西方经济体和发展中经济体中新自由主义的反国家主义因素（分别参见：Harvey，2002；Ould-Mey，1996）。在西方世界，他们聚焦于将国家的功能由公共利益重新定向为私人利益的政策。在发展中世界，他们考察了诸如世界银行和世界货币基金组织如何利用贷款的附加条件强迫进行新自由主义的“改革”。

地理学家也考察了作为一种社会运动的反国家主义（Gallaher and Froehling，2002）。反国家主义的社会运动可以是武装运动，也可以是非暴力的。尽管有些使用暴力，但反国家主义不是经典的游击运动。游击战士想推翻现存的国家结构，并以另一种结构取而代之。反国家主义想限制所有国家的影响（Castells，1998）。一些人想一并消除国家。其他人则要求从国家获得自主。还有一些人相信，地方形式的权力将会打破国家/联邦层次的权力。大多数地理学家将这些运动视为对新自由主义政策的回应。也就是说，由于国家撤回了公共承诺，公民感到与国家很少有联系，并且更愿意切断同国家之间的正式联系（拒绝纳税，建立司法外机构，等等）。地理学家也争论反国家主义是否是当代社会的一种可支持的立场（特别参见《政治地理学》，论反国家主义的特刊：Kirby，1997；Luke，1997；Steinberge，1997；Tabor，1997）。

个案研究：巴尔的摩和肯塔基中部

新自由主义的巴尔的摩

戴维·哈维（2000）对马里兰巴尔的摩的脱工业化的研究，提供了论新自由主义的反国家主义政策的地理学著作的一个例证。特别是，哈维考察了国家是如何从满足公共需要转向援助私人利益的。哈维将他所接受的故乡称为“一团糟”。在1960年至2000年之间，这一以往的造船中心失去了多达10万的制造业工作岗位，而单在1980年至1985年间就消失了2万个。这一城市的人口也迅速衰减；在几十年间丧失了其市民的1/3。巴尔的摩的肺结核和HIV感染现在与发展中国家齐平，该市的婴儿死亡率也是如此。

巴尔的摩市对危机采取了新自由主义的回应。该市不是聚焦于满足日益增长的公共需要（工作、食物券、医疗和廉价房），而是将钱投入私营部门的开发。特别是，该市帮助在其老式船坞投资进行一项旅游业导向的“节日市场”开发。“节日市场”概念是20世纪70年代城市规划师在回应与脱工业化过程联系在一起的城市衰退时所创造的。它鼓励市长和市议会利用公私合营通过将它们改造为旅游目的地，恢复城市中心和以往工业中心的活力。规划者认为，节日市场不仅将使老旧的城市街区焕然一新，并且将为以往工厂的工人提供工作，并增加城市的岁入。节日市场通常包括一个中央市场，像展览馆和水族馆一类的文化去处，像餐馆、酒吧和旅馆一类的娱乐场所。节日市场在其设计元素中也附加一些本地主题。巴尔的摩的城市规划者也将计划用于城市的老旧造船走廊，赋予开发以“内港”的称号（图22.2）。

哈维解剖了新自由主义所声称的国家所支持的私人开发一般来说有益公众的主张。他注意到城市在“内港”所支出的比城市所获得的回报要多。给内港开发提供资金的公私合营是这一点上的一个案例。哈维注意到它们的高度不平衡：“公众承担了风险而私人获得了利润。”（2000：141）例如，凯悦大酒店引诱该市慷慨地分担了3 450万美元。而实际上，公司只花了50万美元建造巴尔的摩大酒店。同样，哥伦比亚科学中心，一家作为原始节日市场设计之一部分的展览馆，也是用公共保险贷款建造的。当该中心倒闭时，该市便留下来为其买单。该市也给一家私营高层公寓提供了200万的税收减免，以保证它的运营

图 22.2　在 20 世纪 80 年代中期到后期，马里兰的巴尔的摩市批准了一个节日市场，将该市的老式船坞改造成“内港”——一个旅游和娱乐中心。戴维·哈维暗示，内港的私人业务是通过公共资金的过度参股建立起来的

（参见图 22.3）。哈维将该市以旅游业为基础的开发项目比拟为“饲养中心城区的恶魔”，同时注意到“每新一轮的公共投入都要为上一轮的公共投资浪潮清偿债务”（2000：141）。他在结尾追问为什么公共资金应当用来确保很少给该市提供回报的私人投资。例如，内港创造的工作大多是低端的零售工作。它们所支付的是比它们将要取代的工作一半不到的工资，并且附带的是有限的医疗保健和退休福利。为了资助内港，该市也削减了对贫困居民的服务，他们生活在正遭受破坏的环境中，为暴力和疾病所包围，并且预期寿命降低。

图 22.3　由于从巴尔的摩市获得了 200 万美元的税收减免计划，高层的、豪华的公寓塔楼“海景”依然在顺利运营

从内港节日市场赚大头的人，是其私

营开发商，他们获得了慷慨的补贴、税收减免，在某些情况下还得到了实际上的应急帮助。总之，尽管内港是风景优美、赏心悦目的，但它给纳税支持城市的市民所提供的却微不足道。国家（在这一个案例中是市政府），基本上变成了资本的敲骨吸髓的代理者，拿着公众的钱而将它们用于私人目的。国家依然存在，但它的公共功能已经被其私人功能所取代。

肯塔基中部的民兵运动

论述肯塔基民兵运动的作者的著作，为美国反国家主义的社会运动提供了一个窗口（Gallaher，2003）。处于民兵运动核心的，是一个关键的悖论：为什么一个号召破坏联邦政府的运动会自认为是爱国的？

民兵运动的兴起与在美国乡村运用新自由主义的政策联系在一起（Dyer，1998；Gallaher，2003）。在20世纪70年代初，理查德·尼克松总统决定将农业现代化。他下令农业部确保私人贷款，以使农民扩大他们的土地面积并使用技术。利率相当低，而银行知道贷款是由政府担保的，便放松了对借款人的标准。农民成群结队地签下了带有浮动利率的贷款（Dyer，1998）。结果是农用土地的虚涨，过度的需要驱使价格超出了它们的实际价值。

1979年，当那时的美联储主席保罗·沃尔克首次制定了一系列提高利率的措施以对付通货膨胀时，土地泡沫破裂了。由于农民的贷款具有浮动利率，月供在接下来的几年里利率增加到了6%以上。与此同时，他们的土地价格下滑，这迫使银行来收账。到80年代中期，成千上万的农民处于违约的边缘。里根的行政机关对美国乡村地区这一危机的反应，是采取撒手不管的方法，提出市场会进行自我调节，政府干预将只会创造农业部门的低效。到20世纪80年代末，几乎有100万个家庭农场被取消了赎回权（Dyer，1998）。

在回应农村危机的过程中，像三K党前龙头老大戴维·杜克一样的白人至上主义者，以及像“民团”（posse comitatus）一类根深蒂固的种族主义团体，开始组织孤苦无助的农民（Levitas，2002）。他们将自己的种族主义信息（反对犹太人和其他少数民族）重新打包到反政府的修辞里。他们告诉农民，国际银行工作人员正与联邦政府合作窃取农民的土地。① 他们还宣传，美国政府已经被共产主义者夺取，这些共产主义者想创立一个单一的世界政府，将美国的财富转移给第三世界那些一钱不值的人们。

积极分子给农民提供了“解决方案”——他们告诉农民如何处理丧失抵押品赎回权过程中相关人员（银行家、鉴定人、法官）对财产的留置扣押，如何创立和运行“习惯法”法庭，如何组建民兵以在丧失抵押品赎回权的日子拯救自己的农场。这些解决方案是非逻辑的，并且在许多方面是事与愿违的（有几个农民及民兵在抵抗丧失抵押品赎回权的过程中死于与法律执行代理人的交火）。当然，他们给绝望的农民提供了一个可以辨认的敌人——国家——及一个欺骗性的简单解决方案：冒充国家的代理人（丧失抵押品赎回权的鉴定人、地方治安官，等等）是非法的，并且可能被无视。

在20世纪80年代农村危机减弱以后，积极分子将他们的尝试转向了不直接受到危机影响的地区，例如西部内陆山区和南方内地。在肯塔基，于20世纪90年代初组建了一个民兵组织。这一最终成为肯塔基州民兵组织（KSM）的团体，将其努力集中在枪支法。他们将矛头指向政府对鲁比里奇和韦科的极端做法，将其当做政府可能并且会

① 为了增加招募新兵，积极分子会让自己的言辞柔和一点，例如，在更早的文献中，“国际银行家会被描绘为‘犹大’银行家。”

武力对待其公民的例证。① 他们提出，一种武装的全体公民，是反抗联邦暴政的最后防线（参见图22.4）。这一团体的第一大成就，是帮助通过了1995年的一项法律，允许该州的公民持有私藏的武器。

图22.4 1997年肯塔基加勒德县一次民兵组织集会待售的传单。民兵组织运动提出，政府的代理机构，例如酒类、烟草和武器管理局（BATF），滥用它们的权力对付美国公民

当该团体稳固后，它将其行动主义扩大到了其他问题。比如，肯塔基民兵组织开始抗议将该州湖区之间的土地规划为生态保护区。这一生态区的指定是由联合国教科文组织（UNESCO）提供的，旨在保护全球范围内的生态-地理区。这片土地，归联邦所有并管理，这引起了肯塔基民兵组织的愤怒，该组织看到了联合国指定背后的险恶动机。该团体向当地新闻渠道发布了新闻稿，暗示联合国拥有该片土地，马上将进行接管美国南方的军事演示。它也断言，联邦政府也在阴谋之中，基本同意联合国准备永久接管。尽管这两种说法都是不真实的，

① 鲁比里奇和韦科指武装的联邦代理人与美国公民在20世纪90年代初的两次僵持不下的对峙。在两次对峙中，武装人员都杀害了无辜的平民。在爱达荷的鲁比里奇，美国执法官包围了兰迪·韦弗的房子——韦弗没有出席和他被控违反联邦枪支掌控有关的法庭听证会。这一围捕以一位联邦执法官和兰迪·韦弗的妻子及其14岁儿子的死亡而结束。一年以后，政府对得克萨斯韦科镇之外的对戴维追随者的院子发起了围攻。这一团体的头目戴维·科里舍想囤积武器。政府使用“动态进入”法发布对科里舍的逮捕令。当然，戴维的追随者因这一计划而被举报，并且受到了武装攻击。四位联邦代理人和六位戴维的追随者被杀。政府随后包围了这一院子50天（直接攻占被取消，是因为有孩子生活在院子里）。当代理上将给出武力结束包围的放行信号时，院子里着了火，烧死了74位居民，其中许多是孩子。有人相信，火是从政府施放催泪性毒气进院子以迫使人们出来时开始的。

肯塔基民兵组织还是坚持，美国政府正与联合国遥相呼应，以夺取普通美国人的土地，并交给来自第三世界的“一钱不值”的人们（Gallaher，2003）。

肯塔基民兵组织的反国家主义是诞生于新自由主义的深层焦虑的产物。脱工业化和农业的重构使白人乡民和劳工在经济上和文化上漂泊无着。这些人发现确保养家糊口的工作越来越困难。由于国家稳稳地站在资本一边，民兵组织便拒绝这一国家。种族主义积极分子在这一运动开始阶段的作用，也使这些人能够策划所有种类的针对国家的密谋。

关键点

• 反国家主义是一个用来描绘反对国家及其控制社会、经济和政治生活的权力的词。

• 反国家主义可以出自上层和下层。

• 无政府主义是一种形式的反国家主义。无政府主义者相信，人类天生是合作的，在权力分散的统治形式之下能最好地发挥作用。彼得・克鲁泡特金和埃利泽・雷克吕是地理学中最著名的无政府主义者。

• 当地理学家今天谈论反国家主义时，他们通常采取两种方式——将其当做一种减少国家对经济的影响的新自由主义的策略，或将其当做一种抵抗联邦权力的社会运动。

第六部分 认同

导 言

卡洛琳·加拉尔

在最近25年中，认同问题已经成为地理学科中的一个中心议题。聚焦一般的认同和更为特殊的认同政治，部分地与不断变化的政治景观联系在一起。20世纪60年代见证了各种各样的以认同为基础的社会运动，其中包括女权主义、黑人权力、同性恋权力、政治伊斯兰、宗教权力、种族地方主义（例如苏格兰民族主义）运动。运用例如阶级这样的标准的分析范畴，这些运动不可能得到轻易的描述或解释。随着时间的流逝，地理学之内（和之外）的社会科学家发展了新理论和新概念来解释以认同为基础的政治的兴起。对他们来说，政治地理学家倾向于考察认同政治的空间特质（也就是说，认同是如何空间化的，空间又是如何用来聚集起对特殊身份群体的政治权力的支持的）。

当政治地理学家研究认同政治时，其中一些人依赖于标准的概念，并对它们进行更新以阐明认同政治。例如，第二十三章的主题民族主义，今天不仅可以指现存的民族国家的认同政治，而且指国家以下和超国家群体的认同政治。同样，这一部分第二章的主题公民权的概念，不仅用来指一个人对民族国家的依附感，而且用来指对国家内的地方、或跨越了几个国家边界的地方的依附感。此外，在一个越来越全球化的世界，要找到拥有对一个以上地方的民族主义情感、而且可以在多个国家中要求公民权的人，是可能的。

本书这一部分的第三章，考察和后殖民世界相关的认同和认同政治。对后殖民主义的研究，不仅进入到以前被殖民的地方，而且进入到世界上有大量从以前的殖民国家移民过来的人的地方。从前英属西印度群岛来的移民，已经留下了不可磨灭有关英国文化的痕迹。在政治地理学中，后殖民主义是与批判地缘政治学和女权主义方法联系在一起的。因此当政治地理学家研究后殖民状况时，他们通常注意到在正式的殖民化结束之后，类似殖民的实践的延续。他们也设想了可以抵抗这些实践的各种方式。

第二十六章处理表征问题。正如我在这本书的导言中所提到的，表征的概念传统上覆盖全体公民在本地、省和国家政府之中被代表的机制。在本书中，我们纳入了更近的对表征的理解，它处理以认同为基础的群体表达他们的认同、文化和政治观的诸种方式。政治地理学家考察这类群体是如何自我表现的；主流群体又是如何利用比喻使这些群体“各安其位”的，而这些群体又是如何抵抗这种表述的。

第二十七章涉及社会性别概念。女权主义在20世纪60年代的兴起告诉我们，一个人的社会性别，以及来自附属于社会性别上常规限制的各种问题，可以导致社会行动主义和社会变革。政治地理学注意到，社会性别是一种社会建构，正如围绕社会性别所建立的规则一样。也就是，虽然一个人可以拥有男性性器官，男性“正当”行为的角色却随时间和空间的变化而多有变化。在政治地理学中，女权主义者提出，子学科的许多核心概念是性别化的。例如，她们注意到，政治地理学往往忽略出现在更小规模上的政治关系，妇女往往在这类范围内有更多可说的。

最后一章详述了“他者”的概念。在许多方面，他者的观念构成了大多数认同理论的基础。总之，认同理论坚持，所有常规的认同（例如一个社会的主流认同）都要求一个他者作为其形成的前提。也就是说，除非存在不是白人的其他人，一个人不可能是白人。对认同理论感兴趣的认同理论，倾向于研究“被他者化”的群体是如何受到压抑的，他们又是如何抵制这种压抑的。更近的研究也聚焦于主流认同是如何被常规化而以至于它们在社会中的中心地位不被质疑、被接受为“正常的”和正确的。

本书这一部分所提供的研究个案，像其他章节中一样是多样的。讨论了像阿根廷的母亲节社会运动，也讨论了英国的穆斯林与该国的主流基督教文化相互作用的各种方式。还详述了贝尔法斯特街头层次的冲突——着眼于这些冲突在准军事墙头画中是如何以各种方式得到表现的。

第二十三章　民族主义

艾莉森·芒茨

定义：一种难以捉摸而强有力的力量

民族主义通常指认同的地域性表达：对拥有一种共同认同的一个群体或共同体的归属感，通常但不总是与特殊的领土联系在一起。定义一个民族根本不是一件简单的事。一种共同的民族认同，是通过归属于具有共同政治体系的领土和国家来定义的。当然，在另一些情况下，民族认同又涉及归属于一个具有一系列超越了民族界限和政治体系的共同信仰、信念、传统甚至语言习惯的群体。民族主义是一个难以捉摸但强有力的概念：难以定义和定位，但却不能忽略。

现代民族国家的诞生，最经常地与起源于 1648 年的威斯特伐利亚体系联系在一起。威斯特伐利亚体系赋予单个国家国内统治权的管辖范围，免受其他民族国家的干预。这种独立的统治方式，因此与国家的领土界限一致。虽然民族国家在世界史上是一个相对晚近到来的实体——在 17 世纪末才到来，但它们证明是当代生活中一股强有力的力量。我们生于什么地方、我们为何人所生，影响到当代生活的每一层面，从我们做什么、我们旅行到什么地方、我们在经济和政治体系中的参与，到正式的公民权、非正式的归属感和忠诚感以及世界观，都受其影响。这种对一个民族国家的归属模式，影响到一个人对自己国家的服务以及真正的颠覆（有关民族国家概念的更多信息，参见第一章）。民族主义是一种归属模式。

本尼迪克·安德森（Benedict Anderson，1983）确定了一种随之而来的现象，这一现象与民族国家的诞生紧密相关但又独立自主：这一现象即民族主义在19世纪的发展。他探讨了在民族国家领土之内并对应于民族国家领土的认同观和归属观。安德森有力地声称，民族主义是一种“想象的政治共同体”的运作，在这一共同体中，人们有可能都相互不认识，但他们自己相信拥有共同的一般历史、叙述和梦想。这些群体也共享充当凝聚力的象征、图像、记忆和结构。他们通过共享同时性的事件及其讲述而共同拥有这些信念，正像阅读报纸的日常行为一样。

民族主义情感将影响一个集团如何起作用。通常存在多种形式的民族主义，它们甚至在同一国土之内相互竞争。竞争的历史也许会相互抵触并带来冲突。民族主义因此不仅在个人的日常生活中、而且在民族国家中充当一种强有力的力量。埃里克·霍布斯鲍姆（Eric Hobsbawm，1990）认为，同市民社会的成员相比，政府通常拥有民族主义的不同观点。这种相互对抗的民族主义观念可以导致国内的动荡不安甚至内战。政治地理学家往往认为民族主义是对民族国家起作用的一种力量，也是在民族国家内起作用的一种力量。他们称之为向心化的与离心化的力量。有人认为，太多的民族主义在一个国家内运作，可能使这一国家失去稳定，或因为作为一种离心力起作用而使这一国家四分五裂。相反，向心力致力于将一个国家及其相应的民族共同体凝聚在一起。在2008年竞选美国总统的民主党候选人时，参议员巴拉克·奥巴马试图利用向心力，他的竞选纲领号召有一个民族团结的时刻，以克服已经将美国公民分裂开来的诸如种族和党派政治一类的各种力量。

政治地理学家通常研究民族认同与民族国家领土不一致的案例。例如，印度尼西亚是一个包含许多岛屿、人、宗教、语言共同体的民族国家。这些差异在历史上充当了威胁到要将该国拆分开来的离心力。印尼国家通常不得不平定国内动乱和独立运动，例如西巴布亚独立运动。另一民族主义团体要求独立的个案，可以在加拿大的魁北克省找到，其居民定期地寻找主权，有时是通过暴力方式。最近的一次尝试，1995 年的一次全民公决，差之毫厘地失败了（图 23.1）。这一民族主义群体的集体认同，与其居民的民族国家集体认同并不一致。

图 23.1　画在一位年轻男孩脸上的魁北克旗帜。1995 年，魁北克公民举行了一次有关主权的全民公决。这一措施差之毫厘地失败了，其结果是留下魁北克作为加拿大国内的一个省

演变与论争：复杂的分界线

民族主义在 18、19 世纪成长起来，是围绕有关民族国家中成员资格的流行观念加以组织的。许多人对民族主义的兴起忧心忡忡，试图看到以其他形式的认同（例如阶级乃至比民族国家更大的地理区域）为基础的的联合。现代主义者相信，以地方为基础的认同将最终让道于全球认同；本土的密切关系，将随全球化和能够快速穿过国际边界旅行与交际而失去光泽（更进一步的讨论，参见：Harvey，1989）。

但这种对立证明是真实的。自从 1945 年以来，像民族国家开花结果一样，民族主义也蓬勃成长。在 20 世纪 40 年代，有 65 个民族国家。现在则超过了 190 个。这种增长部分来自解殖民化，尤其是在全球南方地区，在这些地方，殖民势力所描画的民族国家没有对应于种族文化、部落、泛宗教、语言或以信仰为基础的共同体以及它们的分界线。伴随 1991 年苏联的解体，国家进一步增生。一种伴随现象是没有国家的人的增加——当人们发现自己生活在一个新形成的国家之中时，他们在其中没有感觉到一种归属感，或被接受为该国家成员。

更为晚近有论争表明，民族主义的兴起与全球化和文化的全球观联系在一起（例如：Featherstone，1990；更详细的论述，参见本书论全球化的第十四章）。与此同时，全球化将我们更近地带到了一起，带入到了一个亲密的嘈杂的全球世界之中，我们寻求共享的种族与民族认同，以便我们叙述我们是谁、我们如何相互区别。

一些民族共同体成功地建立了表达自己共同认同的国家，正如1948年将以色列建成为一个民族国家和犹太人流散者的祖国一样。当然，更经常的是，民族主义随着时间的流逝很少与民族国家的分界线保持一致，因为民族一类的群体认同没有具有主权的国家领土。例如，那些致力于泛阿拉伯形式的民族主义者，在区域上认同于超越了现代民族国家边界的一片领土。总之，按民族主义的意义来认同的群体，不必将这种归属感依附于通过民族国家边界来划分的一块地理区域。

将问题更进一步复杂化一点，会看到存在着许多民族国家。这些国家在一个政治单元内统治多元民族，在这样的国家中，语言和种族激增。例证包括瑞士、美国、南非和加拿大。在生活于多民族国家的种族和文化群体之中，有一些将寻求国家的承认或得到了国家的承认，而另一些可能着手各种运动，以摆脱或脱离国家，进而组建自己的领土。加拿大是一个国家拥有多种民族和民族主义而和平普遍盛行的例证。尽管其人口18%出生于加拿大之外，多元的民族认同、种族特性和语言却和平共存，并得到联邦政府的承认，政府对多元文化主义的联邦政策引以为自豪。

然而，种族民族主义继续在全球兴起。在某些多民族国家，民族主义群体力图独立成为自主的国家，有时采取了暴力的方式。例如，在斯里兰卡，泰米尔人经历了被掌权的僧伽罗多数派几十年的歧视。自1983年以来，泰米尔独立猛虎解放组织（LTTE）一直在为一个作为这一历史解决方案的、独立的泰米尔祖国而战斗（图23.2）。

民族主义的兴起，不仅寻求对身份的认可，而且寻求更全面地参与经济，对不平衡的经济发展和经济准入做出反应。全球化对民族国家或地区的影响不平衡。通常，经济发展滞后的地区是那些集中了少数族裔的地方。考虑到政治动员的煽动因素，种族群体在劳动市场的各环节也是过度被代表的，这类政治动员相信，种族群体的成员在作为一个自主的实体时，比他们作为被殖民和被征服的人时会做得更好。变革的领导者和代理人会以保护过去和现在的名义，利用将他们聚合到一起的共同的历史、语言、信仰和象征，控制并推动运动向前。国家也经常会共同挑选民族主义的叙事，将民族主义的叙事整合到现代性的故事之中（例如：Nelson，1999）。

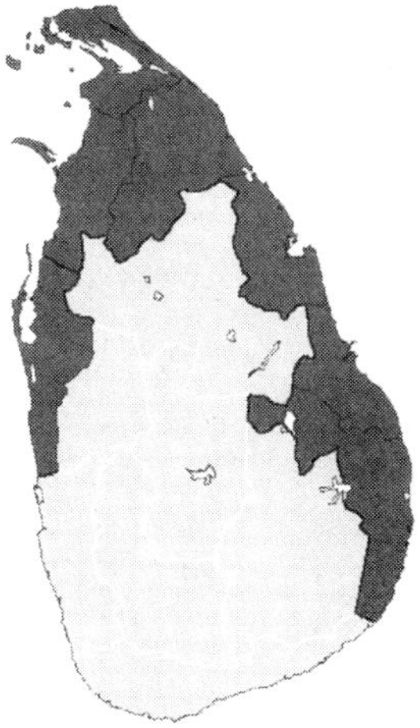

图 23.2　斯里兰卡地图：颜色较深的地区是泰米尔猛虎组织所声称的地区（截至 2005 年 8 月）。猛虎组织所声称的地区，有些并不在其控制之下

一些国家试图容纳、整合甚至管理多种民族主义，例如在加拿大的个案中就是如此。另一些没有取得成功，正像下文将要详述的泰米尔猛虎组织和车臣民族主义的情形一样。全球已经有成千上万人因民族主义力量动员采取政治行动而死亡。民族主义运动导致了苏联、南斯拉夫和捷克斯洛伐克的终结，这些国家都分裂成了多个民族国家。

以上对民族主义极为简单的勾勒，表明了对民族主义的地理学研究的关键作用。的确，地理学家对民族主义观念的认识相当关键，尤其对理解这些是如何与国家建设工程和社会运动联系起来的至关重要。

个案研究：民族主义、恐怖主义和政府的反应

在被经济发展所排除的人群中的民族主义，可能演变为恐怖主义

运动，这反过来又推进了民族国家有力的强制反应。

民族主义不仅涉及民族国家的领土，而且涉及更广的空间性、时间性、身体政治和家庭观念（尤其是按家长制的措辞被概念化）（Kaplan et al.，1999：15）。尽管在任何情况下都不是民族认同的独一无二的代表者，国家政府及领导人却通常试图在对恐怖主义行动做出反应的过程中，驯服民族主义的力量以稳固自己的权力。继 2001 年 9 月基地组织对纽约和华盛顿特区进行恐怖袭击之后，美国被爱国的热情所淹没。年轻人签署证书参加军事服务，旗帜急增，张贴于从汽车保险杠到私人住宅、商业街区的每一个地方。布什总统利用这种民族主义，并控制这种话语力量，将其推向战争，首先是在阿富汗——名义上是为了捉拿基地组织成员，其后是在伊拉克。

在国内，布什总统将各种联邦机构集中为新创建的国土安全局，这是自弗兰克林·D. 罗斯福新政以来美国联邦政府官僚机构的最大变化。在几个国家通过了对恐怖主义的新立法，在美国，这种新立法采取了《爱国法案》的形式。该法案之名涉及以打击恐怖主义之名的民族主义工程，而且该法案在 2001 年被签署为正式的法律之后，给各权威机构赋予了更广泛的权力，在国内外执行对外国和本国公民的监视。

在解体之前，苏联有数百个民族群体，中央政府认可所有的群体是独立的民族。中央政府实行人口普查，以决定民族身份，其中包括确定内部的通行证。1991 年，苏联逐渐发展为 15 个共和国。民族性随之与空间单元达到了一致，但是与民族性和公民权联系在一起的冲突依然存在。各群体通过学习新的语言，跌跌撞撞地进入或被吸收到新的民族国家之中。人们不得不解决民族性与公民权问题，在此过程中，无国籍也变成了一个引人注目的问题。

一些国家尝试更联邦制的结构，采用以更为分散的决策为特征的权力共享模式，目的在于将自主群体整合到民族国家的管理之中。俄罗斯追求这一目标，赋予其 31 个民族共和国以相对的自主权。在苏联解体及随后的种族与独立冲突之后，车臣共和国（或对其居民来说，伊奇克里亚车臣共和国）力争并事实上赢得了独立——但不是法律上的独立。争取独立的战争在 1992 年爆发，没有车臣种族渊源的人逃走了。俄罗斯军队于 1994 年进入车臣共和国，开始了第一次车臣战争（图 23.3）。1996 年，在超过 10 万人死亡以后，俄罗斯军队撤出（图 23.4）。

图 23.3　在第一次车臣战争期间降落的俄罗斯直升机（由 Mikhail Evstafiev 摄影并慨允使用）

车臣共和国没有成为自己的民族国家而依然是俄罗斯的一部分。一些人推测，这与车臣共和国附近的油田位置和俄罗斯想维持对这些油田的开采权有关，因而与该地区的政治、经济权力有关。

但这不是一种和平的和解。分裂通常来自于使国家核心塌陷的紧张关系，在其中，政治权力、文化、城市精英、财富积累起来（正像在近年的莫斯科戏剧性地出现的一样）对付更边缘的地区。车臣共和国显然处于俄罗斯的边缘，不仅在地理上，而且在被政治、文化和经济力量边缘化的意义上。

许多车臣人感到他们自己是自己民族的一部分。当然，在否定国家地位形式上的地方自主的苏联帝国制度之下，民族主义受到了压抑。

图 23.4　戈罗兹尼战役中的车臣战士（由 Mikhail Evstafiev 摄影并慨允使用）

民族主义被当做一种控制工具，而不是赋予苏联居民以权力的工具。但是，随着共产主义规则的瓦解，许多这类受到压抑的认同现在重新崛起，有一些更为强有力，而另一些则更令人担忧。为了让自己的不满被听到，车臣反抗集团开始着手恐怖主义活动。1999 年，俄国军队重新进入车臣共和国，开始了第二次车臣战争。

一些民族主义者小组越来越转向恐怖主义，试图带来足够的骚乱以实现建立一个民族国家的梦想。这是一些具有某些跨国联系的跨界暴力行动——这猜测多于证实，虽然这些行动沿继了基地组织的一些战术。这些小组沿继明显的恐怖主义策略以破坏日常活动。其中包括向公寓楼中的人们掷炸弹，在莫斯科绑架出席夜晚剧场的人为人质，炸毁一辆早晨通勤的地铁，成功袭击两架飞行中的飞机。

2004 年，车臣叛乱集团在一座小城别斯兰袭击了第一中学，当时，该校的孩子及其父母正在出席该学期第一天的开学典礼。有 1 100 多名孩子和家长在学校体育馆被劫持为人质达三日之久，同时进行的是与当局谈判。僵局以 334 名平民的死亡结束，其中半数以上是孩子。

有关别斯兰学校人质事件的许多信息及其结论依然有争议，尽管有各种调查到底发生了什么以及区分责任的委员会。在随后的数年中，“别斯兰之母”继续要求当局公布信息和录像资料。

当代女权主义学术研究也考察了社会性别与民族主义的相互交织，揭示了男人和女人是如何通过冲突以不同但仍然相关的方式受到影响的（例如：Giles and Hyndman，2004；Kaplan et al.，1999；Mayer，2004）。这种学术研究建立起了暴力与女性身体的联系，并描绘了男人和女人在家庭与国家中所扮演角色之间的关联（Gilbert and Cowan，2007；Nelson，1999）。

俄国由铁血总统弗拉基米尔·普京领导，普京拒绝与恐怖主义或分离主义者谈判。在对这次和更早之前的袭击的反应中，普京大权在握，对政治体系进行了一种全面翻新，以稳固权力的集中，对政治异议进行激烈的打压（Myers，2004）。通过声称需要一个民族团结而不是种族分裂的时代以打击恐怖主义，普京也利用了民族主义的话语。在别斯兰袭击之后的一次简单发言中，普京评论说，“那些煽动、组织和实行恐怖主义行动的人，力图分裂国家”（Myers，2004）。普京在回应恐怖主义的过程中成为了更坚定的孤立主义者，进而稳固了他自己在政府的立法和地方行政部门的权力。他扩大了执法机构的权力，加强了城市中的安保措施。

布什和普京追求种种策略——借打击恐怖主义、保护国家统一之名寻求巩固权力。但是，无论美国还是俄罗斯赞成民主的积极分子对他们的决策做出了迅速的批评。美国的积极分子提出，建立人种和种族档案根本不是推进边防和移民政策的途径。而在俄罗斯则提出，以民族团结的国家之名抹杀种族差异的努力已经失败。

未来对民族主义的研究

政治地理学家必须继续讨论有关民族主义的重要问题。民族国家如何平衡少数群体及民族身份感和稳定性？风险是相当高的，因为失败可能导致国内动荡不安，或甚至更极端情况下的种族清洗。按政治地理学家的说法，民族主义是一种将国家团结在一起的向心力，还是一种将国家分裂开来的离心力？在哪一点上，对独立的领土和身份的渴求可能陷入恐怖主义活动？国家怎样对这些尝试做出反应？当全球化以跨界流动的方式继续时，我们会继续认同于以领土为基础的群体吗？

民族运动提出了一系列挑战，尤其对面临分离主义运动的多民族的民族国家来说更是如此。当民族主义运动激起对国家安全构成威胁的恐怖主义行动时，会发生什么？谁的民族主义会受到尊重？谁的安全会受到保护？以国家安全之名所采取的措施，会给特殊群体的人们带来风险，用人的安全换来国家的安全吗？在居住于以色列或巴勒斯坦、北爱尔兰或英国、车臣共和国或莫斯科的人中，对这些问题的回答将千变万化。因为位置——地理——关系重大。

关键点

• 民族主义指认同的地域性表达：对与特殊的领土联系在一起的一个群体或共同体的归属感。

• 政治地理学家常常研究民族认同与民族国家领土不一致的案例。例如，许多生活在加拿大魁北克省的人，将魁北克视为一个独特的国家，并相信它应当成为自己的民族国家。

• 世界上的大多数国家是多民族国家，这意味着它们包含多种民族性。

• 民族主义运动正在全球范围内兴起。许多这类运动使用暴力，或威胁使用暴力，以确保从一个现存的民族国家获得自主、独立或自治。

第二十四章　公民权

艾莉森·芒茨

定义：空间归属

公民权是许多种归属形式中的一种。经常地，它意味着归属于民族国家。人们普遍认为，这一术语在古希腊形式的对城市的参与中有其根源。虽然作为一种实践的公民权的历史还是个有争议的话题（例如，Isin，2002），但这一术语总是意味着与领土联系在一起的成员资格（有关领土的更多信息，参阅第六章）。这里的领土包括一系列场所、范围和空间，从地方城市或城邦到现代的民族国家。当代的公民权概念也将目光投射到了全球范围之内，正如“世界公民”这一词所暗示的一样。

公民身份的权力与要求最经常地是由民族国家所管控的，并且要么基于出生地（Jus solis，拉丁文的土地权或由于出身而获得的领土归属权），或是基于血缘关系（Jus sanguini 拉丁文的血统，其中公民身份可以遗留给孩子）。例如，任何出生在美国土地上的人基于出生地就是一个美国公民。任何一对加拿大父母在国外所生的孩子经由血统将有权获得加拿大的公民身份。例如，不考虑出生地，犹太人由于他们的宗教信仰，拥有以色列公民身份的权力。

一些人移民到一个国家去生活和工作；另一些人在家乡受到迫害，以难民的身份来寻求保护；还有一些人可能基于血缘提出申请。大多数人会申请公民身份，并经历一个接收入籍的过程，这个过程每个国家都有所不同。

民族国家长期以来拥有权力决定和管控作为合法成员资格或归属的公民身份。然而，最近学者越来越对当代公民权的实践感兴趣。这类实践经常是去疆域化的，随之学者们将他们的注意力从对一个祖国法律上的隶属关系转移到日常的社会参与之上。翁爱华（Aihwa Ong，2006：7）提出："公民权的构成成分已经发展出了与新空间的独立联系，正变得在与多元地点和伦理情景的联系中获得重新阐述、重新定义和重新想象。"在一个全球化的时代，人们寻找并发现了已超出地理描述和民族国家的法律管控的种种归属模式。

在正式的、法律的意义上，公民权会影响与国家所赋予的权力和对国家的责任联系在一起的人类行为，例如选举权（有时是选举的责任）。公民权建构起了一个人的流动性，并且充当了保护人们的生活或生计免遭威胁的基础。国家保护大多数公民权力的热情，远远超过对于"非公民"的人权的保护（Arendt，1958）。

在远不那么正式的意义上，公民权指一系列的政治实践，而公民社会中大量的参与模式，作为这一概念的一部分已经兴起。例如，一些人研究抗议和行动主义的各种形式，将其当做公民权的诸种实践。在政治地理学家之中，这些已成为研究的重要话题（例如：Brown，1997；Mitchell，D.，2003；Routledge，2003b）。

演变与论争：被全球化重新定义的一个概念

随着现代民族国家的发展，公民权成为了国家进行人口普查并最终对身份资格进行分类和监控的一种常规途径。这种形式上的归属依附于一个特殊的地方：民族国家的领土。公民权意味着在一个社会中的成员资格；这种成员资格由国家出于各种目的（例如对人口流动进行管理）进行登记（Hannah，2000）。通过它们的文献资料，公民得到了排列整理，被国家赋予了清晰可读的特征（Torpey，2000）。

约翰·托毕（Jonn Torpey，2000：4）提出，人们由于拥有了一种“身份”而变得依赖于国家，并且提供了涉及与国籍联系在一起的三种文件证据的类型学。第一种，国际护照可以使他们不仅在自己的民族国家来来往往，而且也可以进入其他民族国家的领土。第二种，“国内通行证”管控在一个民族国家内的迁移，是一种今天大部分已经被摒弃了的管理形式，因为它被认为是与权威政体联系在一起的一种陈旧实践（Torpey，2000：165）。例如，南非在种族隔离制度下于1923年所颁布的通行证法，便限制和控制了南非黑人在城市中的流动。托比的普通分类学中的第三种文件证据，即身份证件。在许多国家，政府机构人员（警察、法庭书记员等）可以要求公民提交证件，例如驾驶证或其他政府颁发的证件，以确认他/她的身份和公民权（图24.1）。

正如翁爱华（1999）所提出的那样，在实践中，公民权变得更灵活。翁爱华确认为更“灵活”的人拥有为了在国与国之间经常穿梭往来工作的多重护照。有些人甚至是生活在多个国家的“航空家族”成员（Waters，2002）。当然，翁爱华证实，这种程度的国际流动性是在与一个人的阶级、种族和位置的关联中受到控制的。更为富裕的家庭和个人有更多的钱去旅行，并接近使他们在国外签证和工作的政治渠道。这些全球居民更有可能被赋予翁爱华所称的“灵活的公民权”。

图24.1　加利福尼亚的驾照。在美国大部分州，只允许公民和永久居民申请并获得驾照。在美国没有驾照可能标志着你“不是美国成员”

构成20世纪末典型特征的全球化和人类日益加快的跨界流动的步伐，对公民权的传统观念提出了挑战。人们在国际上移动，通常一年数次。他们参与了跨国界和领土的家庭与工作。为了利用这些跨国界的公民权的实践，一些国家已经将个人拥有多种公民身份确认为一种能力。

当代研究公民权的学者不仅考察了正式的公民权的哲学基础和历史指称，而且沿其他差异轴（例如社会性别、年龄、能力、性别身份、种族、民族性、出生国和居住国等）考察了公民权的不同实践（参见：Appadurai，1996；Ong，2006；Pratt，2004）。历史上重要的例子证明了，人们是如何在受到国家当局确定和强化的身份基础上被歧视和受控制的。恩吉·伊辛（Engin Isin，2002）认为，作为一种正式归属模式的公民权的确是由那些在外部构成的东西所定义的，超出了公民权的限制。例如，在南非，非白人公民实际上是被隔离并限于小镇之中，他们的流动性和公民权严格地在种族隔离体系之下被掌权的更少的、更富裕的白人所限制。今天，从全球南方来的移民劳工群体也常常在全球北方国家中受到歧视，在全球北方国家中，他们作为廉价劳工受到欢迎，但不是作为具有给予公民的正式地位和权力的合法公民而受到欢迎。在北美和欧盟的公民权实践中，那些具有一系列特殊的技能和教育程度的人（例如医生或IT业人士）优先于那些前来在农业、建筑业或低端服务经济中工作的人。同样，移民和接收难民的国家正式的公民权实践，也给予特定的来源国以优先权。例如，在美国，历史上，从共产主义政体中（例如古巴）逃离的人，比那些从受到美国支持的非共产主义政体中（例如萨尔瓦多）逃离出的人，更容易获得避难地位。难民政策和获得公民权的途径，因此反映出了美国的外交政策和地缘政治关系。

许多国家现在接受“双重公民权”——一个人可以在不止一个国家“宣誓效忠”、属于多个国家并持有多个护照。一些跨国移民甚至持有三个或四个护照。同时，政府当局也担心并争论在何种程度上，多个归属点是否会影响到一个人对一个地方的社会和经济的贡献。

公民权管制中的这些正式的、法律上的变化，伴随着文化实践和人们归属感之上的非正式的变化。例如，一个人在一个国家中拥有公民身份，但在另一个国家却更有回到家的感觉。伴随民族国家所管理的更法定形式的公民权，个人和群众团体也发展出了他们自己的文化形式的公民身份。伊辛（2002）提供了一种对与“公民权”一词相关联的行动范围的开放性解释，认为对公民权的界定，总是为了叙述常规和非常规的或异常的行为。

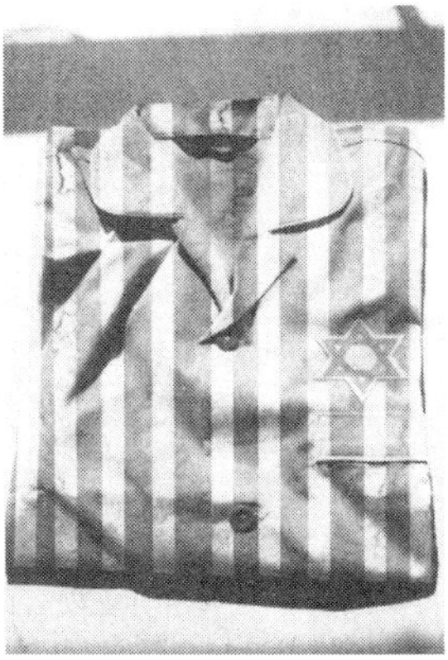

图 24.2　集中营中带有戴维星补丁的罩衫

还有一些人基于其身份的其他层面的原因被标出或排除，甚至受到残酷迫害。在大屠杀期间，犹太人和性别少数族被迫穿上带有补丁的衬衫，以便于辨认、在劳改营被监禁、在集中营被处死（参见图 24.2）。今天，歧视出现在全球各地，有时是以更微妙（如果不是更阴险）的方式，在这里，权力极力反对其性别、性别认同、年龄或能力的运转超出了常规标准和范围的人。

个案研究：加拿大的菲律宾移民和爱沙尼亚的无国籍现象

加拿大的菲律宾移民

政治地理学家随时间的流逝以各种方式研究公民权，并且像他们所研究的公民权一样，其研究已变得更为灵活，并且采用了对空间实践和归属过程的更多文化上的认识（Ley and Kobayashi，2005；Silvey and Lawson，1999；Silvey，2004）。杰拉尔丁·普拉特（Geraldine Pratt，2004）的著作在这一点上提供了有用的案例。她对从菲律宾到加拿大不列颠哥伦比亚的移民的迁移、工作和生活经验的研究，横跨了实践公民权的多种层次和场所，既包括正式的实践，也包括非正式的实践。

普拉特（例如，2004；Pratt et al.，1998）与不列颠哥伦比亚省温哥华市中心的一家名叫菲律宾妇女中心的社区组织合作了多年。这一组织是一家为加拿大的菲律宾移民提供援助的民间团体。涉及的人有些是出生在菲律宾的菲裔加拿大人，而另一些则是从菲律宾移民到加拿大的人。普拉特加入了这一组织，为了推动给居家护理者以更好的工作环境和更好的获得公民权的道路而出谋划策，她与人合著了这一本书（Pratt et al.，1998）。

普拉特的研究中详述的一个移民分支是通过“居家护理项目”来到加拿大的，这是一个由政府设计的为期两年的特殊的、短期的移民项目，目的在于招募居家的照顾孩子的保姆。这一项目加快了菲律宾劳工移民（大多数是妇女）与一个家庭生活在一起，并为其服务。假如一位劳工能坚持两年稳定的就业，那么她就适合申请在加拿大“永久居留”，这是通往加拿大公民权路上的第二步。到这一步的话，她就获得了更多的自由和流动性以及做任何工作的权力。

普拉特提出，要求看护者与一个家庭呆两年而不能寻求教育或在其他地方工作，已经将虐待劳工的条件建构到了公民权的进程之中。在她们所生活和工作的家中，妇女往往缺乏休假的时间和私秘性，而且因为看护孩子需要没日没夜地持续工作，居家看护者通常被剥削了。她们的工作日的开始或结束没有任何清晰的界线，她们实际上从来没有“离开”工作的空间。

菲律宾妇女中心致力于引起对通过这一项目来到加拿大的妇女困境的关注。她们的经验证明，归属的各个维度在公民权的正式法律政策之中获得了同样多的说明——通过临时签证、永久居留和接受入籍，经历加拿大民族国家公民权的常规路线——这正如她们在家、城市和工作场所的非正式的日常交换所表明的一样，在这些地方，可以毫不夸张地说，菲律宾的家政劳工通常被当做“二等劳工”。

她们的出生国而不是她们在菲律宾的教育程度和工作经验影响到

了菲律宾移民在加拿大所做的工作。通过这种特殊的劳动市场而构成的种族化的包容形式，也构建了雇主和其他人在私人空间和公共空间中与菲律宾妇女的相互作用方式。尽管通过这一临时项目移民而来的妇女可能拥有菲律宾的专业学位，但在加拿大却被低人一等地当做临时劳动力。并且尽管许多菲律宾移民及其家人进入到了加拿大的其他行业，他们却还是被原型化或同质化地被视为居家看护者。

两年项目是一份利用来自全球南方的廉价劳动力以牟利的雇用合同。因此，全球的劳动分工增加了全球北方的富裕家庭通过分离全球南方的家庭而获得经济适用的生活方式的机会。沿社会性别、年龄、种族、出生国和法定地位而形成的差异支持着这一系统。地区之间的结构性差异，促使年轻妇女移民以寻求有利可图的生存之道和机会。她们的年龄、种族、社会性别和在加拿大的法定地位，是构成虐待她们的雇主的歧视的种种因素。“作为一个社会的加拿大剥削作为廉价劳动力的第三世界妇女”（Pratt，2004：39）。

“面对强迫移民的具体可感的痛苦”（Pratt，2004：5），普拉特对如何通过抗议、行动主义、可替代的与加拿大联邦政府交涉的多种方式反抗和颠覆正式的归属模式产生了兴趣。通常，这些被国家边缘化的群体在组织社会变化方面开辟了道路，无论是呼唤关注社会和不公正的移民社群（例如菲律宾家政劳工），还是可能拥有公民身份地位但发现他们在作为一个团体的实际生活中受到歧视的人（例如那些携带HIV/AIDS病毒的人）（Brown，1997）。在与菲律宾人的联系中，普拉特（2004）发现，许多生于加拿大的年轻人，在许多个案中从来没有到过菲律宾，却成了反抗剥削菲律宾劳工的团体的积极分子和领导者。他们的政治化来源于他们目睹了自己的母亲、婶婶和姐姐在加拿大所受到的剥削。这种争取劳工权力和政治包容的社会运动，折射出了对公民权正式的和非正式的实践和诉求。

爱沙尼亚的无国籍现象

与此同时，双重公民权增加了，正式公民权的官僚化有增无减，当个人缺乏正式的文件确立自己在世界上任何国家的公民身份时，这就是所谓的无国籍现象。20 世纪末，出于许多原因无国籍的人数增加了。最著名的是那些第二次世界大战中在欧洲流离失所的人，其中包括生于希特勒第三帝国却被剥夺了公民权的犹太人。另一些是非洲从来没有对应于殖民势力所划定的国家边界的民族成员。当迁移时，他们丧失了公民身份的权力，因为他们所处的位置与官方对归属的解释不相符合。还有一些人生活在不被国际共同体中其他国家所认可的国家中，例如巴勒斯坦中巴勒斯坦人的情况就是如此；还有的人离开了不被认可的国家，例如黎巴嫩的巴勒斯坦难民，他们在黎巴嫩不拥有公民权，但又不准许返回巴勒斯坦。

不久之前，苏联的解体刺激起了无国籍人士在 20 世纪 90 年代的暴涨。一些人返回他们的种族意义上的祖国，并在那里被接受入籍，而另一些人则获得了他们的居住所在地新的民族国家的公民权。这带来了许多困扰，因为许多居民自认的种族和国籍与他们的居住地并不一致。

爱沙尼亚提供了这样一个例子。在 20 世纪 90 年代末，其人口将近 1/3 是无国籍的。政府花大力气致力于推动入籍，鼓励居民成为爱沙尼亚的公民。更高比例的公民权是爱沙尼亚于 2004 年加入欧盟的准入条件，因为公民随后会拥有欧盟护照，有更多权力在整个欧盟来往和工作（图 24.3）。被接受入籍的一些人是爱沙尼亚人，但其中许多人是生活在已变成爱沙尼亚种族的俄罗斯人。他们自己的文化归属感，与当局努力在一个民族国家之内管控作为成员资格的公民权的尝试并不一致（参见：Feldman，2005）。

广受欢迎的爱沙尼亚作家托鲁·安涅帕卢（Tonu Onnepalu）创作的小说《临界状态》（2000），漂亮地唤起了公民权对主人公的意义，

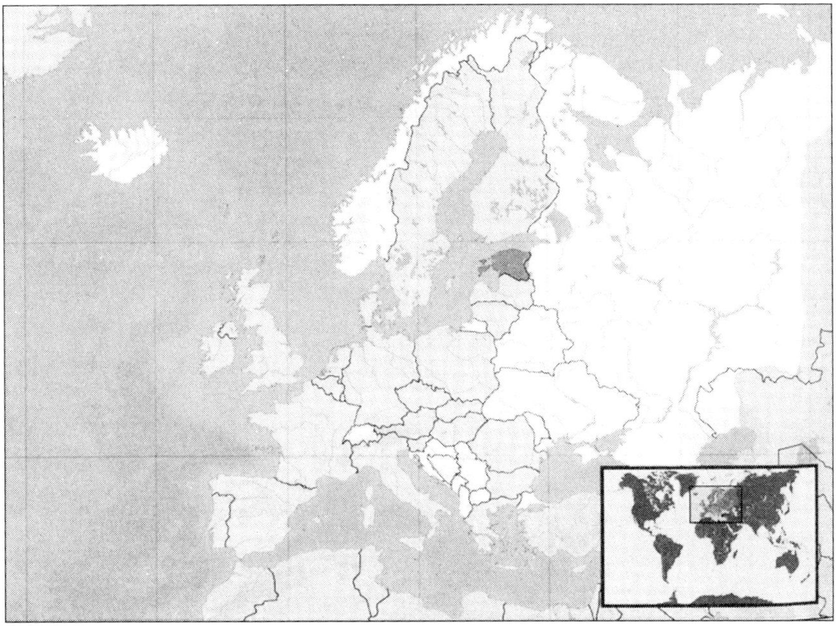

图 24.3　欧盟国家中的爱沙尼亚，始自 2007 年

主人公发现自己处于正式与非正式的归属模式的边缘。这一小说追溯了一个无名的主人公离开家——一个“欠发达的”、被女性化的“东方”国家——来到巴黎——一个超现代的、世界性的“西方”城市。在这儿，他拥有临时的地位。像不列颠哥伦比亚省的居家看护者的地位一样，这意味着允许他暂时生活在一个国家以工作（更多的例子，参见：Bailey et al.，2002）。在小说中，主人公总是被视为“他者”：传统的和古怪的，因大量原因处在边缘，结果是不知所措。主人公交替地表达了对自己祖国的渴望与仇恨。他日复一日地用一种已经不存在的语言翻译古代典籍，目的是为了保存它们。他对现代欧洲的繁华所带来的舒适啧啧称奇——正如他处在巴黎公寓锃亮如新的奢华厨房中一样——与此同时又发现它的极端，例如机械化的、日常的清除废物。小说的基调表达了他作为一个临时移民与他生活其中的社会的疏

离。这一小说的没有方向、非线性的叙述最终泄露了主人公在他所不喜欢的地点——厨房——杀死了他的情人、代表着西欧的弗朗斯。但他继续不被人察觉地走来走去，甚至这一残暴的罪行也未被人注意到。

在许多方面，安涅帕卢的人物体现了当代的一种已经引起政治地理学家们注意的公民权理论——意大利哲学家吉奥乔·阿甘本（Giorgio Agamben，1998）的“例外状态”观念。像汉娜·阿伦特（Hannah Arendt，1958）一样，阿甘本提出，国家在危机状态下，可能歧视和强烈排斥某些人——包括难民、囚犯和其他一些人，使之不受法律保护。在9·11之后的安全气氛中——不仅恐怖主义者，而且寻求避难者和其他在国际上走动的人，都落入了监视和安保的网络之中——例外状态引起了政治地理学家的想象（例如，Gregory and Pred，2006）。

政治地理学未来的研究，不仅需要论争公民权和归属的正式模式发生变化的种种方式，而且要论争这些正式的变化如何与非正式的实践（其中包括那些本质上没有公民权、不被任何民族国家正式认可的经验）相互交织的种种方式。

关键点

• 在政治地理学中，“公民权”一词指与领土、通常是民族国家联系在一起的归属感或成员资格。

• 随着现代民族国家的发展，公民权成为了国家进行人口普查并最终对身份资格进行分类和监控的一种常规途径。其结果，人们越来越依赖于国家以确保一种正式身份。

• 公民权的进程通常是排斥性的，因为它创造了一种谁属于、谁不属于的特定领土的类型学。

• 公民权越来越趋向于流动，随之人们的归属感跨越了边界或包括了多元领土。

第二十五章　后殖民主义

玛丽·吉尔马丁

定义：一个暂时的时期，一种批判的方法

布伦特和威尔斯提出，后现代主义有两种关键含义。第一种是时间性的，指殖民主义之后的时期（对许多前殖民地而言，这一时期出现在第二次世界大战之后）。第二种是批判性的，指研究和理解殖民主义及其后果的一系列方法（Blunt and Wills，2000）。两种定义都是有异议的。

在涉及对后现代主义的时间认知时，安妮·麦克林托克认为，使用后殖民一词是“过早地兴高采烈和迷乱混淆的”（Anne McClintock，1992：91）。她指出了殖民权力关系在正式独立之后继续存在的各种方式：经济上的、政治上的、文化上的和军事上的。更近一点，简·雅各布斯（Jane Jacobs，1996）评论了后殖民研究中对“后”的异想天开的乐观主义。尽管比麦克林托克更少受到批评，她也突出了殖民主义的遗产使人难以断定殖民时期确实已经过去。安妮·卢姆巴在评论中对这些批评进行了概括：“不只是将后殖民主义认为是实际上来自殖民主义之后、意味着殖民主义的死亡，而且更灵活地视为有关殖民统治和殖民主义遗产的论争，是更有帮助的。”（Ania Loomba）在对后殖民主义的批判性理解方面，出现了两种批评。第一种批评是，后殖民理论更多关心文化而不是物质性。第二种批评是，后殖民理论更多关心历史而不是当代（参见 Blunt and McEwan，2002；Gilmartin and

Berg，2007）。

这些有关“后殖民主义”一词的意义的不同观点，在许多方面都指明了这一概念所具有的力量。在对这一术语及其不同意义和用法的一篇综述中，罗伯特·杨试图解决这些异议。他提出，后现代理论综合了“对客观物质条件和对它们的主观影响的详细分析”（Young，2001：7）。在杨看来，后现代主义“庆祝的不是殖民，而是对殖民的胜利”（2001：6）。

演变与论争：表征问题

作为一个整体的地理学中的后殖民主义

地理学与对后殖民主义研究之间的关联采取了许多种形式。地理学中早期的后殖民方法（在那时还不描述为后殖民的），聚焦于殖民主义的后果：集中于以前的殖民地和殖民势力之间的不平等关系，以及这种关系在更广泛的资本主义世界体系之内的性质。20 世纪 60 年代和 70 年代的一些地理学家的写作，受到了依附理论的影响，通常是对更主流的现代化理论的反应（McGee，1974；Slater，1973，1977）。鲍尔和西达维勾勒了对依附的地理学研究是如何在 1969 年创刊的激进杂志《对跖地》中受到重视的，以及这些批评花了多长时间来吸引地理学之内更持久的介入（Power and Sidaway，2004）。在 20 世纪 90 年代的地理学之内，发展出了一种广义的后殖民主义观念。例如，乔纳森·克鲁舍详述了后殖民地理学的一种愿景，它将涉及：

> 揭露地理学在对空间的殖民统治中的合谋；殖民话语中地理再现的特征；将区域地理学事业与大都市理论及其总体化的表征系统分离开来；由殖民底层恢复那些曾被占领的隐秘空间，并赋予他们自己的意义。（1994，引自 Blunt and McEwan，2002：2）

尽管克鲁舍的号召范围宽广，但地理学中的后殖民主义还是倾向于聚焦表征问题，特别是在与殖民时期关联中的表征问题（有关表征的概念，参见第二十六章）。自从20世纪90年代初以来，在这一问题上已出版了大量书籍。其中包括论述地理学、后殖民主义和帝国主义之间广泛联系的文集，例如《地理学与帝国》（Godlewska and Smith，1994）、《书写妇女与空间：殖民与后殖民地理学》（Blunt and Rose，1994）。也有一些更具体的著作处理有争议的殖民过去的特殊层面，例如丹尼尔·克林顿对温哥华岛的研究（Daniel Clayton，2000），艾伦·

图25.1　爱尔兰都柏林的邮政总局，在爱尔兰殖民与后殖民历史上是一个有争议的地方

莱斯特论19世纪南非与英国间关系的著作（Lester，2001），伊冯涅·惠兰论爱尔兰都柏林的著作（Whelan，2003）（参见图25.1）。安东尼·金（Anthony King，2003）将地理学的方法描绘为批判殖民历史的方法：使用殖民话语分析去质询历史文献档案，其目的在于引起对殖民过去和据称是后殖民现在的再现与公平问题的政治和社会的关注。这一方法受到爱德华·萨义德著作的深刻影响（参见图25.2）。对许

图 25.2 爱德华・萨义德（经网络管理员 Mahmoud Abu Rumieleh 准许，复制于 heep：//www.passia.org.）

多后殖民理论家来说，萨义德也许是后殖民理论发展中的中心形象。他的东方主义的概念——由西方所创造并为西方服务的想象性的东方地理——在许多学科中都是给人以灵感的。在地理学内部，它也启发了对殖民主义如何通过再现空间及其居民而起作用的批判分析，以及在这种实践中地理学家和地理学科如何合谋的批判分析（有关他者及他者化过程的更多信息，参见第二十八章）。

尽管这些分析已经证明是对后殖民研究的一种有价值的补充，但这通常也以更广泛地介入后殖民主义作为代价——扩大其时间与实质的范围，明确殖民主义之下发展起来的非正义模式的作用、表明空间之上的持续斗争（King，2003）。也有一些例外，例如最近有关殖民和后殖民城市的著作（参见：Jacobs，1996；Myers，2003）。当然，一般说来，将后殖民主义付诸地理学的实践，更多地涉及对殖民历史的批判。其结果，最近有人呼唤在地理学中将后殖民主义重新具体化，重新聚焦于现在而不只是历史（Blunt and McEwan，2002：5；Gilmartin and Berg，2007）。

后现代主义与政治地理学

尽管在地理学学科中的重要性日益增长，后殖民主义的真正立足之地还是在政治地理学之内。有少数政治地理学家利用萨义德的东方主义概念（例如，参见：Culcasi，2006），或者在殖民主义的后果中考察政治冲突（例如，参见《政治地理学》论爱尔兰边界的特刊：Coakley and O'Dowd，2007）。不过很少有人以实质方式处理后殖民理论。

有一些著名的例外（例如：James Sidaway，2000；Jenny Robinson，2003a，2003b；Matt Sparke，2003），但是一般说来，很少有政治地理学家迎接后殖民理论对政治地理学如何实践、如何重新想象所提出的挑战。乔安妮·夏普将后殖民主义与女权主义联系起来，认为两者都对主流知识形式发起了挑战（Sharp，2003）。当然，她认为，政治地理学中的后殖民主义关注抽象的理论化过程而不是对学院内的真正实践具有影响，她并且提出，后现代政治地理学应当纳入对地方的实证研究的细节（Sharp，2003：69～71）。珍妮·鲁滨逊提出了相同的有关需要定点研究的论点，但按一种更积极的脉络建议，让政治地理学按这种方式完美地与后殖民主义理论联姻。

在一系列文章中，鲁滨逊提出，一般的地理学和特殊的政治地理学，可以认真对待后殖民主义，其途径是扩大实证研究的地理范围，并且因此重新激活区域研究；使产生于欧洲和北美的、声称是普适的知识地方化；重新着手区域学术研究和定点学术研究；改变这类学术研究的生产和流通方式（Robinson，2003a，2003b）。在下一节，我将讨论这样一种最近的交会：德里克·格雷戈里的《现在的殖民》。我也将讨论后现代主义对我们理解政治地理学的一个核心概念民族国家所具有的潜在含义。

个案研究：阿富汗与英国

阿富汗

德里克·格雷戈里出版于2004年的《现在的殖民》一书，代表了最近将后殖民理论原理运用于持续的反恐战的一种尝试。格雷戈里对反恐战的关注不是独一无二的：许多著作都以9·11事件及其余波来开篇或建构（参见例如：Dodds，2005；Harvey，2005；Smith，2003）。《现在的殖民》也是以这种方式来建构的。格雷戈里写道，对世贸大厦和五角大楼的袭击，以及对这些袭击的反应，迫使他关注以前只在历史语境中加以研究的观念和实践的当代回响。格雷戈里也突出了他对爱德华·萨义德和东方主义概念以及阿兰达蒂·洛伊（Arundhati Roy）文章的感激之情。在这本书的正文中，格雷戈里试图表明，“反恐战”是“一系列发生在世界其他地方的空间故事”（Gregory，2004：13）。尽管这一讨论集中在阿富汗，这本书却也考虑到了伊拉克和巴勒斯坦；世界上所有不仅为它们的殖民过去、而且继续为它们的殖民现在所塑造的地方。

阿富汗长期以来就是殖民地和帝国主义势力交战的场所。为了确保印度主权的边界和对开泊尔山口的控制，英国在19世纪和20世纪初曾打了三场阿富汗战争（Gregory，2004：30）。阿富汗与英属印度（后来的巴基斯坦）之间的边界，是由英国殖民当局于1894～1895年划定的，这种划分将巴什图——阿富汗的主要族群之一——的领土割裂开来（参见图25.3）。除了阿富汗战争，英国和俄国也卷入了对这一领土的影响之争，这次冲突导致在20世纪初期阿富汗脱离众多的相互竞争的封地，形成为一个现代的民族国家（Gregory，2004：31）。

阿富汗因此原来是英国和俄国的一个冲突之所。后来，它成了其他帝国势力的竞争场所，在冷战期间，美国和苏联都曾给阿富汗提供了显著的援助。苏联的投入尤其多：在1956年到1978年间，苏联给阿富汗提供了25亿美元的经济和军事援助。1979年，苏联也侵入了阿富汗，目的是重新设置一个马克思主义、列宁主义的政府。在随后的国内战争中，政府受到苏联的支持，而抵抗运动——圣战者——则接受来自美国、巴基斯坦、沙特阿拉伯的支持（Gregory，2004：34～36）。1989年，苏联终于撤出了其所有军队，美国也撤销了它所有的支持（Gregory，2004：37）。然而，冲突的遗产依然存在。一位圣战者即奥萨马·本·拉登；另一些人也卷入了塔利班，塔利班1996年宣布阿富汗是一个伊斯兰酋长国。随着美国入侵阿富汗（这一入侵发生在2001年9月，是对2001年9·11袭击的反应），塔利班失去了权力。

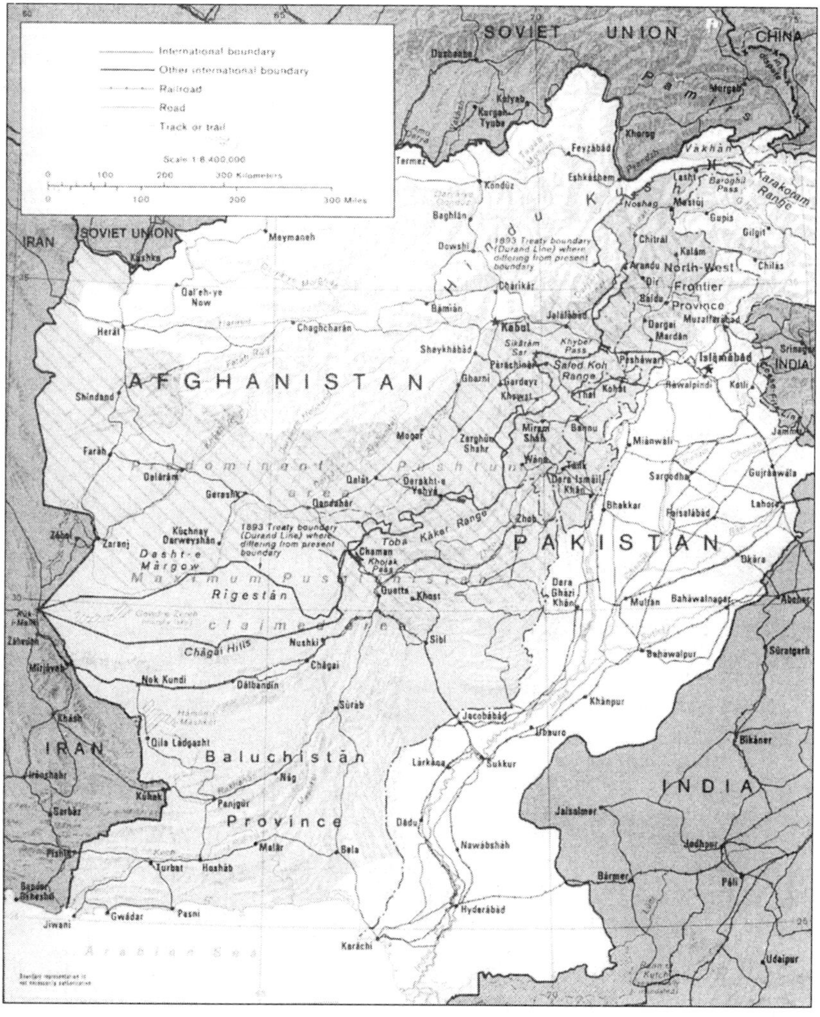

图 25.3　阿富汗-巴基斯坦边界地图。颜色较深区域显示的是边界两侧巴什图族群的居住区，1988 年（承蒙德克萨斯大学佩里-卡斯塔内达图书馆地图收藏室慨允使用）

这样，格雷戈里展示了阿富汗是如何变成上演西方冲突的一个舞台的——上演的方式是出于西方帝国幻想的目的，将阿富汗建构成为一个空间和社会的他者。格雷戈里指出，这一“他者化”的进程，具有重要的后果，不只是采取了“阿富汗按照它被招募的角色”的方式被改头换面（2004：45）。当然，格雷戈里也坚持，当代阿富汗不只是超级大国之间冲突的产物，它也涉及其他个人和组织的积极介入。尽管如此，出于反恐战的目的，将阿富汗建构成为一个野蛮主义的地方，隐匿着奥萨马·本·拉登这样的国际恐怖主义者，这样一种强有力的话语建构，表明了东方主义的持续的关联性，以及其想象性的地理学所具有的“解构力量”（Gregory，2004：75）。在《现在的殖民》一书的结尾，他既号召反思历史和地理，反思“将差异调和到远方之中的多种方式”，也号召认识到远方的陌生人既不是完全不同的，也不是完全陌生的（Gregory，2004：261～262）。格雷戈里利用殖民历史和后殖民理论去说明仍处于冲突中的当代世界起作用的进程。他的著作为那些批评后殖民主义缺乏当代关联性的人提供了一种绝佳的矫正方法。

英国的穆斯林妇女和“家”的意义

后殖民主义与政治地理学相关的另一条途径是通过质询当代的民族国家。在他们所编的《后殖民地理学》文集的导言中，艾利森·布伦特和谢里尔·麦克万评论了讨论文化和/或历史研究章节的优势地位。这也就是说，某些章节通过它们对归属感的讨论为政治地理学家提供了可观的洞见。这里的个案研究集中于其中的一章——克莱尔·德怀尔就“家”对年轻的英国穆斯林妇女的意义所展开的讨论（Dwyer，2002）。德怀尔认为，她采访过的年轻英国南亚穆斯林妇女占据着后现代空间，这种空间是由“一系列特殊的通过宗主国核心和（后）殖民地之间的社会、政治、经济链接的运作而处于动转之中的后殖民移民而构成的”（2002：184）。她们在英国的在场，以及她们协商这种在场及她们与南亚关系的方式，突出了民族空间和民族认同是如何作为后殖民主义的一种结果受到基本的挑战或改变的。正像德怀尔采访过的一位年轻妇女所说的：“我不承认是一位英国人或一位亚洲人，而是一位英籍亚洲人。我是一位亚洲人，我带有亚洲的背景，但我是在英国社会中长大的”（伊拉玛语，引自 Dwyer，2004：188）。德怀尔将这描绘为“后殖民英国认同的形成”（2004：198）。她通过征引斯图亚特·霍尔的著作（1996）提出，后殖民首先涉及一种宏大叙事的去中心化，这种宏大叙事以作为一种领土和意识形态建构的国家的存在和优越地位为基础。

关键点

• 后殖民主义有两种关键意义：时间的（殖民主义之后的时期）、批判性的（对殖民主义及其余波的研究）。

• 在地理学中，后殖民方法一般聚焦于表征问题，尤其是与殖民时期联系在一起时。这一做法受到爱德华·萨义德的强烈影响。

• 政治地理学与后殖民理论的联姻姗姗来迟，但最近的著作已使用后殖民理论以获得对当代政治地理的洞见。

第二十六章　表征

彼得·舍洛

定义：意义的生产

表征构成了观念、信念、价值观、形象被生产出来并提供意义的方式。我们被来自电视、广告、涂鸦、墙头画、演讲、音乐、报纸、绘画、图片的各种各样对空间和地方的表征所包围。这些媒介都不是与价值无涉的；它们通常是有意识地传播一种观念、一个观念的综合体和/或权力关系的本质。文本和图像在效果上是人们认为是现实的东西，或更重要的，对现实的想象的组织构造（Barnett，1997）。

在许多情况下，官方（例如，基于国家的）表述旨在将各种人群从地方叙事中转移出来。官方表述的话语（国家所发起的游行、民族纪念碑）突出了想象和管理一个社会主流话语的基础。非官方表述（涂鸦，墙头画）准确地指出了一种渴望，想将被排除的、在主流形式的表述之中已经变得湮灭无闻的人（妇女、少数民族）纳入其中。不幸的是，对观念的表述总是由特殊的群体来生产并为特殊的群体服务的。那些研究表征的人所追问的核心问题涉及提供者的动机和权威（Pred，1997）。因此，表征是基于“自我”和“他者”及构成这种区分的反思性实践之上的。

演变与论争：文化转向的作用

在政治地理学中，表征的概念传统上被狭隘地认为是选择政治代表以管理特定的政治单元的机制。当然，在文化转向之后，表征也呈现出另一种意义。

文化转向

地理学中的“文化转向”是以拒绝/修正经济决定论和需要在文化语境之内定位表征为基础的。新的文化地理学、后结构主义、后殖民主义和后女权主义研究的兴起，拒绝对表征的更多的结构化解释，这样做的目的，是为了更多地理解视觉图象、语言和观念的交流是如何影响“现实”的构成的。尽管存在有关表征的各种理论方法，这些方法的共同目的却是鼓励对关系和关联的理解和欣赏，无论是正式的还是非正式的，是话语、价值观、社会性别、阶级、种族、文化、政治还是所有其他构成图象、文本、风景和地方的生产和再生产的其他关系（Rose，2001）。对表征的阐释总是与评估社会和文化之间的关系、时间和空间对它们的影响联系在一起。对表征的研究是一种对进程的研究（Whatmore，2002）。

对官方表述的权威和理性的挑战导致了对各种主流形式表述的解构。这涉及一系列方法，包括挑战男性中心的对地理学的演绎、主流文化为所有文化群体代言的权威，挑战一度曾占主导地位的有关什么构成了地方的本质主义的理论。“文化转向”旨在确保地理学家研究表征时确定被排除和被边缘化的地方的地位，并在此过程中，调动不那么单一和夸大的地方观念，以利于更细分和更多元的空间（Castells，1996；Thrift，1996）。显而易见，这意味着，有关表征的地理学现在被理解为有关更为复杂和相互交织的地方的地理学（Barnett，1997）。地理学之内的这些转变，对地方内部的杂交性、第三空间和异质性的更宽泛的理解，以及主流话语与抵抗话语之间的斗争，推进了这样一种观念：所有形式的表征，不仅是由提供者和/或观众的位置来区分的，而且是由知识和地方之间的关系来区分的。地理学家重新阐释观念的表述及其与地方关系的过程，导致了对这些观念的重新解释和对以往的意义建构的挑战。这可以发生在从全球到地方的各种规模之上。认同问题因此是具体体现在对地方的表征之中的，并且是通过对表征意味着什么的复杂多变的、相互冲突的阐释来体现的。正如博杰和卡斯特尔所写的：

> 以基本的术语来表达的话，我们社会中意义系统的创造和发展，越来越围绕认同而兴起。国家的认同，领土的认同，种族的认同，宗教的认同，以性别为基础的认同，最终是个人的认同——自我是不能简化的认同。(Borja and Castells，1991：13)

为什么对表征的研究是重要的?

地方、空间和人文景观从来都不是空白的或仅仅是自然的；它们充满了意义、符号象征、矛盾、层层叠叠的历史、社会和文化的实践、复杂的权力关系。所有的人类-空间关系都说明了潜在的力量、结构和想象——它们驱动着对秩序、信念的感受和表述，并最终驱动着我们对地方的态度。每一种表述模式，以及来自每一表述的意义的交流，鉴于对地方的表述决定了控制的性质和对被控制的拒斥，最终都是对抗性的。在效果上，地方影响了表述的话语，反之亦然（Latham and McCormack，2004）。

表征是一种强有力的媒介，通过它，行为体和当事者复制、强化了所青睐的形象，他们将这些形象表现为精确的和完全“真实的”。本质上，所有的表述都基于一种宣传，这种宣传构成了对旨在颠覆读者视角的制约。这并不意味着所有形式的表述都是恶意的、迂回的或不值得相信的。当然，我们应当想到，任何信念或观念的表述都基于制造这些表述的人的观点，因此也是对不能与它们综合的观念和行为的摒弃（Rose，1993）。

克雷斯韦尔的著作（Cresswell，1996）相当重要，它提醒我们对观念的表述通常被不加批判地接受，因为许多社会和文化的关系被认为理所当然。因此，对表征的研究不只是阐释和研究所提供的文本、图像或观念的意义，或单纯在心中关注理解对普适化的表述的拒绝和抵抗的地理学，而是也关心确定为什么想象的、夸大的、怀有敌意的表述没有受到挑战。思里夫特（Thrift，1996）提出，研究那些不挑战呈现给他们的东西的人，是分析的一部分，这种分析要求发现为什么采取了这样一种对政治不感兴趣的方法。显而易见，权力和表述的地理学不仅涉及观念和价值观的陈述和摒弃，而且涉及与它们的合谋。这让我们想到了地理学家们所面临的悖论，这些地理学家力图使用各种学术论点去唤醒和重新安置对“真理”、“常态”的接受及对这两者的表述（Brinegar，2001）。

当我们想到可以让我们玩游戏、听音乐、下载影像的数码技术的成长和商品的生产时，我们可以思考表征的复杂性。这些技术被当做一代人“必须有的东西”。它们经由广告被表现为复杂的给予快乐的工具。但是，如果我们思考这类产品的生产，我们将会发现它们的意义对工业化世界中制造它们的工人来说可能就有所不同。表述也许就从提供乐趣转向了低薪工作、没有组建工会的工作场所，甚至使用童工。表现“发达”世界中用这种技术游戏的孩子们的手与表现肮脏的劳动环境中这些“快乐工具”的孩子们的手稍有不同。表现被压迫者的团体所发起的运动已经突出了这种二元对立，但这种努力并不意味着富裕的西方人已避免买这类产品。但这意味着消费者不在乎吗？广告的力量是如此强大以致它颠覆了得体的标准，不是这样吗？给点儿捐助就可以洗刷与全球资本主义相关的任何罪感吗？孩子给父母所施加的购买这类商品的压力，是一个重要的探索场所吗？无论答案如何，各种对通过不道德的劳动实践生产出来的商品的消费的表征，已跨越了一系列全球的、国家的、社群的和家庭的分界线。

认识到表征从来不代表每个人和“每个地方”是地理学家的一个关键议题。每个地方都是从一种纳入与排除以及感觉到被排除的视角来表现的。几乎每一城市中心都有一个市政厅——它充当了纪念和市民自豪感的场所。雕像、彩色玻璃和绘画表明了一种历史版本和经过选择的历史事件。这些场所通常纪念的是“关键的”实验家，战争中“死者”、“重要的”民间领袖——他们大多是男人。妇女和少数民族在这类关键事件中所起的作用通常被忽略了。一代又一代的人伴随着西方的电影类型成长起来，在西方电影中，土著美国人被派定是残暴和危险的。受媒体驱动的表征让我们相信一般的地方、社会排除的领域是危险重重、令人胆寒的。在重塑这类表征时，我们可以重新安置那些在对地方的演绎中湮灭无闻的人们，并做出更合理的描述。讨论这种排除是至关重要的，但这样一种估价也是同样重要的：重新铸造那些未得到表现的地点，是整个标记空间、排除无权无势的少数、将观察者从重要的和包罗广泛的地方概念中移除的进程的一部分。

在抵抗主流话语和社会的苛评过程中，反社会行为的行动和表现也可以是表征性的。涂鸦和非官方墙头画的创造是重申对地方的所有权感的一种重要行动。在挑战官方对地方的表述的过程中，显而易见，骚乱、对街头暴力的动员、对警察因此也是对国家权威的削弱，不仅仅只是困境和怨恨的地理学，而且是对排斥的一种反应，在某些情况下，是渴望获得承认、希望声音被听到的一种表达。通常渴望划地为王的街头帮派的活动，以及他们的服装、暴力行动、语言表现的意义，既象征了一种抵抗，也象征了一种尝试——试图描绘出他们对地方的阐释，以及他们在其中的具体可辨的位置。

鉴于理解表征构成了什么、我们如何研究表征如此复杂多变，给方法论以恰当定位是重要的。它们涉及：

- 谁是表征者？

- 他们为什么做出这种表征，他们的动机是什么？
- 表征者想要我们从他们的表征中看到和/或认识到什么？
- 谁是他们的听众？
- 表征是如何构成的？
- 在所表征的东西中，存在潜文本或次要的主题吗？
- 谁会接受这些表征，为什么？
- 谁会拒斥这些表征，为什么？
- 所提供的表征纳入了谁、排斥了谁？
- 正被涉及或排除的社会、文化历史关系和其他关系是什么？
- 这些陈述如何可能影响到地方和对地方的阐释？
- 对所表征的东西的一种以上的阐释是可行的而不是相互矛盾的吧？
- 解构表征需要什么样的知识？
- 这些表征是如何影响到对空间和地方的建构的？
- 作为一个地理学家，如果我发现表征是攻击性的，我应当做什么？

个案研究：一面墙上的两个故事

北爱尔兰最近忍受了 30 年国内战争（委婉的说法是麻烦）之苦。战争以 1998 年受难节在贝尔法斯特所签署的和平协定而告结束。麻烦是两种人之间的领土争端的同义词。一种人想要一个完整的爱尔兰（大多数是天主教徒，归属于爱尔兰民族主义，或支持爱尔兰共和军），一种人希望仍然呆在英国之内（大多数是新教徒，支持联合主义或反对独立的准军事团体）。自从 20 世纪 60 年代末以来，在爱尔兰已经有超过 3 600 人被杀，还有更多的人致残或留下了心理创伤。这种暴力产生和加剧了新教徒和天主教徒之间的隔离（Boal，1996）。

这种居住地的隔离通常与更广泛的领土标记（包括墙头画、旗帜、街头画）相联系。尽管到 20 世纪 90 年代中期，有关空间和领土控制的论争普遍不再通过高度暴力来解决，但依然明显的是，对身份的纪念仪式的目的，是为了在伴随爱尔兰的和平进程的变化语境中，提供某些确定性。特别是，运用墙头画，是一种清晰地表达象征符号的形式，是对疆域化的权力的详细说明。在这些墙头画中所呈现出的事件和图像，往往表达了在面对冲突时有关领土归属和社群团结的主流观点。这种环境中对空间的标记，明确标明了其中的选择，其方式是提醒观看者想起压迫，想起有必要纪念对这些压迫的武装抵抗和民事抵抗的例子。这类标记横跨了格雷厄姆和舍洛（Graham and Shirlow，2001）所认定的从记忆术到文化分离的强化的整个范围。

对空间上邻近的事件的表现（它们会被生活在街头画所画的地方的人们理解），安置了地方与经验之间的联系。街头画家利用其中不同的空间，去推动一种对视角形成限制的宣传，这种宣传中包含了领土区划的标记（Shirlow and Murtagh，2006）。感性的空间经验之上伴有强烈的象征密码和信息。结合两幅墙头画，我们可以看到这一进程。一幅是由民族主义者/共和主义者一边所创作的，另一幅是由联合主义者/反对独立者一边所创作的。

阿多涅与圣十字架之争

圣十字架之争出现于贝尔法斯特的阿多涅中心区，涉及反独立者与民族主义者/共和主义者之间日益加剧的紧张关系。论争集中在反独立主义者辖区内的一所天主教女子小学。反对独立者对该校设置警戒哨，当学校孩子及其父母去该校时对他们使用攻击和凌辱战术。反对独立者声称，他们是在回击天主教徒父母利用该校行使破坏及对当地新教社区的骚扰。民族主义者和共和主义者（他们大多数生活在阿多涅）则反击说，设置警戒构成了对去学校的父母和孩子不受宗派骚扰影响权利的侵犯。

紧随抗议之后，出现了一幅纪念围绕圣十字架事件及其对阿多涅社区内居民影响的街头画（参见图 26.1）。这一街头画捕捉到了女生不得不忍受的恐惧感。最中间的面板描绘了沿“顽固不化的反对独立者”道边携小女孩上学的妇女的易受伤害的特点。使用母亲的符号并用暗影对她进行描绘，突出了孩子是所有人中最容易受到攻击的。

图 26.1　街头画描绘了北爱尔兰贝尔法斯特阿多涅圣十字架论争中天主教徒的观点（由彼得·舍洛摄影并慨允使用）

这一街头画也确立了阿多涅的斗争与美国民权运动高潮期间美国阿肯色小石城的斗争之间的视觉连接/联系。小石城事件通常称做“高中危机”，集中于国家所领导的废除城市学校的种族隔离。九位在学校注册的非裔美国学生受到该地区种族主义抗议的阻挠，只有在艾森豪威尔总统派联邦军队确保学生的安全并执行他们入校的权力时，这些学生才勉强得以注册。在阿多涅的街头画中纳入这一 1957 年事件有两大原因。第一，创建一种国际上的受苦受难的血缘，将地方共同体与更广的争取权利和承认的斗争联系了起来。第二，小石城事件被用来代表和两个事件相关的不同的国家行为。调用联邦部队以确保阿肯色的学校废除种族隔离，与右边面板上无动于衷地站着的警官（虽然恐惧不安的孩子受到了明显的惊吓）形成了强烈对比。

当然，对这种表征做出评估是重要的，而且的确我们应当努力对其中的部分阐释发起挑战——这部分阐释将有关阿肯色的问题解释为废除种族隔离，而圣十字架论争中的父母仅仅是送孩子去天主教学校，没有寻求当地学校系统废除隔离。本质上，表现这两个事件之间的关系有点儿阴差阳错，尽管所遭受的明显的欺凌是准确而真实的。

尚基尔寻求公正

第二幅街头画也利用了牺牲者的观念；当然，它是由主要由反对独立者/联合主义者所构成的区域（以尚基尔路著称）所创作并为其服务的（参见图 26.2）。在许多方面，这幅街头画是对前面讨论过的阿多涅街头画的一种直接表达的回应。的确，这一街头画提醒注意爱尔兰共和主义者——尤其是来自阿多涅区的一些共和主义者——几次对尚基尔街的爆炸袭击。这一街头画的顶部是直接挑战共和主义者将自己及其行为表述为非宗派的。面板描绘了取自经过选择的爆炸事件发生时报纸的图片，连同发生的地点和死去的受害者的人数。受害者的名单之前加上了“无辜”一词，利用了平民死亡尤其是（像中间的模板所表明的）孩子遭杀戮所唤起的情绪。在这幅壁画中，通过提醒这些发生暴力的场所不是军事的、经济的或典型的“合法”目标，也言之凿凿地突出了共和主义者的宗派主义。在效果上，尚基尔社区被表述为是受侵犯和受伤害的。不像圣十字架街头画（在其中警察被

图 26.2　壁画突出了共和党对贝尔法斯特香基尔路新教地区的袭击，北爱尔兰（照片为 Peter Shirlow 所摄，并慨允使用）

表现为不加帮助——假如不是与侵犯合谋的话），尚基尔街头画出现了警察、救护车和消防队，更关键的是将部队表现为正在援助受害者。在这两幅街头画中，对警察的否定和肯定的角色分配，传达出了各自社区对待这类组织的不同态度。在对这一街头画的分析中，显而易见的是，尚基尔社区成员所宣传的暴力抵制天主教徒的令人不适的现实、国家和来自那一社区的新教徒都被省略了。总之，两幅街头画所提供的是对苦难的单维度的、经过选择的叙述。

这些表征每一种都通过“稳定的”和“活生生的经验”突出了与“其他”群体的对立。表征是受到主观性的相互关联和情绪力量所驱使的（这种关联和力量驱动着以社区为基础的“道德感”）。这些不断协商和冲突的社会与空间实践，关系到其行为体对它们的阐释及赋予它们以意义。它们涉及社会团体发展不同的独立的生活模式的能力。因此，研究表征的人依然需要对权力的结构关系、移位、冲突进行定位，它们明确指明了空间是如何（再）建构出来并受到竞争的。

显而易见，这类表征在尝试推进对分离的更广泛的叙述之时，并没有推进多元主义或共同的阐释。在一个高度分化的社会之内，明显的是，经由纪念、街头画和其他表达场所，通过认识到曾忍受的、特别是在经过选择的记忆内公认的伤害，承担起对伤害的组织动员。表征依然是排他的和受控的。

关键点

• 对表征的研究已发生变化，超出了单纯的对统治和从领地上加以界定的政治单元的分析。

• 表征与对话语、文本、想象之间的正式和非正式关系的研究联系在一起。

• 地方和人文景观既不是空白的，也不是中性的，而是负载了意义、符号象征和矛盾。

第二十七章　社会性别

艾莉森·芒茨

定义：作为一种社会建构的社会性别

社会性别更多的是一种进程而不是一件“物”；它指人们在其中基于其自然性别而被分派种种特征的进程。自然性别传统上被分为与生物特性联系在一起的二元范畴——男性和女性。相比之下，通常分派给自然性别的社会属性证明，社会性别是一种社会建构。换言之，不存在任何依附于所谓男性或女性的东西之上的潜在的、本质的特性；相反，与男人和女人相关的属性、特点和行为都是派定的或者被认为是恰当的。性别化的相互作用是通过社会关系来建构的，并且随时间和空间而多有变化。

这些属性随后被移置到人们相互作用的方式之上或之中：被认为是“恰当的”行为之上和行为之中。正像林达·麦克道尔（Linda McDowell，1999：7）所提出的：“人们相信男人和女人什么样的行动和行为是恰当的，反映和影响到他们想象一个男人或女人应当是什么样子、以及他们如何期待男人和女人怎样行动，尽管通过年龄、阶级、种族或性别特征区分开来的男人和女人以及这些期待与信念，随时代和地方的变化而有所变化。”对男人和女人的价值评估，在不同地方和经济范围中是不同的。男人在公司办公室里人满为患，女人在此获得的是比男性同事相对要低的工薪；女人在小学的教室里济济一堂，人们认为她们在此接受培养、在天性上与孩子相处甚欢。男人致力于建设；女人致力于哺育。在家中，女人被训练得在厨房感觉更舒适，而男人则在地下室或车库的男性化空间中感觉更舒适。

由于它们在话语上和实际上所唤起的排除，社会性别范畴在近年越来越遭到抨击。朱迪思·巴特勒（Judith Butler，2004）认为，这些二元范畴和其他二元范畴行使了暴力。例如，对那些具有男女两性生物成分的雌雄同体的人来说，不能让他们停留在任何一个范畴之内、将他们排除出外便行使了暴力。对男性和女性范畴的管制，将不能明确符合其中任何一个范畴的人排除了。例如，他们可能被排除在单一性别的机构和空间之外，从私立女子学院一类的机构和空间（参见Quart，2008）到公共浴室之类的世俗（尽管在任何意义上都不是平庸的）空间，不一而足。

演变与论争

女权主义地理学家论社会性别

社会性别与地理学总是相互关联的（例如，Domosh and Seager，2001；McDowell，1999；Massey，1994）。女权主义地理学家已经仔细考察了大范围的场所和层次，以了解性别化的关系是如何在特定的地点展开的，并且反过来是如何塑造地方的——制造出反映人与人之间权力关系的性别化的建筑和景观。

女权主义地理学的历史及其在许多方面对社会性别的关注，折射出了更广泛的女权主义运动。女权主义地理学始于20世纪60年代和70年代的女权主义社会运动，其目标是要将妇女以平等的方式纳入其中：纳入到社会、政治、劳动大军和教育之中（这里仅举少数几个领域）。例如，大学即羞于雇用、提拔或评估妇女。地理学学科也受到责备——因为没有进行将“人类的一半”纳入其中的研究（Monk and Hanson，1982），没有评价、研究、提拔地理学学科中的妇女和女权主义者（Rose，1993）。

除了制度性的变化之外，女权主义的学术研究也寻求相当简单的、更具包容性地将妇女纳入研究之中。在地理学中，这意味着对男人和女人的经验的研究感兴趣。女权主义学者旨在纳入男人和女人在劳动市场中的经验（Hanson and Pratt，1995）、获得卫生保健（Dyck et al.，2001）以及公共交通（McLafferty and Preston，1991）的途径。

西方国家学者早期的女权主义研究由于主要聚焦于白人、中产阶级妇女的经验而受到批评和挑战（Mohanty，2003）。女权主义者通过将差异更广泛、更具包容性地理论化而做出回应，同时不仅关注社会性别的影响，而且关注阶级（Saltmarsh，2001）、种族（Kobayashi and Peake，1994）、性别特征（Bell and Valentine，1995）、能力（Chouinard and Crook，2005）的影响。这类对相互交叉的差异轴的分析，被称为"交叉"分析（例如，Valentine，2007）。

最终并且常常与人文科学和社会科学中的女权主义者保持一致，女权主义地理学家从对差异的理论研究转向了对更广泛的同一性的研究（例如，Alcoff，2006）。这类概念转换过程中的连贯一致的地方，在于空间和地方如何构成了性别化的进程、而性别化的进程又是如何反过来构成空间和地方的。是一个性别歧视的社会构成了一个性别化的工作场所，还是一个性别歧视的工作场所带来了性别化的关系？最有可能，答案是两者都是。递归的进程以多种规模出现，并且构成了我们相互作用的方式。

女权主义地理学家总是对社会性别是如何设计出来的、如何构建空间关系的框架感兴趣。在20世纪90年代于马萨诸塞州伍斯特所进行的一项经典研究中，苏珊·汉森和杰拉尔丁·普拉特（Susan Hanson and Geraldine Pratt，1995）研究了妇女从家到加入劳动市场要走多远。他们发现，尽管所观察的家庭存在巨大差异，但无论她们有无家庭，也不考虑她们从事何种工作，妇女与男人相比往往倾向于在离家更近的地方工作。这一发现肯定了这样一种意见：妇女更乐意与在家的工作联系在一起，并为在家的工作负责。

虽然一些地理学家聚焦于城市生活，但依然有另一些人对多元范畴进行观察。例如，多琳·马西（Doreen Massey，1994）研究了认同是如何通过同时是地方和全球的社会与经济进程构成的。最近，跨国的女权主义（例如 Sangtin Writers Collective and Nagar，2006）考察了社会运动是如何跨越国界相互交叉和相互作用的。

自然性别和社会性别不再像曾经认为的那样是稳定的范畴。正像雌雄同体的人所证明的那样，一些人处于自然性别的多元范畴之中，而不是恰好符合一种或另一种自然性别（参见图 27.1），后结构主义理论家，朱迪斯·巴特勒（2004）是其中最著名的，已经提出，不存在任何区分男人和女人的潜在的或“本质的”特性。准确地说，我们通过社会相互作用与话语，生产并分派社会性别范畴的特性，男孩被告诫要坚强不要哭泣，女孩被社会化为要美丽、与他人好好玩，这提供了一些性别化构想的普遍例子。

图 27.1　跨性别/雌雄同体者的象征

自然性别和社会性别范畴的失去稳定性，对女权主义和女权主义运动提出了挑战。假如“妇女”范畴是排除了这么多人的一个范畴，它还可以充当组织女权主义社会运动的基础吗？然而尽管存在着对女权主义的这些挑战，女权主义者却负重前行。一些人考察家庭空间（例如 Dowling and Blunt，2006），以弄清男人和女人是如何不同地占据居住空间的，这些居所又是如何反映社会性别关系的。另一些人则研究工作场所的相互作用和空间属性（例如：Wright，2006）。她们追问为什么女性工人集中于某些特殊职业，她们是如何协商权力关系的，为什么她们依然比做同样工作的男人赚得更少。还有一些人在全球规模上进行分析，以考察劳动的国际劳动分工（例如，Mullings，1999）。

这类研究有些将自然性别和社会性别视为理所当然，而另一些则力图弄清人们的生活方式是如何使性别等级制失去稳定性，从而对巴特勒（2004）所批评的范畴发出了挑战。例如，雌雄同体者同时占据了多个范畴，从而创造出了新的社会性别范畴。跨性别的人也游移于社会性别范畴之间，有时通过肉体的体现和社会的存在方式占据了多元定位（Feinberg，1998）。

政治地理学家与社会性别

尽管作为一个子学科的政治地理学不总是包含女权主义对性别的研究（参见 Desbiens et al.，2004），女权主义却总是推进了对政治地理学家至关重要的话题的理解，无论是有关国家、战争的理论，抑或是有关民族主义的理论。女权主义政治地理学沿继了整个地理学科的女权主义研究的相同轨迹，从对将妇女纳入到对选举进程和政治活动的理解开始（例如：Secor，2004），演变到弄清权力和政治进程是如何构成性别关系、性别关系又是如何反过来构成权力和社会进程的（例如：Cope，2004）。

2004 年，林恩·斯塔黑利、埃莉奥诺内·考夫曼和林达·皮克出版了一本重要著作《图绘妇女，制造政治》，“在证明女权主义的政治学和政治地理学的视角如何有益于对政治进程、活动和行为的更好、更丰富的理解方面”，该书迈出了“一步”（Lynn Staeheli，Eleonore Kofman and Linda Peake，2004：1）。编者勾勒了政治地理学内的一种明显的女权主义研究议程，这一议程包含了“来自处于不同社会和地理位置的妇女生活和经验的情境化知识”（2004：1～2）。为了做到这一点，他们纳入了对迥然不同领域的不同类型的政治活动的分析。作者们全体针对例如选举实践一类的更正式的政治介入，也针对更残暴、更被迫的介入（例如作为战争中的一种暴力工具的强奸）（Mayer，2004），还谈论了位移和流动一类明显政治化了的行动（Hyndman，2004）。以这种方式，斯塔黑利、考夫曼和皮克强调了空间组织的所谓“小写政治”的政治的重要性（如果不是中心性的话）。（更多的信息，

请参见该书论政治地理学中“小写政治”的政治的导言）

在下一节，将详述引自这本文集中的两个个案研究：一个是有关性别化的政治，另一个是有关社会性别与战争。它们大体反映了政治地理学家注意力的轨迹。

个案研究

个案研究之一：性别化的政治

在她给《图绘妇女，制造政治》所写的文章中，梅格汉·科普（Meghan Cope）力图“继续扩大可算是政治的女权主义工程”。性别化的政治领域和关系，应当不仅包括妇女的政治参与的正式层面（公开的政治领域和选举过程，以及由国家所实施的正式的排斥与歧视），而且也包括她们的日常生活介入，无论是小的还是大的“抵抗行动”。她提出了三种策略以考察“妇女所采取的不同政治行动”：妇女所创造的新的政治行动空间，妇女用“特定地方的具体的编码”挑战压迫，妇女在她们的政治行动中努力“跳级”（2004：71）。

科普的文章熟练地谈论了女权主义者认为是“政治的”广泛介入，介入“政治行动的多样性、多元性和复杂性”（2004：72）。通过追问多个场合与多个层次上的问题，她达到了这一目标。科普从更正式的场合和模式入手，也就是说，从对政治体系和选举的介入入手。她表明了不仅关系到谁参与政治行动，而且关系到如何并在何处参与。妇女是从家、厨房、学校和工作场所加以组织的，为的是影响更多的公共政治领域。科普也突出了妇女是如何从私人事务（例如家庭暴力和失望）进入到公共空间的，例如“五月广场的母亲”组织了集体游行，以抗议阿根廷政府所操纵而导致的家庭成员的失踪（图 27.2）。这一由年老的、天主教徒母亲所组成的团体，利用她们作为母亲的身份有效地唤起人们对政府暴力的关注（Radcliffe and Westwood，1993）。科普认为，这一“母亲运动”证实了她所提出的所有三条策略。她们通过聚集到城市的中央广场游行而创建了一个新的政治场所。她们将广场作为国家权力的编码转变成了抵抗的编码，并且通过吸引国际媒体的注意而登上了更高的台阶（2004：76）。

图 27.2　阿根廷肮脏战争其间失踪者的照片拼贴画。“五月广场的母亲”组织了集体游行，以抗议家庭成员的失踪。“五月广场的母亲”能够利用她们作为母亲的身份唤起对国家暴力的关注（由 Pepe Robles 摄影并慨允使用）

个案研究之二：社会性别与战争

政治地理学家也考察了妇女如何受到了武装冲突的不成比例的影响。珍妮弗·海因德曼（Jennifer Hyndman，2000）和塔马·迈耶（Tamar Mayer，2004）都证实了社会性别通过民族主义而发挥作用，对妇女的身体施加暴力，将其当做推进国家的种族清洗的工具。

海因德曼（2001）讨论了有关战争期间作为针对妇女的一种工具的强奸的档案文献。她注意到，在波黑，大约有 2.5 万名妇女被强奸；在卢旺达的种族屠杀中，大约有 25 万名妇女被强奸。迈耶也分析了波黑塞族男人对穆斯林妇女、克罗地亚和塞族人对克罗地亚妇女、穆斯林人对塞族妇女作为“种族屠杀”的一种形式的强奸案（2004：159）。她提出，强奸是“男人所实施的一种控制、恐吓、将妇女非人化的方式”（2004：158），创造了妇女在其日常生活中需经过的更广泛的“恐惧的风景”。这种恐惧在战争期间加剧。这些行为发生在私人住宅、公共空间、营地和妓院之中。迈耶和海因德曼都在政治地理学中参与了将社会性别当做分析的一个中心主题，以便描绘出重重叠叠的暴力景象，将妇女的身体定位为武装冲突中的一个意义重大的战场。两人都认为，对针对妇女的暴力的文献资料的增加所做的解释，导致了将强奸划定为一种战争武器（Hyndman，2001），并最终“为继纽伦堡之后建立第一国际战争罪特别法庭提供了基础”（Mayer，2004：159）。

这一类性别化的政治地理学分析，说明在由男人和女人所参与的政治行动的形成之中（男人推进国家和民族主义，女人集体防卫暴力），私人生活和公共生活是相互交叉的，跨越了从家到国家到国际的实施战争恐怖的场所范围。

未来的研究：填平鸿沟，动摇范畴

最近，女权主义学者已经变得对地缘政治学和社会性别十分感兴趣（例如：Hyndman，2004；Sharpe，2004）。她们讨论了政治地理学没能注意社会性别（Staeheli et al.，2004）。

随着时间的流逝，“主流”政治地理学拾起了她们的一些议题，并且证明了珍妮弗·海因德曼（2004）所认为的“填平”政治地理学和女权主义地理学之间的“鸿沟”是有效的。女权主义的社会性别理论现在不仅启发了政治地理学家所研究的主题，而且也启发了她们在研究中所使用的方法（例如：Sharpe，2004），特别是，这些方法可以以各种方式致力甚至支援“研究者”与“被研究者”之间的存在着级差的权力关系。

当然，要动摇朱迪思·巴特勒和莱斯莉·范伯格这样的作者所强调的范畴，所做的研究还远不够，这对女权主义政治地理学家提出了下一步的挑战。

此外，尽管女权主义政治地理学家已经尽了自己的一份力去“填平鸿沟”，但是还有数量相当可观的政治地理学家没有对呼唤做出必要的应答，许多政治地理学家依旧在做着男权中心主义的努力（Dowler and Sharpe，2001；Staeheli et al.，2004）。

关键点

• 自然性别范畴——男性或女性——与生物特性联系在一起。以其自然性别为基础分派给人们的社会属性，构成了一个人的社会性别。

• 社会性别是一种社会建构。

• 在地理学中，女权主义学者是第一批在空间关系之中系统研究社会性别的学者。

• 在政治地理学中，女权主义者已经发展出了有关经典地缘政治学概念（其中包括国家、战争和民族主义）的女权主义理论。

• 女权主义者也强调了所谓“小写的政治”的政治对空间组织的重要性（如果不是中心性的话）。

第二十八章　他者

艾莉森·芒茨

定义：一个动词与一个名词

“他者”一词既可充当名词，也可充当动词。将一个人的自我放在中心，“他者”总是构成了界外、不同的人。因此，作为一个名词，他者是不同于自己的一个人或一群人。作为一个动词，他者意味着区分、标记、划分、命名、认识、安置、排斥那些不符合社会规则的人。按地理学的意义来说，他者意味着将一个人置于中心之外、置于边缘。“他者化”就是制造他者的过程。“他者化”是遭受歧视之人的作品，也是社会科学家和哲学家的作品。

人或群体在其中被打上异常或不规范的标签的创造“他者”的进程，是通过不断地重复在某些方面与规则有区别的一群人的特征而出现的。例如，设想男人和女人的结合是标准，是将同性夫妻他者化。以将高加索人放在中心或将单一种族范畴当做标准进行统计，是将“混血”身份和非白人身份他者化。这种种族化将放置于中心，有色人种处在了正常之外。要求学生在学校支付高额学费和购买昂贵装备，是将没有物质条件这么做的学生他者化；这是将没有钱的人置于正常之外。在双语环境中以一种语言创建排他性的学校课程，是将说所选择的语言之外的所有语言的人他者化；是将他们置于正常之外，通过课程将他们异化。设想每个人将爬楼梯进入一栋建筑，是将那些在轮椅上进入这一世界的人“他者化”并排除出去。因为怀孕被认为是一种预先存在的医疗状况而不为怀孕妇女提供健康保险项目，是通过性别化进程而进行的“他者化”；将男人置于卫生保健的期望和权利的中心。

演变与论争：一份丰富的思想谱系

最近几十年中，许多学者将“他者”的观念发展成了社会理论中的一个认识论概念。例如，后殖民学者证明，殖民势力叙述了一个他们通过殖民化前去加以拯救、统治、控制、使之文明化和/或提取资源的一个“他者”。1978 年，爱德华·萨义德出版了一本题为《东方学》的重要著作。萨义德表明，西方强国、哲学家、艺术家、社会科学家和许多其他当事人已经将“东方”他者化为一个地区（图 28.1）。他者化的进程依赖于广泛划分的二元对立。在萨义德所研究的文本中，“自我”是西方的作者，这些西方的作者将自己对东方的观测当做研究的

图 28.1　《伦敦新闻报》有关 1874 年世界东方学代表大会期间正在细察罗塞塔石碑的东方学学者的插图

对象，因此创造出了西方与东方、自我与他者的两分法。萨义德将这一进程称之为“东方学”，在其中，西方主体生产了东方，依赖于这种两分法去进行同质化（设想所有的都是相同的）、女性化（设想东方是两者之中的次要者）、本质化（以一种简化形式设想地区具有潜在的特征），将东方编造成为非西方——也就是传统的、欠发达的、堕落的、贪婪的，等等（图 28.2）。萨义德表明了有关东方的知识的创造和传播，如何创造了一种本质主义化的东方版本，它不仅将西方对这一地区的殖民合法化了，而且有助于西方将自己界定为一种高级的、文明化的力量。

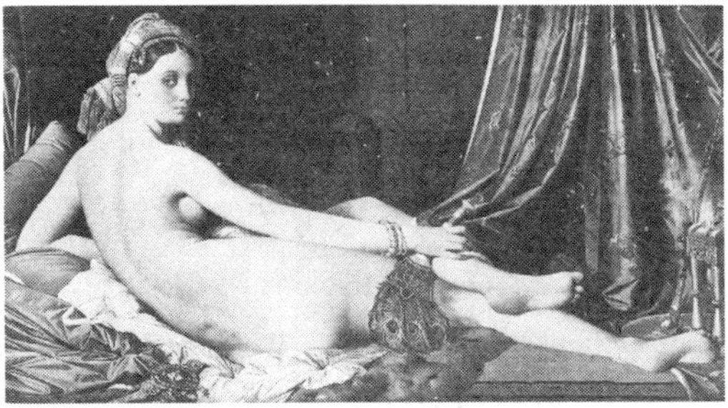

图 28.2 《大宫女》，让·奥古斯特·多米尼克·安格尔作，1814 年。西方艺术家通常将东方主义的文化描绘为在性上是颓废堕落的。尽管在“东方”，后宫相当罕见，但后宫却是东方主义艺术中一个特别常见的主题

1988 年，钱德拉·莫汉蒂（Chandra Mohanty，2003）用她现在著名的文章《在西方的眼睛下》瞄准了西方女权主义和女权主义者的一种类比批评。正像萨义德所提出的西方对东方的“他者化”一样，莫汉蒂详述了全球北方的女权主义者已将全球南方的女权主义者和女权主义“他者化”。她认为，她们尤其是通过创造和重述“第三世界妇女”的范畴来这么做的，从而生产了有关全球南方妇女的知识，而不是从其不同的视点和斗争中学到点什么。西方女权主义者生产了全球南方妇女无权的、土生土长的、不能为自己代言的刻板形象。莫汉蒂认为，理所当然，世界上任何地方的妇女都不能置于一个同质化的范畴之中。妇女是多元的，妇女的范畴因此也是不稳定的（像所有其他范畴一样）。随之而来的是，不存在任何单一的女权主义，而是存在多样的女权主义，不同地方的不同妇女通过这种多样的女权主义相互交

义，建立起了跨国的政治工程。

后现代理论家也对他者的概念做出了贡献，不过是以更兴高采烈而不是批评的方式。后现代主义陶醉于差异和对二元论的解构，本质上（而且有时是以本质主义的方式）对“他者性”大唱赞歌。例如，后现代主义有关城市的观点，不再以更强有力的节点为中心——城市主义者长期以来围绕这些节点理解城市进程，比如在市中心商业区的中心化权力中理解城市进程。相反，后现代主义者歌颂具有多元权力节点和归属感的城市，具有一系列生活和认同在其中以更令人头晕目眩、不那么整齐划一的方式展现出来的邻里街区的城市（参见：Dear and Flusty，1997；Soja，1989）。与其说让人想起任何城市的一个中心——更边缘、更不那么重要的（“他者化的”）邻里街区众星捧月式地环绕在其周围，后现代城市是对差异的地理学的礼赞——将一度被认为从“边缘的”场所转移到了讨论和分析的中心。

大部分出自法国，由包括雅克·德里达（1973）、米歇尔·福柯（1970，1991）以及朱丽娅·克里斯蒂娃（1982）等学者在内的人所提供的后结构主义哲学，也在他们对差异的理论考察中创造了对“他者”的洞见。他们挑战了潜在真理的观念，比如由东方学学者所提出的有关“东方”的真理。他们尤其致力于话语分析和语言的意义，看到了将人“他者化”的话语及其导致的实际后果之间的核心关联。特别是，这些学者依赖于以社会建构论著称的一种方法，这种方法批评了真正的意义构成了语言之基础的观念。相反，这一方法坚持，对某些东西进行命名（或分类），是为了固定其意义，通常围绕几个本质化的属性；是为了通过识别的语言进行“他者化”。建构主义者的方法质疑潜在的意义和参照系，试图研究和挑战被用于将其他人群“他者化”的范畴，例如种族化的范畴和对东方学至关重要的范畴。

批判的种族理论家，在后结构主义者的工作基础之上，考察了种族化范畴的建构，这些范畴将非标准的种族和伦理标记与认同置于标准之外。像后结构主义者一样，他们提出，“种族”作为一种生物和物质现象实际上不存在，而是一种通过范畴将属性本质化并加以分派的象征与语言行为。有关“种族”是否是真实的、它如何有重大影响的激烈争论接踵而来（例如：West，1993）。例如，在殖民制度之下，科学家许多年都在研究不同民族的身体特征以获得不同特点的标记。例如，对不同尺寸的头盖骨的测量被殖民势力用来表明种族智力的不同水平。当然，1951 年，为联合国工作的体格人类学家制作了一份报告，声称种族之间的差异比各种族之间的共同性和相同点更不那么重要，因此所有的人都属于同一人种（Hyndman，2000）。然而，种族化的范畴依然是差异的重要标准。美国政府仍然进行其人口普查，并且要求个人用种族区分自己，从而加强了种族作为一个差异范畴的重要性。

移民和难民是那些通过分门别类、不同的法律地位、公共话语（例如描绘特殊移民群体典型特征的新闻报道）被种族化和他者化的人群之一。通常，社会科学家也通过研究进行他者化——采取了种种将整个人群同质化的方式。例如，通过不时暗示墨西哥人是“非法的”，由媒体和政治家所推动的公共话语将所有的拉丁美洲移民本质化成了无身份证件的，而这些表述推动了劳动力市场和其他地方对移民的歧视。

女权主义者，也有漫长的考察“他者”的传统。在寻求包容妇女的同时，女权主义者也力图同时挑战将妇女他者化为非标准形象。最近，女权主义学者更全面地研究了认同——这是一种依赖于从弗洛伊德、拉康、西蒙·德·波伏娃等人那里借来的“自我”和“他者”概念的传统。在她们特别关注男人和女人之间的平等、在社会各个方面包含妇女之上，女权主义者离开了后结构主义者。举一例来说，一个女权主义项目可能考察妇女在政治中的缺席，而一个后结构主义项目则可能考察大众媒体如何将妇女表述为次要的政治领导人。

有关“他者”的文化地理学极其依赖在景观中对认同和差异进行定位与安置的空间隐喻。从格洛丽亚·安扎尔杜（1987）的边地到贝尔·胡克斯（1991）的边缘，许多文化理论家都写到了使用空间隐喻而进行的定位（Keith and Pile，1993）。同样，政治地理学家使用“他者”概念，考察了强国在努力将其合法化的过程中是如何对不那么强的国家、地区或地点进行统治的。例如，在美国，主流叙述将阿巴拉契亚山脉的人和文化描绘为未开化的，而对阿巴拉契亚山脉资源（例如煤炭）的夺取则被描绘成是一个文明化的进程。

与此同时，酷儿理论也礼赞“他者化”：“酷”就是挑战标准范畴。在这样的意义上，酷儿理论所做的是使中心移位的工作，目的是将“他者”从边缘移至中心。例如，使城市变酷，将涉及考察非标准关系占据了中心舞台的场所，是否在街区和社会环境中女同性恋、男同性恋、双性恋与跨性别（LGBT）聚集起来生活、工作，并在此过程中对异性恋标准的期待发起了挑战。

个案研究：性别特征与区域性

个案研究之一：作为“他者”的性别认同

自然性别和社会性别认同提供了一系列令人头昏眼花的考察“他者”概念的立场。有三个（基本的）相互交叉的轴心，社会性别和自然性别认同随着这三个轴心得以形成并同时变得难以区分。第一个轴心与社会性别认同有关；第二个轴心与欲望和魅力有关；第三个轴心与自然性别有关，因为它是由生理所决定的。历史上，那些以自己的独一无二、非传统的方式沿这些轴心前行的人，被认为是性变态者。爱女人的女人，或爱男人的男人，曾被认为是“变态的”（而且他们现在也依然处于特殊的时间和地点之中），因为他们对同性有吸引力。他们是“他者”；被异性恋世界他者化了，在异性恋世界中，男人和女人之间的异性结合充当了标准。只有在过去几十年里，“异常”在公共话语中的意义才发生了变化，目的是为了将这种现实常态化：在整个自然性别、社会性别和欲望的世界中，有许多种存在方式。没有任何一种方式是正确的或正常的。

与此同时，由政府所设计、基于信仰的组织所支持、社会服务和教育机构所强化的公共政策，将标准的性别特征和性别组合优先化了。举一个例子，一个遭受药物滥用之苦、被确定为从男到女的变性人，也许需要表现出一种她自己可能并不认同的社会性别认同，因为治疗机构一般会按照自然性别将它们的当事人分隔开来：男性或女性，从生物学上来决定。

在一些人力争在自己的旅程中寻求社会服务的同时，另一些人则力争获得法定的权力，以维护被视为“非传统”的家庭。诗人、作家和活动家明妮·布鲁斯·普拉特（Minnie Bruce Pratt，2003：52）曾写到，当她与丈夫离婚并进入到与一个女性同伴的关系时，她丧失了对自己孩子的监护权。处于异性恋夫妻关系之中的男人和女人是一个孩子的最佳父母的假设，充当了异性恋标准的权力在运作的一个例证。在她题为《献给儿子的诗》中，明妮·布鲁斯富有表现力地写到了他者化的痛苦、她长途驱车穿过整个国家去看儿子、以异性恋作为标准的他者化对家庭的影响：

> 那么有一天你会记起我，与你相遇、再相遇的我
> 作为一个女人慢慢朝向一个不可知的地方
> 一个你可以和我在一起地方
> 像一个赤足徒步的女人，千里迢迢地外出

尽管有致力于女同性恋、男同性恋、双性恋和跨性别社群成员的权力的社会运动，但同性恋在许多国家仍然被认为是一种罪恶。同性夫妻中的伴侣，面临着管理家庭、婚姻、收养的以异性恋为标准的公共政策的暴政。女同性恋、男同性恋、双性恋和跨性别社群的成员已着手社会运动，争取结婚、收养孩子的权力，争取被纳入配偶医疗保

险计划的权力，以及获得对配偶的卫生保健的决策权。

地理学家研究了这种他者化是如何显现在同性恋配偶的家庭及其移民模式中的（Cooke and Rapino，2007）。戴维·贝尔和吉利恩·瓦伦蒂诺（David bell and Gillian Valentine，1995）探讨了围绕他者性和欲望寻找支持与社区的男人和女人的经验。米歇尔·布朗（Michael Brown，1997）研究了社会运动是如何兴起的，民主是如何在与不列颠哥伦比亚省的温哥华携带 HIV/AIDS 病毒的人的他者化关系中起作用的。他者化的现实影响到我们生活的地方、我们如何生活和如何生存。

让我们回到前面介绍过的例子，将城市“酷化”的观念。酷儿理论家朱迪斯·哈伯斯塔姆（Judith Halberstam，2005）转向城市去寻找另类选择或“酷儿时间”与“酷儿空间”的例证。正是这些时间和空间模式，对有关生活应该如何普遍运转的以异性恋为标准的设想和期待发起了挑战，城市是女同性恋、男同性恋、双性恋和跨性别的人及其认同在景观中得到更可见、更自由表现的地方。在许多城市，“同志骄傲大游行”为“酷儿”时间提供了一个出口（图 28.3）。另一得到研究的与酷儿认同有关联的城市进程，是中产阶级化。中产阶级化是人们在被认为是“变迁中的”城市郊区投资房产的进程。最初，个人购买和翻新房子。这些个人通常受到邻里街区多样性的吸引：一种倾心于“另类的”（或他者化的）生活方式（参见：Ley，1996；Smith，1996）。随着邻里街区的改善，更多的商业利益落地生根，在这种他者性和差异之上投资以牟利也紧随其后，这种地区

图 28.3　加拿大多伦多的“同志骄傲大游行”，2005 年

变得更为昂贵和更具排他性。例如，纽约的西村，在 20 世纪 60 年代是一代反文化的嬉皮士和另类生活方式的中心。自那以后的几十年里，它成了一个生活上排外、富有、昂贵的地方。那些原先使这一街区“嬉皮”的学生和嬉皮士，自此早就被取而代之了。这一街区还维持着它作为另类或他者化的认同在此受到追捧的名声，这部分归功于商业开发和对同性恋社群有吸引力的商业与组织的市场化。在雪城，霍利-格林街区也是被女同性恋、男同性恋、双性恋和跨性别社群中产阶级化了的（图 28.4）。

图 28.4　纽约雪城霍利路与格林路的交叉口。这一街区部分是被女同性恋、男同性恋、双性恋和跨性别社群成员中产阶级化了的（由艾莉森·芒茨摄影并慨允使用）

个案研究之二：将“他者”殖民化

这类讨论许多都专注于“他者”在其中通过知识生产而被概念化

的话语领域，但是这种进程也与时间联系在一起，并且再一次与国际舞台中灾难性的帝国工程联系在一起。不仅个人通过围绕社会性别认同和生理性别认同的实践而被“他者化”，而且所有人都被国际关系的表现他者化了（经常通过种族化和性别化的相互交叉的进程）。与“文明化”相关的劣势地位联系在一起的远非抽象、甚至是相当温和的理由，已经将国家融入了武装冲突。批判地缘政治学领域（例如，Dalby，1991；ó Tuathail，1996a）考察了“他者”的话语生产以及这类知识生产是如何表明了国际关系，尤其是帝国和殖民工程的。

在《现在的殖民》中，德里克·格雷戈里（2004）提出了殖民主义还活着并且很好。格雷戈里找到了爱德华·萨义德的东方学的灵感，并且将其观念运用到了对当代以“反恐战”著称的冲突的论证之中，并且用于论证对阿富汗和伊拉克的占领。利用萨义德和格雷戈里的著作，政治地理学家卡伦·卡尔卡西对西方殖民势力在制图学上如何复制中东地区做出了相同的分析。卡尔卡西研究了美国和英国的制图学家所制作的许多中东地区的地图，连同从该地区来的制图学家所创造的地图，尤其关注了埃及所制作并收藏的地图。她发现，该地区之外的制图学家在风景之上附加了一种人为的地区同一性，这种同一性详细说明了明目张胆地无视阿拉伯世界自决的权力（Culcasi，2008：265）。尽管是人为的，但将“中东”当做一个地区来创造在随后的几十年中却被复制。卡尔卡西发现，地图只不过是更广泛的将该地区创造成为易变的、不可预测的、动荡的、危险的地区的西方话语的一部分（Culcasi，2006；2008：1）。今天，在美国和英国的地理学想象中，中东继续作为一个种族化的地方而存在着。

这一地区内的制图学家所制作的地图（尤其是在她所研究的埃及之内），卡尔卡西发现了对这种概括描绘的抵抗。阿拉伯制图学家的地图表明了对一种可替代的、泛阿拉伯同一性的创造。阿拉伯制图学家因此用自我表现驳斥了将“中东”当做他者的殖民想象。

“他者”的未来

虽然过去一些年人文科学和社会科学的许多研究承诺理解“他者”（Behar，1996），但希望在于那些被概念化为“他者”的人有朝一日走向中心，在中心占有一席之地；在于“他者”最终不再存在。在这一意义上，“他者”是一个动词。它在行动。他者化就是将一个人或群体标记、区分、认定、歧视、排除或标记为异常的。他者化就是将强者置于中心，异常置于边缘。伴随着地理学的迷惘，他者和非他者，中心和边缘将上下翻转、模糊不清、犹豫不决、头晕目眩。对种族和性别特征、社会性别和阶级、有能力和无能力的研究，将不会摆脱在社会科学大学课程中的边缘地位，但却会给它们以鼓舞和启示。

关键点

- “他者”一词既充当名词，也充当动词。作为一个名词，“他者”是不同于自己的一个人或人群。作为一个动词，“他者化”意味着区分、标记、划分、命名、认定、安置、排除那些不符合社会规则的人。
- 在地理学意义上，“他者化”就是将一个人或群体置于中心之外，置于边缘。
- 在后殖民传统中进行研究的地理学家，是第一批广泛使用“他者”概念的人。政治地理学家用这一概念去解释殖民和帝国势力如何将他们想统治的地方“他者化”，以达到将自己的剥削合法化。
- 由“被他者化”的群体所领导的社会运动，使用空间去挑战有关生活应当如何运转的标准假设。例如，“同志骄傲大游行”挑战了同性恋人群应当隐藏他们的性取向的观念。

参考书目

Abu-Loghod, J. (1989) *Before European Hegemony: The World System AD 1250–1350*. New York: Oxford University Press.

Achcar, G. (2000) 'The strategic triad: USA, China, Russia', in T. Ali (ed.), *Masters of the Universe? NATO's Balkan Crusade*. New York: Verso. pp. 99–144.

Adamson, W. (1980) 'Gramsci's interpretation of fascism', *Journal of the History of Ideas*, 41(4): 615–633.

Agamben, G. (1998) *Homo Sacer: Sovereign Power and Bare Life*. Stanford: Stanford University Press.

Aglietta, M. (1979) *A Theory of Capitalist Regulation: The US Experience*. Translated by D. Fernback. London: New Left Books.

Agnew, J. (1997) 'The dramaturgy of horizons: geographical scale in the reconstruction of Italy by the new Italian political parties, 1992–95', *Political Geography*, 16(2): 99–121.

Agnew, J. (1998) *Geopolitics: Re-visioning World Politics*. New York: Routledge.

Agnew, J. (2001) 'Regions in revolt', *Progress in Human Geography*, 25(1): 103–110.

Agnew, J. (2002) *Making Political Geography*. London: Arnold.

Agnew, J. (2003a) 'Contemporary political geography: intellectual heterodoxy and its dilemmas', *Political Geography*, 22: 603–606.

Agnew, J. (2003b) 'American hegemony into American empire? Lessons from the invasion of Iraq', *Antipode* 35(5): 871–885.

Agnew, J. (2003c) *Geopolitics: Re-visioning world politics*, 2nd edn. New York: Routledge.

Agnew, J. (2005) 'Sovereignty regimes: territoriality and state authority in contemporary world politics', *Annals of the Association of American Geographers*, 95(2): 437–461.

Agnew, J. (2006) 'Religion and geopolitics', *Geopolitics*, 11(2): 183–191.

Agnew, J. and Corbridge, S. (1995) *Mastering Space: Hegemony, Territory and International political Economy*. London: Routledge.

Agnew, J., Mitchell, K. and Toal, G. (eds) (2003a) *A Companion to Political Geography*. Malden, MA: Blackwell.

Agnew, J., Mitchell, K. and Toal, G. (2003b) 'Introduction', in J. Agnew, K. Mitchell and G. Toal (eds), *A Companion to Political Geography*. Malden, MA: Blackwell. pp. 1–19.

Aitchison, C., Hopkins, P. and Kwan, M. (eds) (2007) *Geographies of Muslim Identities: Diaspora, Gender and Belonging*. Aldershot: Ashgate.

Alcoff, L.M. (2006) *Visible identities: Race, Gender, and the Self*. Oxford: Oxford University Press.

Amin, A. and Thrift, N. (2005) 'What's left? Just the future', *Antipode*, 37(2): 220–238.

Amin, A. and Thrift, N. (2007) 'On being political', *Transactions of the Institute of British Geographers*, 32(1): 112–115.

Amnesty International (2003) '"Our brothers who help kill us" – economic exploitation and human rights abuses in the east'. Retrieved 31 July 2007, from:

http://www.amnestyusa.org/document.php?lang=e&id=A4B3F753111D01D28025 6D19004492FF

Amoore, L. (2006) 'Biometric borders: governing mobilities in the war on terror', *Political Geography*, 25(3): 336–351.

Anderson, B. (1983) *Imagined Communities: Reflections on the Origins and Spread of Nationalism*. London and New York: Verso.

Anderson, J. L. (2007) 'The Taliban's opium war: the difficulties and dangers of the eradication program', *The New Yorker*, 83(19), 9 July: 60–71.

Andreas, P. (2000) *Border Games: Policing the US–Mexico Divide*. Ithaca, NY: Cornell University Press.

Anzaldúa, G. (1987) *Borderlands/La Frontera: The New Mestiza*. San Francisco, CA: Aunt Lute.

Appadurai, A. (1996) *Modernity at Large: Cultural Dimensions of Globalization*. Minneapolis: University of Minnesota Press.

Arendt, H. (1958) *The Origins of Totalitarianism*. Cleveland and New York: Meridian Books.

Arvidson, E. (2000) 'Los Angeles: a postmodern class mapping', in J.K. Gibson-Graham, S. Resnick and R. Wolff (eds), *Class and its Others*. Minneapolis: University of Minnesota Press. pp. 163–190.

Assies, W. (2003) 'David versus Goliath in Cochabamba: water rights, neoliberalism, and the revival of social protest in Bolivia', *Latin American Perspectives*, 30(3): 14–36.

Axell, A. and Kase, H. (2002) *Kamikazi: Japan's Suicide Gods*. New York: Longman.

Bailey, A. (2005) *Making Population Geography*. London: Hodder Arnold.

Bailey, A., Wright, R., Mountz, A. and Miyares, I. (2002) '(Re)producing Salvadoran transnational geographies', *Annals of the Association of American Geographers*, 92(1): 125–144.

Baram, A. (1997) 'Neo-tribalism in Iraq: Saddam Hussein's tribal policies 1991–96', *International Journal of Middle East Studies*, 29(1): 1–31.

Barash, D. (2000) *Approaches to Peace: A Reader in Peace Studies*. New York: Oxford University Press.

Barber, B. (1996) *Jihad vs. McWorld: How Globalism and Tribalism are Reshaping the World*. New York: Ballantine Books.

Barnett, C. (1997) 'Sing along with the common people: politics, postcolonialism and other figures', *Environment and Planning D: Society and Space*, 15: 137–154.

Barnett, C. and Low, M. (eds) (2004) *Spaces of Democracy*. London: Sage.

Basch, L., Glick-Schiller, N. and Blanc-Szanton, C. (1994) *Nations Unbound: Transnational Projects, Postcolonial Predicaments, and Deterritorialized Nation-states*. Langhorne: Gordon and Breach.

Bassin, M. (1987) 'Race contra space: the conflict between German geopolitik and National Socialism', *Political Geography Quarterly*, 6: 115–134.

Bechtel Corporation (2006) *Cochabamba Water Dispute Settled*. Bechtel Corporation press release, 19 January. Retrieved 11 October 2007, from: http://www.bechtel.com/newsarticles/487.asp

Beck, R. (2003) 'Remote sensing and GIS as counterterrorism tools in the Afghanistan War: a case study of the Zhawar Kili region', *The Professional Geographer*, 55(2): 170–179.

Behar, R. (1996) *The Vulnerable Observer*. Boston, MA: Beacon Press.
Bell, D. and Valentine, G. (eds) (1995) *Mapping Desire: Geographies of Sexualities*. London and New York: Routledge.
Bell, J.E. and Staeheli, L. (2001) 'Discourses of diffusion and democratization', *Political Geography*, 20: 175–195.
Bennett, R. (1998) 'Business associations and their potential to contribute to economic development: re-exploring an interface between state and market', *Environment and Planning A*, 30: 1367–1387.
Berg, L., Evans, M., Fuller, D. and The Okanagan Urban Aboriginal Health Research Collective Canada (2007) 'Ethics, hegemonic whiteness, and the contested imagination of "aboriginal community" in social science research in Canada', *ACME: An International E-Journal for Critical Geographies*, 6(3): 395–410. Retrieved 5 January 2008, from: http://www.acme-journal.org/vol6/LDBetal.pdf
Bhabha, H. (1990) *Nation and Narration*. New York and London: Routledge.
Bialasiewicz, L., Campbell, D., Elden, S., Graham, S., Jeffrey, A. and Williams, A.J. (2007) 'Performing security: the imaginative geographies of current US strategy', *Political Geography*, 26(4): 405–422.
Bigo, D. (2002) 'Security and immigration: toward a critique of the governmentality of unease', *Alternatives*, 27: 63–92.
Binnendijk, H. and Kugler, R. L. (2001) *Revising the Two-Major Theater War Standard*. Washington, DC: Institute for National Strategic Studies.
Blaikie, P. and Brookfield, H. (eds) (1987) *Land Degradation and Society*. London: Methuen.
Blaut, J. M. (1993) *The Colonizer's Model of the World: Geographical Diffusionism and Eurocentric History*. New York and London: Guilford Press.
Blaut, J. M. (1999) 'Environmentalism and eurocentrism', *Geographical Review*, 89(3): 391–408.
Blaut, J. M. (2000) *Eight Eurocentric Historians*. New York: Guilford Press.
Blunt, A. (1994) *Travel, Gender and Imperialism: Mary Kingsley and West Africa*. New York and London: Guilford Press.
Blunt, A. and McEwan, C. (eds) (2002) *Postcolonial Geographies*. London and New York: Continuum.
Blunt, A. and Rose, G. (eds) (1994) *Writing Women and Space: Colonial and Postcolonial Geographies*. New York: Guilford Press.
Blunt, A. and Wills, J. (2000) *Dissident Geographies: An Introduction to Radical Ideas and Practice*. Harlow: Pearson Education.
Boal, F. (1996) 'Integration and division: sharing and segregating in Belfast', *Planning Practice and Research*, 11(2): 151–158.
Bondi, L. (1990) 'Feminism, postmodernism, and geography: space for women?' *Antipode*, 22: 156–167.
Bondi, L. (1993) 'Locating identity politics', in M. Keith and S. Pile (eds), *Place and the Politics of Identity*. New York: Routledge. pp. 84–101.
Borja, J. and Castells, M. (1997) *The Local and the Global: The Management of Cities in the Information Age* . London: James and James/Earthscan.
Bowman, I. (1921) *The New World: Problems in Political Geography*. Yonkers on the Hudson: World Book Company.

Boyle, M. and Rogerson, R. (2006) '"Third Way" Urban Policy and the New Moral Politics of Community', *Urban Geography*, 27(3): 201–227.

Braden, K. and Shelley, F. (2000) *Engaging Geopolitics*. Harlow: Pearson Education.

Braudel, F. (1993) *A History of Civilizations*, translated from the French by Richard Maynes. New York: Penguin Classics.

Breitbart, M. (1975) 'Impressions of an anarchist landscape', *Antipode*, 7: 44–49.

Brenner, N. (1998) 'Between fixity and motion: accumulation, territorial organization and the historical geography of spatial scales', *Environment and Planning D: Society and Space*, 16: 459–481.

Bridge, G. (2002) 'The grounding globalization: the prospects and perils of linking economic processes of globalization to environmental outcomes', *Economic Geography*, 78(3): 361–386.

Brinegar, J. (2001) 'Female representation in the discipline of geography', *Journal of Geography in Higher Education*, 25: 311–320.

Brown, M. (1997) *RePlacing Citizenship: AIDS Activism and Radical Democracy*. New York: Guilford Press.

Brown, M. (2000) *Closet Spaces: Geographies of Metaphor from the Body to the Globe*. New York: Routledge.

Brown, M., Knopp, L. and Morrill, R. (2004) 'The culture wars and urban electoral politics: sexuality, race, and class in Tacoma, Washington', *Political Geography*, 24(3): 267–291.

Brownlie, I. (1998) *Principles of Public International Law*, 5th edn. New York: Oxford University Press.

Bunge, W. (1969) *Atlas of Love and Hate*. Detroit: The Society for Human Exploration.

Butler, J. (2004) *Undoing Gender*. London and New York: Routledge.

Canetti-Nisim, D., Mesch, G. and Pedahzur, A. (2006) 'Victimization from terrorist attacks: randomness or routine activities?' *Terrorism and Political Violence*, 18: 485–501.

Caplan, R. (2002) *A New Trusteeship? The International Administration of War-torn Territories*. New York: Oxford University Press.

Castells M. (1996) *The Rise of the Network Society*. Oxford: Blackwell.

Castells, M. (1997) *The Power of Identity*. Malden, MA: Blackwell.

Castells, M. (1998) *The Power of Identity: The Information Age: Economy, Society, and Culture, Volume II*. New York: Blackwell.

Castells, M. (2001) 'Information technology and global capitalism', in W. Hutton and A. Giddens (eds), *On the Edge: Living with Global Capitalism*. London: Vintage.

Castles, S. and Miller, M. (1998) *The Age of Migration: International Population Movements in the Modern World*. New York and London: Guilford Press.

Chin, K. L. (1999) *Smuggled Chinese: Clandestine Immigration to the United States*. Philadelphia: Temple University Press.

Chossudovsky, M. (1997) *The Globalization of Poverty: Impacts of the IMF and World Bank Reforms*. London: Zed Books.

Chouinard, V. and Crooks, V. (2005) '"Because *they* have all the power and I have none": state restructuring of income and employment supports and disabled women's lives in Ontario, Canada', *Disability and Society*, 20(1): 19–32.

Chua, A. (2007) *Day of Empire: How Hyperpowers Rise to Global Dominance – and Why they Fall.* New York: Doubleday.

Clayton, D. (2000) *Island of Truth: The Imperial Fashioning of Vancouver Island.* Vancouver: University of British Columbia Press.

Cleary, M. (2006) 'A "left turn" in Latin America? Explaining the left's resurgence', *Journal of Democracy*, 17(4): 35–49.

Clinton, W. J. (1996) State of the Union Address, 23 January. Retrieved 15 August 2008 from the website of the William J. Clinton Foundation: http://www.clinton foundation.org/video.htm?title=State%20of%20the%20Union,%201996

Coakley, J. and O'Dowd, L. (eds) (2007) 'Partition and the reconfiguration of the Irish border', *Political Geography*, 26(8): 877–982.

Coleman, M. (2007) 'Immigration geopolitics beyond the US–Mexico border', *Geopolitics*, 39(1): 54–76.

Cooke, T. and Rapino, M. (2007) 'The migration of partnered gays and lesbians between 1995 and 2000', *Professional Geographer*, 59(3): 285–297.

Cope, M. (2004) 'Placing gendered political acts', in L. Staeheli, E. Kofman and L. Peake (eds), *Mapping Women, Making Politics: Feminist Perspectives on Political Geography.* London and New York: Routledge. pp. 71–86.

Cowen, D. and Gilbert, E. (2007) 'Citizenship in the "homeland": families at war?' in D. Cowen and E. Gilbert (eds), *War, Citizenship, Territory.* New York: Routledge.

Cox, K. (2002) *Political Geography: Territory, State and Society.* Oxford: Blackwell.

Cox, K. (ed.) (2003) 'Forum: political geography in question', *Political Geography*, 22(6): 599–675.

Cox, K., Low, M. and Robinson, J. (eds) (2007) *A Handbook of Political Geography.* Thousand Oaks, CA: Sage.

Crampton, A. (2001) 'The Voortrekker Monument, the birth of apartheid, and beyond', *Political Geography*, 20(2): 221–246.

Crenshaw, M. (1981) 'The causes of terrorism', *Comparative Politics*, 13(4): 379–399.

Cresswell, T. (1996) *In Place/Out of Place: Geography, Ideology and Transgression.* Minneapolis: University of Minnesota Press.

Culcasi, Karen (2006) 'Cartographically constructing Kurdistan within geopolitical and orientalist discourses', *Political Geography*, 25(6): 680–706.

Culcasi, Karen (2008) Unpublished PhD Dissertation. Syracuse University, New York.

Cutter, S., Richardson, D. and Wilbanks, T. (eds) (2003) *The Geographical Dimensions of Terrorism.* New York: Routledge.

Dahlman, C. T. (2002) 'The political geography of Kurdistan', *Eurasian Geography and Economics*, 43(4): 271–299.

Dahlman, C. T. (2004) 'Turkey's accession to the European Union: the geopolitics of enlargement', *Eurasian Geography and Economics*, 45(8): 553–574.

Dahlman, C. T. and Ó Tuathail, G. (2005) 'The legacy of ethnic cleansing: the international community and the returns process in post-Dayton Bosnia-Herzegovina', *Political Geography*, 24(5): 569–599.

Dalby, S. (1991) 'Critical geopolitics: discourse, difference, and dissent', *Environment and Planning D: Society and Space*, 9(3): 261–283.

Dalby, S. (1998) *Creating the Second Cold War: The Discourse of Politics.* New York: Guilford Press.

Dalby, S. (2002) *Environmental Security*. Minneapolis: University of Minnesota Press.

Dear, M. and Flusty, S. (1997) 'The iron lotus: Los Angeles and postmodern urbanism', *Annals of the American Academy of Political and Social Science*, 551(1): 151–163.

de Blij, H.J. (2004) 'Explicating geography's dimensions – an opportunity missed', *Annals of the Association of American Geographers*, 94(4): 994–996.

de Waal, T. (2003) *Black Garden: Armenia and Azerbaijan through Peace and War*. New York: New York University Press.

Delaney, D. and Leitner, H. (1997) 'The political construction of scale', *Political Geography*, 16(2): 93–97.

Derrida, J. (1973) *Speech and Phenomena and Other Essays on Husserl's Theory of Signs*. Evanston: Northwestern University Press.

Desbiens, C., Mountz, A. and Walton-Roberts, M. (2004) 'Re-thinking the state from the margins of political geography', *Political Geography*, 23(3): 241–243.

Des Forges, R. and Xu, L. (2001) 'China as a non-hegemonic superpower? The uses of history among the China can say no writers and their critics', *Critical Asian Studies*, 33(4): 483–507.

Diamond, J. (1997) *Guns, Germs, and Steel: The Fates of Human Societies*. New York: W.W. Norton.

Dicken, P. (2003) *Global Shift*. New York and London: Guilford Press.

Dodds, K. (2000) *Geopolitics in a Changing World*. New York: Prentice-Hall.

Dodds, K. (2005) *Global Geopolitics: A Critical Introduction*. Harlow: Pearson Education.

Dodge, T. (2003) *Inventing Iraq: The Failure of Nation Building and a History Denied*. New York: Columbia University Press.

Domosh, M. and Seager, J. (2001) *Putting Women in Place: Feminist Geographers Make Sense of the World*. New York and London: Guilford Press.

Dooley, P. (2005) *The Labor Theory of Value*. New York: Routledge.

Dower, J. (2000) *Embracing Defeat: Japan in the Aftermath of World War II*. New York: Penguin Press.

Dowler, L. and Sharp, J. (2001) 'A feminist geopolitics?' *Space and Polity*, 5(3): 165–176.

Dowling, R. and Blunt, A. (2006) *Home*. London: Routledge.

Driver, F. (1999) *Geography Militant: Cultures of Exploration in the Age of Empire*. Oxford: Blackwell.

Dwyer, C. (2002) '"Where are you from?" Young British Muslim women and the making of "home"', in A. Blunt and C. McEwan (eds), *Postcolonial Geographies*. New York: Guilford Press. pp. 184–199.

Dyck, I., Lewis, N. D. and McLafferty, S. (eds) (2001) *Geographies of Women's Health*. London and New York: Routledge.

Dyer, J. (1998) *Harvest of Rage: Why Oklahoma City is Only the Beginning*. Boulder, CO: Westview.

Dyke, C. (1988) *The Evolutionary Dynamics of Complex Systems*. New York: Oxford University Press.

Eagleton, T. (1991) *Ideology: An Introduction*. London and New York: Verso.

Eck, K., Sollenberg, M. and Wallensteen, P. (2004) 'One-sided violence and non-state conflict', in L. Harbom (ed.), *States in Armed Conflict*. Uppsala: Department of Peace and Conflict Research. pp. 133–142.

Eley, G. (2002) *Forging Democracy: The History of the Left in Europe 1850–2000*. New York: Oxford University Press.

England, K. (2003) 'Towards a feminist political geography?' *Political Geography*, 22(6): 611–616.

Ettlinger, N. (2007) 'Bringing democracy home: post-Katrina New Orleans', *Antipode*, 39(1): 8–16.

Ettlinger, N. and Bosco, F. (2004) 'Thinking through networks and their spatiality: a critique of the US (public) war on terrorism and its geographic discourse', *Antipode*, 36(2): 249–271.

Fabrizio, E. (2007) '"Reclus versus Ratzel": from state geopolitics to human geopolitics', *Research in Anarchism Forum*, Article 205, 2 December. Retrieved 26 July 2007, from http://raforum.info/article.php3?id_article=3040

Falah, G-W. (ed.) (2003) Forum on the 2003 War on/in Iraq. *Arab World Geographer*, 6(1). Retrieved 1 February 2008, from http://users.fmg.uva.nl/vmamadouh/awg/

Falah, G-W. (ed.) (2005) Forum on the viability of a two-state solution to the Israel/Palestine conflict and possible alternatives? *Arab World Geographer*, 8(3). Retrieved 1 November 2007 from http://users.fmg.uva.nl/vmamadouh/awg/

Falah, G-W. and Flint, C. (2004) Geopolitical spaces: the dialectic of public and private space in the Palestine–Israel conflict. *Arab World Geographer*, 7(1–2). Retrieved 1 November 2007, from http://users.fmg.uva.nl/vmamadouh/awg/

Falah, G-W. and Nagel, C. (eds) (2005) *Geographies of Muslim Women: Gender, Religion, and Space*. New York: Guilford Press.

Fan, C. (2004) 'The state, the migrant labor regime, and maiden workers in China', *Political Geography*, 23: 283–305.

Featherstone, M. (1990) *Global Culture: Nationalism, Globalization, and Modernity*. London: Sage.

Feinberg, L. (1998) *Trans Liberation: Beyond Pink or Blue*. Boston, MA: Beacon Press.

Feitelson, E. and Levy, N. (2006) 'The environmental aspects of reterritorialization: environmental facets of Israeli–Arab agreements', *Political Geography*, 25(4): 459–477.

Feldman, G. (2005) 'Essential crises: a performative approach to migrants, minorities, and the European nation-state', *Anthropological Quarterly*, 78(1): 213–246.

Fiori, G. (1996) *Antonio Gramsci: Life of a Revolutionary*. London: Verso Modern Classics.

Fishman, T. C. (2006) *China, Inc.: How the Rise of the Next Superpower Challenges America and the World*. New York: Scribner.

Flint, C. (2001) 'Right-wing resistance to the process of American hegemony: the changing political geography of nativism in Pennsylvania, 1920–1998', *Political Geography*, 20(6): 763–786.

Flint, C. (2002) 'Political geography: globalization, metapolitical geographies and everyday life', *Progress in Human Geography*, 26(3): 391–400.

Flint, C. (2003a) 'Dying for a "P"? Some questions facing contemporary political geography', *Political Geography*, 22: 617–620.

Flint, C. (2003b) 'Terrorism and counterterrorism: geographic research questions and agendas', *The Professional Geographer*, 55(2): 161–169.

Flint, C. (ed.) (2005) *The Geography of War and Peace: From Death Camps to Diplomats*. Oxford: Oxford University Press.

Flint, C. and Shelley, F. (1990) 'Structure, agency, and context: the contributions of geography to world-systems analysis', *Sociological Inquiry*, 60(1): 496–508.
Foot, R. (2006) 'Chinese strategies in a US-hegemonic global order: accommodating and hedging', *International Affairs*, 82(1): 77–94.
Foucault, M. (1970) *The Order of Things: An Archaeology of the Human Sciences*. London: Tavistock.
Foucault, M. (1977) *Discipline and Punish: The Birth of the Prison*. New York: Vintage Books.
Foucault, M. (1991) *The History of Sexuality, Volume 1*. New York: Vintage.
Foucault, M. (2003) *'Society must be defended': Lectures at the Collège de France 1975–1976*. New York: Picador.
Fox, W. T. R. (1944) *The Super-powers: The United States, Britain, and the Soviet Union – Responsibility for Peace*. New York: Harcourt Brace.
Frank, A. G. (1969) *Capitalism and Underdevelopment in Latin America : Historical Studies of Chile and Brazil*. New York: Monthly Review Press.
Fraser, A. (2008) 'White farmers' dealings with land reform in South Africa: evidence from northern Limpopo province', *Tijdschrift voor Economishe en Sociale Geografie*, 99(1): 24–36.
Freeman, C. (2001) 'Is local:global as feminine:masculine? Rethinking the gender of globalization', *Signs*, 26(4): 1007–1037.
Friedman, M. (1962) *Capitalism and Freedom*. Chicago: University of Chicago Press.
Fröebel, F., Heinricks, J. and Kreye, O. (1980) *The New International Division of Labor*. Cambridge: Cambridge University Press.
Froehling, O. (1999) 'Internauts and guerilleros: the Zapatista rebellion in Chiapas, Mexico and its extension into cyberspace', in P. Crang and J. May (eds), *Virtual Geographies: Bodies, Space and Relations*. New York: Routledge. pp. 164–177.
Frontline (2002) *Bolivia: Leasing the Rain. Timeline Cochabamba Water Revolt*. Retrieved 12 October 2007, from http://www.pbs.org/frontlineworld/stories/bolivia/timeline.html
Frum, D. and Perle, R. (2004) *An End to Evil: How to Win the War on Terror*. New York: Ballantine Books.
Fukuyama, F. (1989) 'The end of history', *National Interest*, Summer.
Fukuyama, F. (2004) *State-building: Governance and World Order in the 21st Century*. Ithaca, NY: Cornell University Press.
Gaddis, J. L. (2005) *The Cold War*. New York: Penguin Press.
Gagnon, V. P. (2006) *The Myth of Ethnic War: Serbia and Croatia in the 1990s*. Ithaca, NY: Cornell University Press.
Gallaher, C. (2003) *On the Fault Line: Race, Class, and the American Patriot Movement*. Lanham, MD: Rowman and Littlefield.
Gallaher, C. (2004) 'Teaching about political violence: a primer on representation', *Journal of Geography in Higher Education*, 28(2): 301–315.
Gallaher, C. and Froehling, O. (2002) 'New world warriors: "nation" and "state" in the politics of the zapatista and US patriot movements', *Social and Cultural Geography*, 3(1): 81–102.
Galloway, G. (2003) 'Emergency preparedness and response – lessons learned from 9/11', in S. Cutter, D. Richardson and T. Wilbanks (eds), *The Geographical Dimensions of Terrorism*. New York: Routledge. pp. 27–34.

Galtung, J. (1990) 'Cultural violence', *Journal of Peace Research*, 27(3): 291–305.
Geopolitics (2007) Oxford: Oxford University Press.
George, S. (1990) *A Fate Worse than Debt: The World Financial Crisis and the Poor*. New York: Grove Weidenfeld.
Gibson-Graham, J.K. (1996) *The End of Capitalism (As We Knew It): A Feminist Critique of Political Economy*. Minneapolis: University of Minnesota Press.
Gibson-Graham, J.K., Resnick, S. and Wolff, R. (2000) 'Class in a poststructuralist frame', in J.K. Gibson-Graham, S. Resnick, and R. Wolff (eds), *Class and Its Others*. Minneapolis: University of Minnesota Press. pp. 1–22.
Giddens, A. (1990) *The Consequences of Modernity*. Cambridge: Polity Press.
Giddens, A. (2006) *Sociology* (5th edn). Cambridge: Polity.
Giles, W. and Hyndman, J. (eds) (2004) *Sites of Violence: Gender and Conflict Zones*. Berkeley: University of California Press.
Gilmartin, M. and Berg, L. (2007) 'Locating postcolonialism', *Area*, 39(1), 120–124.
Giraut, F. and Maharaj, B. (2002) 'Contested terrains: cities and hinterlands in post-apartheid boundary delimitations', *Geojournal*, 57(1–2): 39–51.
Glick-Schiller, N., Basch, L. and Blanc-Szanton, C. (eds) (1992) *Towards a Transnational Perspective on Migration: Race, Class, Ethnicity, and Nationalism Reconsidered*. New York: New York Academy of Sciences.
Godlewska, A. and Smith, N. (eds) (1994) *Geography and Empire*. Malden, MA: Blackwell.
Golledge, R. G., Church, R., Dozier, J., Estes, J. E., Michaelsen, J., Simonett, D. S., Smith, R., Smith, T., Strahler, A. H. and Tobler, W. R. (1982) Commentary on 'The Highest form of the Geographer's, *Annals of the Association of American Geographers* Art 72(4): 557–558.
Gomez-Peña, G. (1996) *The New World Border: Prophecies, Poems and Loqueras for the End of the Century*. San Francisco, CA: City Lights Books.
Gooder, H. and Jacobs, J. (2002) 'Belonging and non-belonging: the apology in a reconciling nation', in A. Blunt and C. McEwan (eds), *Postcolonial Geographies*. New York: Guilford Press. pp. 200–213.
Goss, J. (1995) 'Marketing the new marketing: the strategic discourse of geodemographic information systems', in J. Pickles (ed.), *Ground Truth: The Social Implications of Geographic Information Systems*. New York: Guilford Press. pp. 130–170.
Gottesman, E. R. (2004) *Cambodia after the Khmer Rouge: Inside the Politics of Nation Building*. New Haven, CT: Yale University Press.
Gottmann, J. (1973) *The Significance of Territory*. Charlottesville: University of Virginia Press.
Graham, B. and Shirlow, P. (2002) 'The Battle of the Somme in Ulster memory and identity', *Political Geography*, 21: 881–904.
Graham, E. (1999) 'Breaking out: the opportunities and challenges of multi-method research in population geography', *Professional Geographer*, 51(1): 76–89.
Gramsci, A. (1971) *Selections from the Prison Notebooks of Antonio Gramsci*, edited and translated from the Italian by Quintin Hoare and Geoffrey Smith. New York: International Publishers.
Gregory, D. (1978) *Ideology, Science and Human Geography*. London: Hutchinson.
Gregory, D. (ed.) (2000) *The Dictionary of Human Geography*. Malden, MA: Blackwell.

Gregory, D. (2004) *The Colonial Present: Afghanistan, Palestine, Iraq*. Malden, MA: Blackwell.
Gregory, D. and Pred, A. (eds) (2006) *Violent Geographies: Fear, Terror and Political Violence.* New York: Routledge.
Grewal, I. (2003) 'Transnational America: race, gender and citizenship after 9/11', *Social Identities*, 9(4): 535–561.
Griffith, D. (2004) Using Maps to Plug Security Gaps: Fact or Fantasy? *Annals of the Association of American Geographers*, 94(4): 998–1001.
Guevara, E. (1998) *Guerilla Welfare*, Marc Becker Contributor. Lincoln: University of Nebraska Press.
Haj, S. (1997) *The Making of Iraq, 1900–1963: Capital, Power and Ideology*. Albany: State University of New York Press.
Halal, W. (1986) *The New Capitalism*. New York: John Wiley and Sons.
Halberstam, J. (2005) *In a Queer Time & Place: Transgender Bodies, Subcultural Lives*. New York: New York University Press.
Hall, S. (1996) When was the 'postcolonial'? Thinking at the limit. In I. Chambers and L. Curti (eds), *The Post-Colonial Question: Common Skies, Divided Horizons*. London and New York: Routledge, pp. 242–260.
Hannah, M. (2000) *Governmentality and the Mastery of Territory in Nineteenth-century America*. Cambridge: Cambridge University Press.
Hanson, S. and Pratt, G. (1995) *Gender, Work and Space*. New York and London: Routledge.
Harding, A. (2000) *Is There a 'Missing Middle' in English Governance?* London: New Local Government Network.
Hardt, M. and Negri, A. (2004) *Multitude: War and Democracy in the Age of Empire*. New York: Penguin Books.
Harris, C. (2002) *Making Native Space*. Vancouver: University of British Columbia Press.
Hart, G. (2002) *Disabling Globalisation: Places of Power in Post-apartheid South Africa*. Berkeley: University of California Press.
Hart, J.F. (1982) The Highest form of the Geographer's Art. *Annals of the Association of American Geographers*, 72(1): 1–29.
Hartshorne, R. (1939) 'The nature of geography', *Annals of the Association of American Geographers*, 29: 1–28.
Hartshorne, R. (1950) 'The functional approach in political geography', *Annals of the Association of American Geographers*, 40(2): 95–130.
Hartshorne, R. (1954) 'Comment on "exceptionalism in geography"', *Annals of the Association of American Geographers*, 44: 108–109.
Hartshorne, R. (1955) '"Exceptionalism in geography" reexamined', *Annals of the Association of American Geographers*, 45: 205–244.
Harvey, D. (1973) *Social Justice and the City*. Baltimore, MD: Johns Hopkins University Press.
Harvey, D. (1982) *The Limits to Capital*. Chicago: University of Chicago Press.
Harvey, D. (1989) *The Condition of Postmodernity*. Cambridge, MA: Blackwell.
Harvey, D. (2000) *Spaces of Hope*. Berkeley: University of California Press.
Harvey, D. (2001) *Spaces of Capital*. New York: Routledge.

Harvey, D. (2005) *The New Imperialism*, 2nd edn. New York: Oxford University Press.

Harvey, D. (2003) *The New Imperialism*. Oxford: Oxford University Press.

Harvey, D. (2006) 'The geographies of critical geography', *Transactions of the Institute of British Geographers*, 31(4): 409–412.

Harvey, D. (2007) *A Brief History of Neoliberalism*. Oxford: Oxford University Press.

Healey, R. (1983) Regional Geography in the Computer Age: A Further Commentary on 'The Highest form of the Geographer's Art'. *Annals of the Association of American Geographers*, 73(3): 439–441.

Held, D., McGrew, A., Goldblatt, D. and Perration, J. (1999) *Global Transformations: Politics, Economics, and Culture*. Stanford, CA: Stanford University Press.

Herb, G. H. and Kaplan, D. H. (1999) *Nested Identities: Nationalism, Territory, and Scale*. Lanham, MD: Rowman and Littlefield.

Herbert, S. (2007) 'The "battle of Seattle" revisited: or, seven views of a protest-zoning state', *Political Geography*, 26(5): 601–619.

Herod, A. (2000) 'Implications of just-in-time production for union strategy: lessons from the 1998 General Motors–United Auto Workers dispute', *Annals of the Association of American Geographers*, 90: 521–547.

Herrschel, T. (2007) 'Between difference and adjustment – the re-/presentation and implementation of post-socialist (communist) transformation', *Geoforum*, 38(3): 429–444.

Herz, J. (1957) 'Rise and demise of the territorial state', *World Politics*, 9(4): 473–493.

Hobsbawm, E. (1990) *Nations and Nationalism since 1780*. Cambridge: Cambridge University Press.

Hoffman, B. (1998) *Inside Terrorism*. London: Indigo.

Holzgrefe, J. L. (2003) 'The humanitarian intervention debate', in J. L. Holzgrefe and R. O. Keohane (eds), *Humanitarian Intervention: Ethical, Legal and Political Dilemmas*. Cambridge: Cambridge University Press. pp. 15–52.

Homer-Dixon, T. (2001) *Environment, Scarcity, and Violence*. Princeton, NJ: Princeton University Press.

Homer-Dixon, T., Peluso, N. and Watts, M. (2003) 'Debating violent environments', *Environmental Change and Security Project Report*, 9: 89–96.

hooks, bell (1991) *Yearning: Race, Gender and Cultural Politics*. Boston, MA: South End Press.

Hosking, G. (2001) *Russia and the Russians: A History*. Cambridge, MA: Belknap Press.

Howarth, D. (2000) *Discourse*. Buckingham: Open University Press.

Hudson, B. (1977) 'The new geography and the new imperialism: 1870–1918', *Antipode*, 9(2): 12–19.

Huntington, S. (1991) *The Third Wave: Democratization in the Late Twentieth Century*. Norman and London: University of Oklahoma Press.

Huntington, S. (1996) *The Clash of Civilizations and the Remaking of World Order*. New York: Simon and Schuster.

Hyndman, J. (2000) *Managing Displacement*. Minneapolis: University of Minnesota Press.

Hyndman, J. (2001) 'Towards a feminist geopolitics', *The Canadian Geographer*, 45(2): 210–222.

Hyndman, J. (2003) 'Aid, conflict and migration: the Canada–Sri Lanka connection', *The Canadian Geographer*, 47(3): 251–268.

Hyndman, J. (2004a) 'Mind the gap: bridging feminist and political geography through geopolitics', *Political Geography*, 23(3): 307–322.
Hyndman, J. (2004b) 'The (geo)politics of gendered mobility', in L. Staeheli, E. Kofman and L. Peake (eds), *Mapping Women, Making Politics: Feminist Perspectives on Political Geography*. London and New York: Routledge. pp. 169–184.
Hyndman, J. (2005) 'Migration wars: refuge or refusal?' *Geoforum*, 36(1): 3–6.
Hyndman, J. (2007) 'Feminist geopolitics revisited: body counts in Iraq', *Professional Geographer*, 59(1): 35–46.
Hyndman, J. and Mountz, A. (2006) 'Refuge or refusal: the geography of exclusion', in D. Gregory and A. Pred (eds), *Violent Geographies*. London and New York: Routledge. pp. 77–92.
ICBL (2006) *Landmine Monitor Report: Toward a Mine-free World 2006*. Ottawa: International Campaign to Ban Landmines.
ICG (2007) *Afghanistan's Endangered Compact*. Kabul/Brussels: International Crisis Group.
Ignatieff, M. (2003) *Empire Lite: Nation-building in Bosnia, Kosovo, and Afghanistan*. New York: Vintage.
IHT (1999) 'To Paris, U.S. looks like a "hyperpower"', *International Herald Tribune, 5 February*. Retrieved 14 December 2007 from: http://www.iht.com/articles/1999/02/05/france.t_0.php
Independent International Commission on Kosovo (2000) *The Kosovo Report: Conflict, International Response, Lessons Learned*. New York: Oxford University Press.
Isin, E. (2002) *Being Political: Genealogies of Citizenship*. Minneapolis: University of Minnesota Press.
Jacobs, J. (1996) *Edge of Empire: Postcolonialism and the City*. London: Routledge.
Jacobs, L. and Shapiro, R. (2000) *Politicians Don't Pander: Political Manipulation and the Loss of Democratic Responsiveness*. Chicago: University of Chicago Press.
Jarosz, L. (2003) 'A human geographer's response to "Guns, Germs, and Steel": the case of agrarian development and change in Madagascar', *Antipode*, 35(4): 823–828.
Jefferson West, W. (2006) 'Religion as dissident geopolitics? Geopolitical discussions within the recent publications of Fethullah Gülen', *Geopolitics*, 11(2): 280–299.
Jeffries, F. (2001) 'Zapatismo and the intergalactic age', in Roger Burbach (ed.), *Globalization and Postmodern Politics: From Zapatistas to High Tech Robber Barons*. London: Pluto Press. pp. 129–144.
Jessop, B. (1990) *State Theory: Putting Capitalist States in their Place*. Cambridge: Polity Press.
Jessop, B. (1995) 'The regulation approach, governance and post-Fordisms: alternative perspectives on economic and political change?' *Economy and Society*, 24(3): 307–333.
Jessop, B. (1997) 'A neo-Gramscian approach to the regulation of urban regimes: accumulation strategies, hegemonic projects, and governance', in M. Lauria (ed.), *Reconstructing Urban Regime Theory: Regulating Urban Politics in a Global Economy*. Thousand Oaks, CA: Sage. pp. 51–73.
Jessop, B. (2002) 'Time and space in the globalization of capital and their implications for state power', *Rethinking Marxism*, 14(1): 97–117.

Jessop, B. (2004) *Hollowing out the 'Nation-state' and Multilevel Governance.* Cheltenham: Edward Elgar.

Johnson, C. (2000) *Blowback: The Costs and Consequences of American Empire.* New York: Henry Holt.

Johnston, N. (1995) 'Cast in stone: monuments, geography, and nationalism', *Environment and Planning D: Society and Space,* 13: 51–65.

Johnston, R. (2002) 'Manipulating maps and winning elections: measuring the impact of malapportionment and gerrymandering', *Political Geography,* 21(1): 1–31.

Jones, E. (1981) *The European Miracle: Environments, Economics and Geopolitics in the History of Europe and Asia.* Cambridge: Cambridge University Press.

Jones, M. (2001) 'The regional state and economic regulation: "partnerships for prosperity" or new scales of state power?' *Environment and Planning A,* 33: 1185–1211.

Jones, R., Goodwin, M., Jones, M. and Simpson, G. (2004a) 'Devolution, state personnel, and the production of new territories of governance in the United Kingdom', *Environment and Planning A,* 36: 89–109.

Jones, M., Jones, R. and Woods, M. (2004b) *An Introduction to Political Geography: Space, Place and Politics.* New York and London: Routledge.

Jones, M. and MacLeod, G. (2004) 'Regional space, spaces of regionalism: territory, insurgent politics and the English question', *Transactions of the Institute of British Geographers,* 29(4): 433–452.

Judah, T. (2008) *Kosovo: What Everyone Needs to Know.* New York: Oxford University Press.

Judt, T. (2005) *Postwar.* New York: Penguin Press.

Kaldor, M. (1999) *New and Old Wars: Organized Violence in a Global Era.* Cambridge: Polity Press.

Kaplan, C., Alarcón, N. and Moallem, M. (eds) (1999) *Between Woman and Nation: Nationalisms, Transnational Feminisms and the State.* Durham, NC and London: Duke University Press.

Kaplan, R. (1994) 'The coming anarchy: how scarcity, crime, overpopulation, and disease are rapidly destroying the social fabric of our planet', *Atlantic Monthly,* 273(2): 44–77.

Kearney, M. (1991) 'Borders and boundaries of state and self at the end of empire', *Journal of Historical Sociology,* 4(1): 52–74.

Kearns, G. (1993) '*Fin de siècle* geopolitics: Mackinder, Hobson and theories of global closure', in P. Taylor (ed.), *Political Geography of the Twentieth Century: A Global Analysis.* London: Belhaven Press. pp. 9–30.

Kearns, G. (2004) 'The political pivot of geography', *Geographical Journal,* 170: 337–346.

Keating, M. (1997) 'The invention of regions: political restructuring and territorial government in Western Europe', *Environment and Planning C: Government and Policy,* 15(4): 383–398.

Keith, M. and Pile, S. (1993) *Place and the Politics of Identity.* London: Routledge.

Kelly, P.F. (1999) 'The geographies and politics of globalization', *Progress in Human Geography,* 23: 379–400.

Kennan, G. (1947) 'The sources of Soviet conduct', *Foreign Affairs,* 25: 566–582.

Kent, R. (1993) 'Geographical dimensions of the Shining Path insurgency in Peru', *Geographical Review,* 83(4): 441–454.

King, A. (2003) 'Cultures and spaces of postcolonial knowledges', in K. Anderson, M. Domosh, S. Pile and N. Thrift (eds), *Handbook of Cultural Geography*. London: Sage. pp. 381–397.

Kirby, A. (1997) 'Is the state our enemy?' *Political Geography*, 16(1): 1–12.

Kliot, N. and Charney, I. (2006) 'The geography of suicide terrorism in Israel', *GeoJournal*, 66: 353–373.

Kobayashi, A. and Peake, L. (1994) 'Unnatural discourse: "race" and gender in geography', *Gender, Place and Culture*, 1(2): 225–243.

Kofman, E. (1996) 'Feminism, gender relations and geopolitics: problematic closures and opening strategies', in E. Kofman and G. Youngs (eds), *Globalization: Theory and Practice*. London and New York: Pinter. pp. 209– 224.

Krasner, S. D. (1999) *Sovereignty: Organized Hypocrisy*. Princeton, NJ: Princeton University Press.

Kristeva, J. (1982) *The Powers of Horror*. New York: Columbia University Press.

Kropotkin, Peter. (1885) 'What geography should be', *Nineteenth Century*, 18: 940–956.

Kuchukeeva, A. and O'Loughlin, J. (2003) 'Civic engagement and democratic consolidation in Kyrgyztan', *Eurasian Geography and Economics*, 44(8): 557–587.

Kyle, D. and Koslowski, Rey (eds) (2001) *Global Human Smuggling: Comparative Perspectives*. Baltimore, MD: Johns Hopkins University Press.

Laborde, C. (2000) 'The concept of the state in British and French political thought', *Political Studies*, 48: 540–557.

Lacan, J. (1977) *Ecrits: A Selection*. New York: Norton.

Laclau, E. and Mouffe, C. (1985) *Hegemony and Socialist Strategy: Towards a Radical Democratic Politics*. London: Verso.

Landes, D. (1998) *The Wealth and Poverty of Nations: Why Some Are So Rich and Some So Poor*. New York: W.W. Norton and Co.

Laqueur, W. (1999) *The New Terrorism*. Oxford: Oxford University Press.

Latham, A. and McCormack, D. (2004) 'Moving cities: rethinking the materialities of urban geographies', *Progress in Human Geography*, 28: 701–724.

Laurie, N. (ed.) (2007) 'Pro-poor water? The privatisation and global poverty debate' (Special themed issue), *Geoforum*, 38(5): 753–907.

Lawson, V. (1999) 'Questions of migration and belonging: understandings of migration under neoliberalism in Ecuador', *International Journal of Population Geography*, 5(4): 261–276.

Le Billion, P. (2001) 'The political ecology of war: natural resources and armed conflicts', *Political Geography*, 20(5): 561–584.

Le Billon, P. (2004) 'The geopolitical economy of "resource wars"', *Geopolitics*, 9(1): 1–28.

Le Billon, P. (2007) 'Geographies of war: perspectives on "resource wars"', *Geography Compass*, 1(2): 163–182.

Le Billon, P. and El Khatib, F. (2004) 'From free oil to "freedom oil"? Terrorism, war and US geopolitics in the Persian Gulf', *Geopolitics*, 9(1): 109–137.

Leitner, H. and Miller, B. (2007) 'Scale and the limitations of ontological debate: a commentary on Marston, Jones and Woodward', *Transactions of the Institute of British Geographers*, 32(1): 116–125.

Lemon, A. (2007) 'Perspectives on democratic consolidation in southern Africa: the five general elections of 2004', *Political Geography*, 26(7): 824–850.

Lester, A. (2001) *Imperial Networks: Creating Identities in Nineteenth-century South Africa and Britain*. London: Routledge.
Levitas, D. (2002) *The Terrorist Next Door: The Militia Movement and the Radical Right*. New York: Thomas Dunne Books.
Ley, D. (1996) *The New Middle Class and the Remaking of the Central City*. Oxford: Oxford University Press.
Ley, D. and Hiebert, D. (2001) 'Immigration policy as population policy', *The Canadian Geographer/Le Géographe Canadien,* 45(1): 120–125.
Ley, D. and Kobayashi, A. (2005) 'Back to Hong Kong: return migration or transnational sojourn?' *Global Networks*, 5(2), 111–127.
Liao, S.-H. (2005) 'Will China become a military space superpower?' *Space Policy,* 21(3): 205–212.
Lindner, P. (2007) 'Localising privatisation, disconnecting locales – mechanisms of disintegration in post-socialist rural Russia', *Geoforum,* 38(3): 494–504.
Lintz, G., Müller, B. and Schmude, K. (2007) 'The future of industrial cities and regions in central and eastern Europe', *Geoforum*, 38(3): 512–519.
Lipietz, A. (1992) *Towards a New Economic Order: Postfordism, Ecology, and Democracy,* translated from the French by Malcolm Slater. New York: Oxford University Press.
Livingstone, D. (1992) *The Geographical Tradition*. London: Blackwell.
Lombardi, M. J. (2005) 'The decline of the American superpower', *Defense and Security Analysis,* 21(3): 312–321.
Long, J. (2006) 'Border anxiety in Israel–Palestine', *Antipode*, 38(1): 107–127.
Loomba, A. (2005) *Colonialism/postcolonialism*. New York: Routledge.
Loughlin, J. (1996) '"Europe of the regions" and the federalization of Europe', *Publius,* 26(4): 141–162.
Luke, T. (1996) 'Governmentality and contragovernmentality: rethinking sovereignty and territoriality after the Cold War', *Political Geography,* 15(6/7): 491–507.
Luke, T. (1997) 'Is the state our enemy? Or is our state the enemy?: A reply to Kirby', *Political Geography* 16(1): 21–26.
McClintock, A. (1992) 'The angel of progress: pitfalls of the term "post-colonialism"', *Social Text*, 31/32: 84–98.
McColl, R.W. (1969) 'The insurgent state: territorial bases of revolution', *Annals of the Association of American Geographers,* 59: 613–631.
McDowell, L. (1999) *Gender, Identity and Place: Understanding Feminist Geographies.* Minneapolis: University of Minnesota Press.
McEwan, C. (2000) 'Engendering citizenship: gendered spaces of democracy in South Africa', *Political Geography*, 19(5): 627–651.
McGee, T.G. (1974) 'In praise of tradition: towards a geography of anti-development', *Antipode*, 6(3): 30–47.
McGreal, C. (2004) 'Deadly thirst', *Guardian*, 13 January. Retrieved 1 November 2007 from http://www.guardian.co.uk/environment/2004/jan/13/water.israel
McHugh, K. (2000) 'Inside, outside, upside down, backward, forward, round and round: a case for ethnographic study in migration', *Progress in Human Geography,* 24(1): 71–89.
McHugh, K. and Mings, R. (1996) 'The circle of migration: attachment to place in ageing', *Annals of the Association of American Geographers,* 86: 530–550.

Mackinder, H. J. (1904) 'The geographical pivot of history', *The Geographical Journal,* 23(4): 421–437.
McLafferty, S. and Preston, V. (1991) 'Gender, race, and commuting among service sector workers', *Professional Geographer,* 43(1): 1–15.
McLaughlin Mitchell, S. (ed.) (2006) Special issue: 'Conflict and cooperation over international rivers', *Political Geography*, 25(4): 357–477.
Mahan, A. T. (1890) *The Influence of Sea Power upon History, 1660–1783.* Boston, MA: Little, Brown.
Mamadouh, V. (2003) 'Some notes on the politics of political geography', *Political Geography,* 22: 663–675.
Mann, M. (1999) 'The dark side of democracy: the modern tradition of ethnic and political cleansing', *New Left Review,* 235: 18–45.
Manzo, K. A. (1996) *Creating Boundaries: The Politics of Race and Nation.* Boulder, CO: Lynne Rienner.
Marchand, M.H. and Runyan, A.S. (eds) (2000) *Gender and Global Restructuring: Sightings, Sites and Resistances.* London and New York: Routledge.
Mares, P. (2002) *Borderline.* Sydney: UNSW Press.
Marston, S. A. (2000) 'The social construction of scale', *Progress in Human Geography,* 24(2): 219–242.
Marston, S. A. (2002) 'Making difference: conflict over Irish identity in the New York City St Patrick's Day Parade', *Political Geography,* 21: 373–392.
Marston, S. A., Jones III, J. P. and Woodward, K. (2005) 'Human geography without scale', *Transactions of the Institute of British Geographers,* 30(4): 416–432.
Marx, K. (1961) *Economic and Philosophic Manuscripts of 1844.* Moscow: Foreign Languages Publishing House.
Marx, K. (1962) *Capital Volumes 1–3,* translated from the third German edition by Samuel Moore and Edward Aveling and edited by Frederick Engels. Moscow: Foreign Languages Publishing House.
Marx, K. and Engels, F. (1848) *The Communist Manifesto.* Retrieved 13 January, 2008, from http://www.marxists.org/archive/marx/works/1848/communist-manifesto/index.htm
Massey, D. (1989) 'Forword', in R. Peet and N. Thrift (eds), *New Models in Geography.* London: Unwin Hyman. pp. IX–XI.
Massey, D. (1993) 'Power-geometry and a progressive sense of place', in J. Bird, B. Curtis, T. Putnam, G. Robertson and L. Tickner (eds), *Mapping the Futures: Local Cultures, Global Change.* New York: Routledge. pp. 59–69.
Massey, D. (1994) *Space, Place, and Gender.* London and New York: Routledge.
Mayer, T. (2004) 'Embodied nationalisms', in L. Staeheli, E. Kofman and L. Peake (eds), *Mapping Women, Making Politics: Feminist Perspectives on Political Geography.* London and New York: Routledge. pp. 153–168.
Mbembe, A. (2000) 'At the edge of the world: boundaries, territoriality, and sovereignty in Africa', *Public Culture,* 12(1): 259–284.
Mercer, C. (2002) 'NGOs, civil society and democratization: a critical review of the literature', *Progress in Development Studies,* 2: 5–22.
Miller, B. (2004) 'Spaces of mobilization: transnational social movements', in C. Barnett and M. Low (eds), *Spaces of Democracy.* London: Sage. pp. 223–246.
Mitchell, D. (2003) *The Right to the City: Social Justice and the Fight for Public Space.* New York: Guilford Press.

Mitchell, J. (2003) 'Urban vulnerability to terrorism as hazard', in S. Cutter, D. Richardson and T. Wilbanks (eds), *The Geographical Dimensions of Terrorism*. New York: Routledge. pp. 17–26.

Miyares, I. (1997) 'Changing perceptions of space and place as measures of Hmong acculturation', *Professional Geographer*, 49(2): 214–224.

Mohanty, C. (2003) *Feminism without Borders: Decolonizing Theory, Practicing Solidarity*. Durham, NC: Duke University Press.

Monbiot, G. (2000) *Captive State: The Corporate Takeover of Britain*. London: Macmillan.

Monbiot, G. (2005) 'A truckload of nonsense', *The Guardian*, 4 June. Retrieved 18 September 2008 from http://www.guardian.co.uk/comment/story/0,,1505816,00.html

Monk, J. and Hanson, S. (1982) 'On not excluding half of the human in human geography', *Professional Geographer*, 34(1): 11–23.

Morrill, R. (2004) 'Representation, law and redistricting in the United States', in C. Barnett and M. Low (eds), *Spaces of Democracy*. London: Sage. pp. 67–92.

Morrill, R., Knopp, L. and Brown, M. (2007) 'Anomalies in red and blue: exceptionalism in American electoral geography', *Political Geography*, 26(5): 525–553.

Mouffe, C. (1995) 'Post-marxism: democracy and identity', *Environment and Planning D: Society and Space*, 13: 259–265.

Mountz, A. (1995) '*Daily life in a transnational migrant community: the fusion of San Agustín, Oaxaca and Poughkeepsie, New York*'. Unpublished Master's thesis, Dartmouth College, Hanover, New Hampshire.

Mountz, A. (2004) Embodying the nation-state: Canada's response to human smuggling. *Political Geography*, 23: 323–345.

Mountz, A. (2006) 'Human smuggling and the Canadian state', *Canadian Foreign Policy*, 13(1): 59–80.

Mountz, A. (2009) *States of Migration: Human Smuggling and the Borders of Sovereignty*. Mineapolis: University of Minnesotta Press.

Mountz, A. (forthcoming) 'Stateless by geographical design', *International Migration Review*.

Mountz, A. and Hyndman, J. (2006) 'Feminist approaches to the global intimate', *Women's Studies Quarterly*, 34(1 & 2): 446–463.

Mountz, A. and Wright, R. (1996) 'Daily life in the transnational migrant community of San Agustín, Oaxaca and Poughkeepsie, New York', *Diaspora*, 6: 403–428.

Mountz, A. Miyares, I., Wright, R. and Bailey, A. (2002) 'Methodologically becoming: power, knowledge and team research', *Gender, Place and Culture*, 10(1): 29–46.

Mueller, J. (2007) 'Reacting to terrorism: probabilities, consequences, and the persistence of fear'. Paper presented at the International Studies Association Meeting, Chicago Illinois, 26 February–4 March.

Mullings, B. (1999) 'Sides of the same coin? Coping and resistance among Jamaican data-entry operators', *Annals of the Association of American Geographers*, 89(2): 290–311.

Murphy, A. (1996) 'The sovereign state system as political-territorial ideal: historical and contemporary considerations', in T. J. Biersteker and C. Weber (eds), *State Sovereignty as Social Construct*. Cambridge: Cambridge University Press. pp. 81–120.

Murphy, A., Bassin, M., Newman, D., Reuber, P. and Agnew, J. A. (2004) 'Is there a politics to geopolitics?' *Progress in Human Geography, 28*(5): 619–640.

Murray, C. (1994) *'Losing Ground: American Social Policy, 1950–1980*. New York: Basic Books.
Mutibwa, P. (1992) *Uganda since Independence: A Story of Unfulfilled Hopes*. Trenton, NJ: Africa World Press.
Myers, G. (2003) *Verandahs of Power: Colonialism and Space in Urban Africa*. Syracuse: Syracuse University Press.
Myers, S.L. (2004) 'Putin issues plan to tighten grasp, citing terrorism: overhaul of political system – opponents call it step back', *New York Times*, 14 September: A1, A14.
Nagar, R., Lawson, V., McDowell, L. and Hanson, S. (2002) 'Locating globalization: feminist (re)readings of the subjects and spaces of globalization', *Economic Geography*, 78(3): 257–284.
Nagel, C. (2001) Review essay. *Political Geography*, 20(2): 247–256.
Nagengast, C. (1994) 'Violence, terror, and the crisis of the state', *Annual Review of Anthropology*, 23: 109–136.
Naím, M. (2000) 'Washington consensus or Washington confusion?' *Foreign Policy*, 118: 87–103.
Nash, C. (1999) 'Irish placenames: post-colonial locations', *Transactions of the Institute of British Geographers*, 24(4): 457–480.
National Security Strategy of the United States of America (2006) Washington, DC: White House.
Nelson, D. (1999) *A Finger in the Wound*. Durham, NC: Duke University Press.
Nevins, J. (2002) *Operation Gatekeeper: The Rise of the 'Illegal Alien' and the Remaking of the US–Mexico Boundary*. New York: Routledge.
NIC (2004) *Mapping the Global Future: Report of the National Intelligence Council's 2020 Project*. Washington, DC: National Intelligence Council.
NRC (2004) *Profile of Internal Displacement: Serbia and Montenegro*. Geneva: Norwegian Refugee Council/Global IDP Project.
Office of the Secretary of Defense (2007) *Annual Report to Congress: Military Power of the People's Republic of China 2007*. Washington, DC: Department of Defense.
Ohmae, K. (1995) *The End of the Nation-state*. London: HarperCollins.
Olivera, O. (2004) *¡Cochabamba! Water War in Bolivia!* Boston, MA: South End Press.
O'Loughlin, J. (2004) 'Global democratization', in C. Barnett and M. Low (eds), *Spaces of Democracy*. London: Sage. pp. 23–44.
O'Loughlin, J. (2005a) 'The war on terrorism, academic publication norms, and replication', *The Professional Geographer*, 57(4): 588–591.
O'Loughlin, J. (2005b) 'The political geography of conflict: civil wars in the hegemonic shadow', in C. Flint (ed.), *The Geography of War and Peace*. Oxford: Oxford University Press. pp. 85–110.
O'Loughlin, J. and Raleigh, C. (2007) 'Spatial analysis of civil war violence', in K. Cox, M. Low and J. Robinson (eds), *A Handbook of Political Geography*. London: Sage.
Ong, A. (1999) *Flexible Citizenship*. Durham, NC: Duke University Press.
Ong, A. (2006) *Neoliberalism as Exception: Mutations in Citizenship and Sovereignty*. Durham, NC: Duke University Press.
Onnepalu, T. (2000) *Border State*. Evanston, IL: Northwestern University Press.

Otis, G. (2002) A World without Water, 20 August Retrieved 1 November 2007 from http://www.globalpolicy.org/ngos/role/policymk/conf/2002/0827water.htm

Ó Tuathail, G. (1986) 'The language and nature of the "new" geopolitics: the case of US–El Salvador relations', *Political Geography Quarterly*, 5: 73–85.

Ó Tuathail, G. (1996a) *Critical Geopolitics: The Politics of Writing Global Space*. Minneapolis: University of Minnesota Press.

Ó Tuathail, G. (1996b) 'An anti-geopolitical eye? Maggie O'Kane in Bosnia, 1992–94', *Gender, Place and Culture*, 3(2): 171–185.

Ó Tuathail, G. (1996c) *Critical Geopolitics: The Politics of Writing Global Space*. Minneapolis: University of Minnesota Press.

Ó Tuathail, G. (2006) 'Thinking critically about geopolitics', in G. O Tuathail, S. Dalby and P. Routledge (eds), *The Geopolitics Reader*. New York: Routledge.

Ó Tuathail, G. and Dalby, S. (1998) 'Introduction: Rethinking geopolitics: towards a critical geopolitics', in G.Ó Tuathail and S. Dalby (eds), *Rethinking Geopolitics*. New York: Routledge, pp. 1–15.

Ould-Mey, M. (1996) *Global Restructuring and Peripheral States: The Carrot and the Stick in Mauritania*. Lanham, MD: Littlefield Adams Books.

Paasi, A. (2001) 'Europe as a social process and discourse: considerations of place, boundaries and identity', *European Urban and Regional Studies*, 8(1): 7–28.

Paasi, A. (2003) 'Region and place: regional identity in question', *Progress in Human Geography*, 27(4): 475–485.

Painter, J. (1995) *Politics, Geography and 'Political Geography': A Critical Perspective*. London: Arnold.

Parker, G. (2004) *Sovereign City: The City-state through History*. London: Reaktion Books.

Pavlínek, P. and Pickles, J. (2000) *Environmental Transitions: Transformation and Ecological Defence in Central and Eastern Europe*. London and New York: Routledge.

Pavlovskaya, M. and Hanson, S. (2001) 'Privatization of the urban fabric: gender and local geographies in downtown Moscow', *Urban Geography*, 22(1): 4–28.

Peck, J. (2002) 'Political economies of scale: fast policy, interscalar relations, and neoliberal workfare', *Economic Geography*, 78(3): 331–360.

Peck J. (2006) 'Liberating the city: between New York and New Orleans', *Urban Geography*, 27: 681–713.

Peet, R. (1985) 'The social origins of environmental determinism', *Annals of the Association of American Geographers*, 75: 309–333.

Peet, R. (1998) *Modern Geographical Thought*. Oxford: Blackwell.

Peet, R. (2002) 'Ideology, discourse, and the geography of hegemony: from socialist to neoliberal development in postapartheid South Africa', *Antipode*, 34(1): 54–84.

Peet, R. and Thrift, N. (1989) 'Political economy and human geography', in R. Peet and N. Thrift (eds), *New Models in Geography*. London: Unwin Human. pp. 3–29.

Peluso, N. and Watts, M. (eds) (2001) *Violent Environments*. Ithaca, NY: Cornell University Press.

Perreault, T. (2006) 'From the guerra del agua to the guerra del gas: resource governance, neoliberalism and popular protest in Bolivia', *Antipode*, 38: 150–172.

Peters, E. J. (1997) 'Challenging the geographies of "Indianess": the Batchewana case', *Urban Geography*, 18(1): 56–62.

Peters, E. J. (1998) 'Subversive spaces: First Nations women and the city in Canada', *Environment and Planning D: Society and Space*, 16(6): 665–686.
Pickles, J. (1995) 'Representations in an electronic age: geography, GIS, and democracy', in *Ground Truth: The Social Implications of Geographic Information Systems*. New York: Guilford Press. pp. 1–3.
Pickles, J. (2000) 'Ethnicity, violence and the production of regions', *Growth and Change*, 31: 139–150.
Power, M. and Sidaway, J. (2004) 'The degeneration of tropical geography', *Annals of the Association of American Geographers*, 94(3): 585–601.
Pratt, G. (2000) Feminist Geographies. In R. J Johnston, D. Gregory, G. Pratt, and M. Watts (eds), *The Dictionary of Human Geography* (4th edn). Oxford: Blackwell Publishers. pp. 259–262.
Pratt, G. (2004) *Working Feminism*. Philadelphia: Temple University Press.
Pratt, G. and the Philippine Women Centre, Vancouver Canada (1998) 'Inscribing domestic work on Filipina bodies', in H. Nast and S. Pile (eds), *Places through the Body*. New York: Routledge. (pp. 211–226).
Pratt, M.B. (2003) *The Dirt She Ate*. Pittsburgh: University of Pittsburgh Press.
Pred, A. (1997) 'Re-presenting the extended present moment of danger', in G. Benko and U. Strohmayer (eds), *Space and Social Theory*. Oxford: Blackwell. pp. 117–140.
Prytherch, D. L. (2007) 'Urban geography with scale: rethinking scale via Wal-Mart's "geography of big things"', Urban Geography, 28(5): 456–482.
Puar, J. (2007) *Terrorist Assemblages: Homonationalism in Queer Times*. Durham, NC: Duke University Press.
Pudup, M. B. (1988) 'Arguments within regional geography', *Progress in Human Geography*, 12(3): 369–390.
Purcell, M. and Nevins, J. (2005) 'Pushing the boundary: State restructuring, state theory, and the case of U.S.–Mexico border enforcement in the 1990s', *Political Geography*, 24: 211–235.
Quart, A. (2008) 'When girls will be boys', *New York Times Magazine*, 16 March: 32–37.
Quattrochi, D. A. and Goodchild, M. F. (1997) *Scale in Remote Sensing and GIS*. Boca Raton, FL: Lewis Publishers.
Quigley, C. (1995) *Tragedy and Hope: A History of the World in our Time*. New York: GSG & Associates.
Raco, M. and Imrie, R. (2000) 'Governmentality and rights and responsibilities in urban policy', *Environment and Planning A* 32, 2187–2204.
Radcliffe, S. and Westwood, S. (1993) *Remaking the Nation: Place, Identity and Politics in Latin America*. London and New York: Routledge.
Ramutsindela, M. F. (2001) 'Down the post-colonial road: reconstructing the post-apartheid state in South Africa', *Political Geography*, 20(1): 57–84.
Rangan, H. (2001) *Of Myths and Movements: Rewriting Chipko into Himalayan History*. London: Verso.
Rangan, H. and Gilmartin, M. (2002) 'Gender, traditional authority, and the politics of rural reform in South Africa', *Development and Change*, 33(4): 633–658.
Reclus, Élisée (1991) *L'Homme et la terre: Histoire contemporaine*, Paris: Fayard.
Richards, P. (2001) 'Are "forest" wars in Africa resource conflicts? The case of Sierra Leone', in N. Peluso and M. Watts (eds), *Violent Environments*. Ithaca, NY: Cornell University Press. pp. 65–84.

Robbins, P. (2004) *Political Ecology: A Critical Introduction*. Malden, MA: Blackwell.
Roberts, S. M. (2004) 'Gendered globalization', in L. Staeheli, E. Kofman and L. Peake (eds), *Mapping Women, Making Politics*. London: Routledge. pp. 127–140.
Robinson, J. (2003a) 'Postcolonialising geography: tactics and pitfalls', *Singapore Journal of Tropical Geography*, 24(3): 273–289.
Robinson, J. (2003b) 'Political geography in a postcolonial context', *Political Geography*, 22: 647–651.
Rogerson, C. (2000) 'Local economic development in an era of globalisation: the case of South African cities', *Tijdschrift voor Economische en Sociale Geografie,* 91(4): 397–411.
Rose, G. (1993) *Feminism and Geography: The Limits of Geographical Knowledge*. Cambridge: Polity Press.
Rose, G. (2001) *Visual Methodologies*. London: Sage.
Rostow, W. (1960) *The Stages of Economic Growth: A Non-communist Manifesto*. Cambridge: Cambridge University Press.
Routledge, P. (2003a) 'Anti-geopolitics', in J. Agnew, K. Mitchell and G. Toal (eds), *A Companion to Political Geography*. Malden, MA: Blackwell. pp. 236–248.
Routledge, P. (2003b) 'Convergence space: process geographies of grassroots globalization networks', *Transactions of the Institute of British Geographers*, 28(3): 333–349.
Roy, A. (1999) *The Cost of Living*. London: Flamingo.
Rubin, B. R. (2002) *The Fragmentation of Afghanistan: State Formation and Collapse in the International System*. New Haven, CT: Yale University Press.
Sachs, J. (2005) *The End of Poverty: Economic Possibilities for our Time*. New York: Penguin Press.
Sack, R. D. (1986) *Human Territoriality: Its Theory and History*. New York: Cambridge University Press.
Said, E. (1979) *Orientalism*. New York: Pantheon Books.
Said, E. (1993) *Culture and Imperialism*. New York: Vintage.
Saltmarsh, R. (2001) 'Journey into autobiography: a coalminer's daughter', in P. Moss (ed.), *Placing Autobiography in Geography*. Syracuse, NY: Syracuse University Press.
Sangtin Writers Collective and Nagar, R. (2006) *Playing with Fire*. Minneapolis: University of Minnesota Press.
Sassen, S. (2006) *Territory, Authority, Rights: From Medieval to Global Assemblages*. Princeton, NJ: Princeton University Press.
Schaefer, F. (1953) 'Exceptionalism in geography: a methodological examination', *Annals of the Association of American Geographers*, 43: 226–249.
Schivelbusch, W. (2004) *The Culture of Defeat: On National Trauma, Mourning, and Recovery*. New York: Metropolitan Books.
Schoenberger, E. (2004) 'The Spatial Fix revisited', *Antipode,* 36(3): 427–433.
Schumpeter, J.A. (1992) *Capitalism, Socialism and Democracy* (5th edn). London and New York: Routledge.
Scott, A. J. (1998). *Regions and the World Economy: The Coming Shape of Global Production, Competition, and Political Order*. New York: Oxford University Press.
Scott, J. (1998) *Seeing like a State: How Certain Schemes to Improve the Human Condition Have Failed*. New Haven and London: Yale University Press.
Secor, A. (2001) 'Ideologies in crisis: political cleavages and electoral politics in Turkey in the 1990s', *Political Geography*, 20: 539–560.

Secor, A. J. (2002) 'The veil and urban space in Istanbul: Women's dress, mobility and Islamic knowledge', *Gender, Place and Culture*, 9(1): 5–22.

Secor, A. (2004) 'Feminist electoral geography', in L. Staeheli, E. Kofman and L. Peake (eds), *Mapping Women, Making Politics: Feminist Perspectives on Political Geography*. London and New York: Routledge. pp. 261–272.

Sharp, J. (1996) 'Gendering nationhood: a feminist engagement with national identity', in N. Duncan (ed.), *Bodyspace: Destabilising Geographies of Gender and Sexuality*. New York: Routledge. pp. 97–108.

Sharp, J. (2000) *Condensing the Cold War: 'Reader's Digest' and American Identity*. Minneapolis: University of Minnesota Press.

Sharp, J. (2003) 'Feminist and postcolonial engagements', in J. Agnew, K. Mitchell and G. Toal (eds), *A Companion to Political Geography*. Malden, MA: Blackwell. pp. 58–74.

Sharp, J. (2007) Geography and Gender: Finding Feminist Political Geographies. *Progress in Human Geography*, 31(3): 381–387.

Sharpe, J. (2004) 'Doing feminist political geographies', in L. Staeheli, E. Kofman and L. Peake (eds), *Mapping Women, Making Politics: Feminist Perspectives on Political Geography*. London and New York: Routledge. pp. 87–98.

Shepherd, E. (2002) 'The spaces and times of globalization: place, scale, networks, and positionality', *Economic Geography*, 78(3): 307–330.

Shirlow, P. (2006) 'Belfast: the "post-conflict" city', *Space and Polity*, 10(2): 99–107.

Shirlow P. and Murtagh, B. (2006) *Belfast: Segregation, Violence and the City*. London: Pluto Press.

Shiva, V. (2002) *Water Wars: Privatization, Pollution and Profit*. London: Pluto Press.

Shohat, E. (2001) 'Area studies, transnationalism, and the feminist production of knowledge', *Signs*, 26(4): 1269–1272.

Short, J. R. (1993) *An Introduction to Political Geography*, 2nd edn. London and New York: Routledge.

Sibley, D. (1995) *Geographies of Exclusion*. London: Routledge.

Sidaway, J. (2000) 'Postcolonial geographies: an exploratory essay', *Progress in Human Geography*, 24(4): 591–612.

Silke, L. (1973) 'Arab brinkmanship: output pledge may signal recognition of potential risk', *New York Times*, 23 December: 65.

Silvey, R. (2004) 'Power, difference and mobility: feminist advances in migration studies', *Progress in Human Geography*, 28(4): 490–506.

Silvey, R. and Lawson, V. (1999) 'Placing the migrant', *Annals of the Association of American Geographers*, 89(1): 121–132.

Sinclair, A. and Byers, M. (2007) 'When US scholars speak of "sovereignty," what do they mean?' *Political Studies*, 55(2): 318–340.

Slater, D. (1973) 'Geography and underdevelopment – I', *Antipode*, 5(3): 21–32.

Slater, D. (1977) 'Geography and underdevelopment – II', *Antipode*, 9(3): 1–31.

Slater, D. (2004) *Geopolitics and the Post-colonial: Rethinking North–South Relations*. Malden, MA: Blackwell.

Smismans, S. (2006). *New Modes of Governance and the Participatory Myth*. Retrieved 23 November 2007 from European University Institute, Robert Schuman Centre for Advanced Studies Web site, http://www.eu-newgov.org/database/DELIV/D11D05_NMG_and_the_participatory_myth.pdf

Smith, A. (1957) *Selections from 'The Wealth of Nations'*, ed. George Stigler. Arlington Heights, IL: AHM.

Smith, A. and Pickles, J. (eds) (1998) *Theorizing Transition: The Political Economy of Post-communist Transformations.* New York: Routledge.

Smith, A. and Stenning, A. (2006) 'Beyond household economies: articulations and spaces of economic practice in postsocialism', *Progress in Human Geography*, 30(2): 190–213.

Smith, A. M. (1998) *LaClau and Mouffe: The Radical Democratic Imaginary.* New York: Routledge.

Smith, M. P. and Guarnizo, L. (eds) (1998) *Transnationalism from Below.* Transaction Publishers.

Smith, N. (1984) *Uneven Development: Nature, Capital and the Production of Space.* Oxford: Basil Blackwell.

Smith, N. (1987) 'Dangers of the empirical turn: some comments on the CURS Initiative', *Antipode*, 19: 59–68.

Smith, N. (1992) 'Contours of a spatialized politics: homeless vehicles and the production of geographical space', *Social Text*, 33: 54–81.

Smith, N. (1996) *The New Urban Frontier: Gentrification and the Revanchist City.* New York: Routledge.

Smith, N. (2003) *American Empire: Roosevelt's Geographer and the Prelude to Globalization.* California: University of California Press.

Smith, N. (2005a) 'Neo-critical geography, or, the flat pluralist world of business class', *Antipode*, 37(5): 887–899.

Smith, N. (2005b) *The Endgame of Globalization.* New York: Routledge.

Soja, E. (1989) *Postmodern Geographies: The Reassertion of Space in Critical Social Theory.* London: Verso

Southern, J. (2000) 'Blue collar, white collar: deconstructing classification', in J. K. Gibson-Graham, S. Resnick, and R. Wolff (eds), *Class and its Others.* Minneapolis: University of Minnesota Press. pp. 191–224.

Sparke, M. (2003) 'American empire and globalisation: postcolonial speculations on neocolonial enframing', *Singapore Journal of Tropical Geography*, 24(3): 373–389.

Sparke, M. (2005) *In the Space of Theory.* Minneapolis: University of Minnesota Press.

Sparke, M. (2006) 'The neoliberal nexus', *Political Geography*, 25(2): 151–180.

Sparke, M., Sidaway, J. Bunnell, T. and Grundy-Warr, C. (2004) 'Triangulating the borderless world: geographies of power in the India–Malaysia–Singapore growth triangle', *Transactions*, 29(4): 485–498.

Spronk, S. and Webber, J. (2007) 'Struggles against accumulation by dispossession in Bolivia: the political economy of natural resource contention', *Latin American Perspectives*, 34(2): 31–47.

Staeheli, L. and Kofman, E. (2004) 'Mapping gender, making politics', in L. Staeheli, E. Kofman, and L. Peake (eds), *Mapping Women, Making Politics: Feminist Perspectives on Political Geography.* London: Routledge. pp. 1–15.

Staeheli, L. and Mitchell, D. (2005) 'The complex politics of relevance in geography', *Annals of the Association of American Geographers*, 95(2): 357–372.

Staeheli, L., Kofman, E. and Peake, L. (eds) (2004) *Mapping Women, Making Politics: Feminist Perspectives on Political Geography.* New York and London: Routledge.

Stansfield, G. (2007) *Iraq: People, History, Politics* Cambridge and Malden, MA: Polity Press.
Staten, P. (1987) 'The economic climate for a banking crisis', in M. Staten (ed.), *The Embattled Farmer*. Golden, CO: Fulcrum. pp. 133–148.
Statistical Office of Kosovo (2008) *Demographic Changes of the Kosovo Population 1948–2006*. Prishtina: Government of Kosovo.
Steinberg, P. (1997) 'And are the anti-statist movements our friends?' *Political Geography*, 16(1): 13–19.
Steinberg, P. (2003) 'Hegemony, identity, the particular and the universal: comments on Joanne Sharp's "Condensing the cold war"', *Geopolitics*, 8(2): 166–174.
Stenning, A. (2000) 'Placing (post-)socialism: the making and remaking of Nowa Huta, Poland', *European Urban and Regional Studies*, 7(2): 99–118.
Stenning, A. (2003) 'Shaping the economic landscapes of post-socialism? Labour, workplace and community in Nowa Huta, Poland', *Antipode*, 35(4): 761–780.
Stenning, A. (2005) 'Post-socialism and the changing geographies of the everyday in Poland', *Transactions of the Institute of British Geographers*, 30(1): 113–127.
Steinberg, P., Walter, A. and Sherman-Morris, K. (2002) Using the Internet to Integrate Thematic and Regional Approaches in Geographic Education. *The Professional Geographer*, 54(3): 332–348.
Stiglitz, J. (2003) *Globalization and its Discontents*. New York: W.W. Norton.
Storey, D. (2001) *Territory: The Claiming of Space*. Harlow, Essex: Pearson Education.
Straussfogel, D. (1997) 'World-systems theory: toward a heuristic and pedagogic conceptual tool', *Economic Geography,* 73(1): 118–130.
Sundberg, J. (2003) 'Conservation and democratization: constituting citizenship in the Maya Biosphere Reserve, Guatemala', *Political Geography*, 22: 715–740.
Swyngedouw, E. (1997) 'Neither global nor local: globalisation and the politics of scale', in K. Cox (ed.), *Spaces of globalization*. New York: Guilford Press. pp. 137–166.
Tabor, J. (1997) 'A failed utopian vision', *Political Geography,* 16(1): 27–31.
Taylor, F. (1911) *The Principles of Scientific Management*. New York: Harper and Brothers.
Taylor, P. (1982) 'A materialist framework for political geography', *Transactions of the Institute of British Geographers*, 7(1): 15–34.
Taylor, P. (1993) *Political Geography: World-economy, Nation-state and Locality*, 3rd edn. Harlow: Longman.
Taylor, P. (1994) 'The state as container: territoriality in the modern world-system', *Progress in Human Geography,* 18(2): 151–162.
Taylor, P. (1996) *The Way the Modern World Works: World Hegemony to World Impasse*. Chichester: John Wiley and Sons.
Taylor, P. (2003) 'Radical political geographies', in J. Agnew, K. Mitchell and G. Toal (eds), *A Companion to Political Geography*. Massachusetts and Oxford: Blackwell. pp. 47–58.
Taylor, S. (2005) 'The Pacific solution or a Pacific nightmare?: The difference between burden shifting and responsibility sharing', *Asia-Pacific Law & Policy Journal*, 6(1): 1–43.
Teschke, B. (2003) *The Myth of 1648: Class, Geopolitics, and the Making of Modern International Relations*. New York: Verso.

Thomas, A., Crow, B., Frenz, P., Hewitt, T., Kassam, S. and Treagust, S. (1994) *Third World Atlas*, 2nd edn. Washington, DC: Taylor and Francis.

Thrift, N. (1996) *Spatial Formations*. London: Sage.

Tishkov, V. (2004) *Chechnya: Life in a War-torn Society*. Berkeley: University of California Press.

Toal, G. (2003) 'Re-asserting the regional: political geography and geopolitics in a world thinly known', *Political Geography*, 22: 653–655.

Todd, E. (2004) *After the Empire: The Breakdown of the American Order*. London: Constable.

Torpey, J. (2000) *The Invention of the Passport: Surveillance, Citizenship and the State*. Cambridge: Cambridge University Press.

Trevor-Roper, H. (1983) 'The invention of tradition: the Highland tradition of Scotland', in E. Hobsbawm and T. Ranger (eds), *The Invention of Tradition*. New York: Cambridge University Press. pp. 15–42.

Tuan, Y. F. (1977) *Space and Place*. Minneapolis: University of Minnesota Press.

Tunander, O. (2001) 'Swedish–German geopolitics for a new century: Rudolf Kjellén's "The state as a living organism"', *Review of International Studies*, 27(3): 451–463.

US Army (1990) Field Manual FM 100–20/AFP 3–20: *Military Operations in Low Intensity Conflict*. Washington, DC: Departments of the Army and Air Force. Retrieved 3, October 2007 from http://www.globalsecurity.org/military/library/policy/army/fm/100-20/index.html

Valentine, G. (1994) 'Toward a geography of the lesbian community', *Women and Environments*, 14(1): 8–10.

Valentine, G. (2007) 'Theorizing and research intersectionality: a challenge for feminist geography', *Professional Geographer*, 59(1): 10–21.

van der Veen, M. (2000) 'Beyond slavery and capitalism: producing class difference', in J. K. Gibson-Graham, S. Resnick and R. Wolff (eds), *Class and its Others*. Minneapolis: University of Minnesota Press. pp. 121–142.

Wade, C. (2006) Editorial: 'A historical case for the role of regional geography in geographic education', *Journal of Geography in Higher Education*, 30(2): 181–189.

Walker, R. B. J. (1993) *Inside/Outside: International Relations as Political Theory*. New York: Cambridge University Press.

Wallerstein, I. (1974) *The Modern World-system, Vol. I: Capitalist Agriculture and the Origins of the European World-economy in the Sixteenth Century*. New York and London: Academic Press.

Wallerstein, I. (2003) *The Decline of American Power*. New York: The New Press.

Wallerstein, I. (2006) 'Remembering Andre Gunder Frank', *History Workshop Journal*, 61(1): 305–306.

Ward, K. and Jonas, A. E. G. (2004) 'Competitive city-regionalism as a politics of space: a critical reinterpretation of the new regionalism', *Environment and Planning A*, 36(12): 2119–2139.

Waters, J. (2002) 'Flexible families? "Astronaut" households and the experiences of lone mothers in Vancouver, British Columbia', *Social & Cultural Geography*, 3(2): 117–134.

Wendt, A. (1999) *Social Theory of International Politics*. New York: Cambridge University Press.

West, C. (1993) *Race Matters*. Boston, MA: Beacon University Press.

Whatmore, S. (2002) *Hybrid Geographies: Natures, Cultures, Spaces*. London: Sage.

Whelan, Y. (2003) *Reinventing Modern Dublin: Streetscape, Iconography and the Politics of Identity*. Dublin: University College Dublin Press.

Whittaker, D. (2001) *The Terrorism Reader*. London: Routledge.

Wieviorka, M. (2005) 'From Marx and Braudel to Wallerstein', *Contemporary Sociology: A Journal of Reviews*, 34(1): 1–7.

Williams, M. (1996) 'Rethinking sovereignty', in E. Kofman and G. Youngs (eds), *Globalization: Theory and Practice*. London: Pinter. (pp. 109–122).

Williams, R. (1988) *Keywords: A Vocabulary of Culture and Society*, revised and expanded edn. London: Fontana Press.

Wills, J. (2006) 'The left, its crisis and rehabilitation', *Antipode*, 38(5): 907–915.

Winders, J. (2007) 'Bringing back the (B)order: post-9/11 politics of immigration, borders, and belonging in the contemporary US south', *Antipode*, 39(5): 920–942.

Wood, W. (2003) Geosecurity, in S. Cutter, D. Richardson, and T. Wilbanks (eds), *The Geographical Dimensions of Terrorism*. New York: Routledge. pp. 213–222.

Wood, A., Valler, D., Phelps, N, Raco, M. and Shirlow, P. (2005) 'Devolution and the political representation of business interests in the UK', *Political Geography*, 24: 293–315.

Woodward, R. (2005) 'From military geography to militarism's geographies: disciplinary engagements with the geographies of militarism and military activities', *Progress in Human Geography*, 29(6): 718–740.

Wright, M. (2006) *Disposable Women and Other Myths of Global Capitalism*. New York and London: Routledge.

Wright, T. C. (2007) *State Terrorism in Latin American: Chile, Argentina, and International Human Rights*. Lanham, MD: Rowman and Littlefield.

Wyne, A. (2005) 'Suicide terrorism as strategy: Case studies of Hamas and the Kurdistan Workers Party', *Strategic Insights*, 4(7). Retrieved 29 January 2008 from http://www.ccc.nps.navy.mil/si/2005/Jul/wyneJul05.asp#references

Yeung, H. (1998) 'Capital, state and space: contesting the borderless world', *Transactions of the Institute of British Geographers*, 23: 291–309.

Yeung, H. (2002) 'The limits to globalization theory: a geographic perspective on .global economic change', *Economic Geography*, 78(3): 285–306.

Young, C. and Light, D. (2001) 'Place, national identity and post-socialist transformations: an introduction', *Political Geography*, 20(8): 941–955.

Young, I.M. (2000) *Inclusion and Democracy*. Oxford: Oxford University Press.

Young, R. (2001) *Postcolonialism: An Historical Introduction*. Malden, MA: Blackwell.

Zubaida, S. (2002) 'The fragments imagine the nation: the case of Iraq', *International Journal of Middle East Studies*, 34(2): 205–215.

《世界城市研究精品译丛》总目

☑ 已出版，□ 待出版

☑ 马克思主义与城市
☑ 保卫空间
☑ 城市生活
☑ 消费空间
☑ 媒体城市
☑ 想象的城市
☑ 城市研究核心概念
☑ 城市地理学核心概念
☑ 政治地理学核心概念
☑ 规划学核心概念
□ 真实城市
□ 现代性与大都市
□ 虚拟空间的社会和文化价值
□ 城市空间的社会生产
□ 城市发展规划本体论
□ 区域、空间战略与可持续发展
□ 全球资本主义与劳动力地理学